ADAM SMITH
TEORÍA DE LOS SENTIMIENTOS MORALES

Un ensayo para analizar los principios por los cuales los hombres juzgan naturalmente la conducta y el carácter, primero de sus vecinos y luego de ellos mismos

astria

TEORÍA DE LOS SENTIMIENTOS MORALES
Adam Smith

©Colección Erandique
Supervisión Editorial: Óscar Flores López
Diseño de portada: Andrea Rodríguez—Mariana Turcios
Administración: Tesla Rodas—Jessica Cordero
Director Ejecutivo: José Azcona Bocock

Primera Edición
Tegucigalpa, Honduras—Junio de 2025

PRIMERA PARTE: SOBRE LA PROPIEDAD DE LA ACCIÓN

SECCIÓN I: SOBRE EL SENTIDO DE LA PROPIEDAD

CAPÍTULO I: DE LA SIMPATÍA

Por más egoísta que se suponga al ser humano, es evidente que en su naturaleza existen ciertos elementos que lo llevan a interesarse por el destino de los demás, de tal manera que la felicidad ajena le resulta necesaria, aunque no obtenga nada a cambio, salvo el placer de presenciarla. Tal es el caso de la compasión o lástima, esa emoción que experimentamos al enfrentarnos al sufrimiento ajeno, ya sea al verlo directamente o al imaginarlo de manera vívida. Que el dolor de los demás nos afecte es un hecho tan evidente que no requiere demostración, pues este sentimiento, al igual que todas las pasiones humanas, no se limita a los virtuosos y compasivos, aunque es posible que sean ellos quienes lo sientan con mayor intensidad. Incluso el mayor criminal, el transgresor más endurecido de las leyes, no está completamente desprovisto de este sentimiento.

Dado que no podemos experimentar directamente las emociones ajenas, solo podemos comprender lo que sienten los demás imaginando lo que experimentaríamos en una situación similar. Aunque nuestro propio hermano estuviera sufriendo tormentos, mientras nosotros permanecemos indemnes, nuestros sentidos nunca nos permitirán percibir su dolor. Nunca pueden llevarnos más allá de nuestra propia experiencia, y solo a través de la imaginación podemos concebir sus sensaciones. Esta facultad no nos ayuda de otro modo que representándonos lo que nosotros mismos sentiríamos en su lugar. Nuestra imaginación solo reproduce las impresiones de nuestros propios sentidos, no las de los demás.

A través de la imaginación nos situamos en el lugar del otro, concebimos que sufrimos los mismos tormentos, entramos, por así decirlo, en su cuerpo y, en cierta medida, nos convertimos en una misma persona. A partir de esto, formamos una idea de sus sensaciones e incluso llegamos a experimentar algo que, aunque en menor grado, se asemeja a lo que él siente. Su angustia, incorporada en nosotros, adoptada como propia, comienza finalmente a afectarnos, y así temblamos y nos estremecemos solo con pensar en su sufrimiento. Del mismo modo que experimentar dolor o pena nos provoca la más profunda aflicción, imaginar vívidamente que estamos en la misma situación despierta en nosotros una emoción similar, cuya intensidad dependerá de cuán vívida u opaca sea nuestra imaginación.

Que esta sea la fuente de nuestra compasión por la desgracia ajena, y que ponerse en el lugar del otro sea la forma en que llegamos a concebir o a ser afectados por sus sentimientos, podría demostrarse con numerosas observaciones obvias, aunque parece suficientemente evidente por sí mismo. Cuando vemos que una espada está a punto de caer sobre la pierna o el brazo de otra persona, instintivamente encogemos los nuestros; y cuando el golpe es asestado, lo sentimos hasta cierto punto, como si también nos hubiera herido. La gente común, al observar a un acróbata sobre la cuerda floja, encoge, retuerce y balancea su cuerpo de manera inconsciente, imitando sus movimientos como si ellos mismos estuvieran en su lugar.

Las personas sensibles y de constitución frágil suelen quejarse de que, al ver las llagas y úlceras de los mendigos en la calle, sienten picazón o malestar en las mismas partes de su propio cuerpo. El horror que les produce la miseria de esos desafortunados afecta con mayor intensidad esas zonas porque su reacción surge de imaginar lo que sufrirían si realmente estuvieran en su situación. En su naturaleza delicada, la simple fuerza de esta concepción basta para provocar esas sensaciones. Incluso las personas más robustas advierten que, al ver ojos enfermos o irritados, sienten una ligera molestia en los suyos, lo que obedece a la misma causa, ya que este órgano es más delicado que cualquier otra parte del cuerpo, incluso en los más vigorosos.

Pero no solo el sufrimiento y el dolor despiertan nuestra compasión. Cualquier pasión que surja en una persona genera una emoción análoga en el corazón de todo espectador atento, simplemente al imaginar su situación. Nuestro regocijo por la salvación de los héroes en las tragedias o novelas es tan sincero como nuestra aflicción por sus penas, y nuestra compasión por sus infortunios es tan real como el placer que sentimos por su felicidad. Compartimos su gratitud hacia los amigos leales que no los abandonaron en la adversidad y nos sumamos a su resentimiento contra los traidores que los perjudicaron, los abandonaron o los engañaron. En todas las pasiones que afectan al alma humana, las emociones del espectador reflejan lo que él mismo se imagina que sentiría en esa misma situación.

Los términos "lástima" y "compasión" designan con precisión nuestro sentimiento de aflicción ante el sufrimiento ajeno. La palabra "simpatía", aunque originalmente pudo haber tenido el mismo significado, hoy se usa, con una cierta imprecisión, para referirse a nuestro interés compartido por cualquier emoción, sea cual sea su naturaleza.

En ocasiones, la simpatía parece surgir simplemente al percibir una emoción en otra persona. Las pasiones, en ciertos casos, parecen transmitirse de un individuo a otro de manera instantánea, incluso antes de que conozcamos la causa que las originó en la persona afectada. La aflicción y el regocijo, por ejemplo, cuando se expresan claramente en el rostro y los gestos de alguien, provocan de inmediato en el espectador una emoción similar, ya sea de tristeza o alegría. Un rostro sonriente contagia felicidad a quien lo observa, mientras que un semblante melancólico inspira tristeza.

No obstante, esto no se aplica a todas las pasiones. Hay algunas cuya expresión no genera simpatía, sino que, antes de conocer sus causas, más bien despiertan en nosotros aversión. La conducta violenta de un hombre enfurecido, por ejemplo, tiende a hacernos sentir rechazo hacia él, más que hacia aquellos hacia quienes dirige su ira. Como desconocemos los motivos de su enojo, no podemos ponernos en su lugar ni compartir su sentimiento. Sin embargo, comprendemos de inmediato la situación de aquellos con quienes está enojado y el peligro que enfrentan ante su furia. Por ello, tendemos a simpatizar con su miedo o resentimiento y, casi instintivamente, nos inclinamos a oponernos a quien parece representar una amenaza.

Si la mera apariencia de aflicción o regocijo es suficiente para despertar en nosotros emociones similares, es porque nos sugiere de inmediato la idea de alguna desgracia o fortuna que ha recaído sobre la persona que la expresa. En el caso de estas pasiones, dicha impresión es suficiente para afectarnos en cierta medida. La tristeza y la alegría son emociones que permanecen en la persona que las experimenta y no nos sugieren, como lo hace el resentimiento, la existencia de otra persona con intereses opuestos a los suyos. Así, la idea general de una dicha o desventura nos genera cierta inquietud por quien la experimenta, pero la idea de una provocación no nos induce a compartir la ira de quien ha sido ofendido. Parece que la naturaleza nos enseña a ser cautelosos con esta pasión y a no identificarnos con ella hasta conocer sus causas, manteniéndonos, mientras tanto, más inclinados a oponernos a quien la manifiesta.

Incluso nuestra simpatía por la aflicción y el regocijo ajenos, antes de conocer sus causas, es siempre imperfecta. Las expresiones de dolor que no comunican más que angustia generan más curiosidad por conocer su origen que una verdadera simpatía. Lo primero que preguntamos es: "¿Qué ha sucedido?", y hasta obtener una respuesta, nuestra condolencia será superficial, más impulsada por la incertidumbre que por una auténtica identificación con el sufrimiento del otro.

En consecuencia, la simpatía no surge tanto de la contemplación de una pasión, sino de la comprensión de la situación que la origina. A veces sentimos por otro una emoción que él mismo no experimenta, porque, al ponernos en su lugar, la pasión surge en nosotros a través de la imaginación, aunque en él no se manifieste de la misma manera. Nos avergonzamos por la desfachatez o grosería de alguien, aun cuando esa persona no parezca consciente de su falta, porque no podemos evitar sentir la vergüenza que nos embargaría si hubiésemos actuado del mismo modo.

11

De todas las calamidades que pueden afligir a la humanidad, la pérdida de la razón es, sin duda, la más terrible, incluso para quienes poseen la menor sensibilidad. La locura se percibe como la máxima desdicha, y se contempla con mayor compasión que cualquier otro infortunio. Sin embargo, quien la padece, lejos de ser consciente de su desgracia, puede reír y cantar, insensible a su propia condición. La angustia que experimentamos al presenciar semejante escena no puede ser el reflejo del sentimiento del enfermo; surge, más bien, de la imaginación, que nos lleva a pensar en lo que nosotros mismos sentiríamos si estuviésemos en su situación y pudiéramos juzgarla con nuestra razón intacta.

¿Qué tormento sufre una madre al escuchar los gemidos de su hijo enfermo, incapaz de expresar su dolor? En su mente, ella no solo percibe la impotencia del niño, sino que le añade su propia angustia ante la incertidumbre del padecimiento y su temor a lo desconocido. Todo esto se convierte, para ella, en la imagen más completa de la desdicha. No obstante, el niño solo experimenta la incomodidad del momento, sin que su sufrimiento pueda ser excesivo. En cuanto al futuro, está a salvo; su falta de conciencia y previsión lo protegen del miedo y la ansiedad, esos grandes tormentos del alma humana que la razón y la filosofía intentan, sin éxito, atenuar en la vida adulta.

Incluso simpatizamos con los muertos. Ignoramos lo que realmente podría ser relevante en su condición —ese misterioso destino que les espera— y nos afligimos por aspectos que solo afectan nuestra sensibilidad, sin que influyan en su felicidad. Pensamos en la privación de la luz del sol, en su separación de la vida y del contacto humano, en su descanso en la fría tumba, entregados a la descomposición y a los insectos de la tierra. Nos angustia que sean olvidados, que desaparezcan pronto de los recuerdos y afectos de sus seres queridos. Creemos que nunca podremos sentir lo suficiente por aquellos que han sufrido una pérdida tan devastadora. Nos parece que, ahora que están en riesgo de ser olvidados, nuestra compasión se les debe aún más, y por medio de los homenajes fúnebres intentamos prolongar artificialmente su memoria, aferrándonos a nuestro propio pesar.

Sin embargo, la felicidad de los muertos, con toda certeza, no se ve afectada en absoluto por estas circunstancias; tampoco el pensamiento de tales cosas puede perturbar la profunda tranquilidad de su descanso. La idea de esa melancolía monótona e interminable que naturalmente atribuimos a su condición proviene de asociar el cambio que han experimentado con nuestra propia conciencia de ese cambio. Nos colocamos en su lugar y, por así decirlo, alojamos nuestras almas vivientes en sus cuerpos inertes, imaginando qué emociones sentiríamos si estuviéramos en su situación.

Es por este engaño de la imaginación que la previsión de nuestra propia muerte nos resulta tan aterradora, y que la simple idea de esas circunstancias, que en realidad no pueden causarnos dolor, nos llena de angustia mientras vivimos. De este temor surge uno de los principios más fundamentales de la naturaleza humana: el miedo a la muerte, que es a la vez un veneno para la felicidad individual y un freno para la injusticia humana. Aunque atormenta y aflige al individuo, protege y resguarda a la sociedad.

CAPÍTULO II: DEL PLACER DE LA SIMPATÍA MUTUA

Sea cual fuere la causa de la simpatía o el modo en que se despierta, nada nos agrada más que percibir en los demás sentimientos afines a los nuestros, y nada nos incomoda tanto como presenciar lo contrario. Aquellos que sostienen que todos nuestros sentimientos surgen de sutiles formas de amor propio creen encontrar en esta doctrina una explicación tanto para el placer que nos produce la simpatía como para el dolor que nos causa su ausencia. Sostienen que el hombre, consciente de su fragilidad y de su necesidad de apoyo mutuo, se alegra al ver que los demás comparten sus emociones, pues esto le reafirma en la idea de que puede contar con ellos; mientras que, por el contrario, se aflige cuando percibe indiferencia, pues ello parece augurar oposición.

Sin embargo, tanto el placer como el dolor de la simpatía se experimentan de manera tan instantánea —y a menudo por motivos tan insignificantes— que resulta evidente que no pueden derivarse de ninguna reflexión egoísta de este tipo. Un hombre se siente incómodo cuando, tras esforzarse por divertir a una reunión, advierte que nadie, salvo él, ríe con sus bromas. Por el contrario, la alegría del grupo le produce gran satisfacción, y esta reciprocidad de sentimientos la interpreta como el más caluroso aplauso.

Tampoco parece que su placer provenga únicamente de la intensidad con que la alegría ajena refuerza la suya, ni que su desilusión se deba solo a la ausencia de este placer, aunque ambos factores influyan en cierta medida. Cuando hemos releído un libro o un poema tantas veces que ya no nos divierte, podemos encontrar entretenimiento al compartir su lectura con otra persona. Para ella, la obra conserva la frescura de lo nuevo, y participamos de la sorpresa y admiración que experimenta, aunque nosotros ya no seamos capaces de sentirlas. Nos dejamos llevar por su entusiasmo y nos divertimos a través de su emoción, lo que aviva nuestro propio disfrute. Por el contrario, si su reacción es de indiferencia, la lectura pierde su atractivo. Sucede algo similar con la alegría en una reunión: sin duda, refuerza nuestra propia alegría, y su ausencia nos desilusiona. Sin embargo, aunque esto influya en nuestra experiencia, no es la única causa de nuestro placer o malestar. La reciprocidad de los sentimientos ajenos con los nuestros parece ser en sí misma una fuente de satisfacción, mientras que su ausencia es motivo de desagrado, y esta reacción no se explica únicamente por el impacto que puedan tener en nuestras emociones.

La simpatía que nuestros amigos muestran por nuestra alegría, sin duda, nos proporciona placer al intensificarla, pero su simpatía por nuestro dolor no nos consolaría si solo sirviera para aumentarlo. Sin embargo, la simpatía no solo aviva la alegría, sino que también alivia el sufrimiento. Refuerza la alegría al añadir un nuevo motivo de satisfacción y atenúa el dolor al ofrecer al corazón la única sensación placentera que en ese momento es capaz de albergar.

Cabe señalar que solemos estar más deseosos de compartir nuestras penas que nuestras alegrías con nuestros amigos, pues en el primer caso encontramos mayor alivio, y la falta de simpatía nos afecta más cuando sufrimos que cuando nos regocijamos.

¿Por qué los afligidos sienten alivio al encontrar a alguien con quien compartir la causa de su pesar? Parece que descargan parte de su desgracia sobre la simpatía del otro, como si este absorbiera una fracción de su sufrimiento. No en vano se dice que la comparten con ellos. No solo experimenta una emoción similar, sino que, al parecer, alivia el peso de lo que los afligidos sienten. Sin embargo, al relatar sus infortunios, renuevan su propio dolor, reviviendo en su memoria las circunstancias que lo originaron. Sus lágrimas fluyen con mayor abundancia y se entregan con más facilidad a la tristeza. Aun así, encuentran en ello una especie de consuelo, pues la dulzura de la simpatía compensa generosamente la amargura del sufrimiento que, para despertar la compasión del otro, han avivado y revivido.

Por el contrario, la mayor afrenta que se puede infligir a los desgraciados es minimizar su dolor. Fingir indiferencia ante la alegría de los demás es solo una falta de cortesía, pero no mostrar seriedad cuando alguien nos relata sus penas es una muestra de insensibilidad e inhumanidad.

El amor es una pasión placentera; el resentimiento, en cambio, es doloroso. En consecuencia, no nos preocupa tanto que nuestros amigos compartan nuestras amistades como que participen de nuestras enemistades. Podemos perdonarles si muestran poco entusiasmo por los favores que hemos recibido, pero nos impacienta su indiferencia ante las injurias que hemos sufrido. Nuestro enojo con ellos no es tan grande cuando no comparten nuestra felicidad como cuando no simpatizan con nuestro resentimiento.

Es fácil para ellos evitar ser amigos de nuestros amigos, pero difícilmente pueden evitar enemistarse con quienes estamos distanciados. Rara vez nos ofendemos si no cultivan amistad con aquellos que apreciamos, aunque a veces finjamos disgusto con ese pretexto; pero nos enemistamos seriamente con ellos si mantienen relaciones cercanas con quienes consideramos adversarios. Las emociones agradables, como el amor y la alegría, son suficientes para sostener el ánimo sin necesidad de un placer adicional. Por el contrario, las emociones dolorosas, como la pena y el resentimiento, requieren con mayor urgencia el consuelo de la simpatía.

Así como la persona directamente afectada por un acontecimiento se alegra con nuestra simpatía y se hiere con su ausencia, también nosotros encontramos placer en poder simpatizar con ella y experimentamos desagrado cuando esto nos resulta imposible. Nos apresuramos no solo a felicitar al afortunado, sino también a compadecernos del afligido. El placer que sentimos al conversar con alguien cuyas emociones podemos compartir compensa con creces la tristeza que nos provoca conocer su desgracia.

Por el contrario, nos resulta desagradable sentir que no podemos simpatizar con alguien. En lugar de sentirnos aliviados por no experimentar su dolor, nos inquieta el hecho de no poder compartir su inquietud. Si escuchamos a alguien lamentarse con amargura por sus infortunios, pero no logramos conmovernos al imaginarnos en su lugar, su dolor nos incomoda. Como no podemos compartirlo, lo consideramos exagerado o señal de debilidad. Del mismo modo, nos molesta ver a alguien demasiado feliz por un acontecimiento que nos parece insignificante. Incluso su alegría nos incomoda, y, al no compartirla, la juzgamos frívola y desmesurada.

A veces, incluso perdemos el humor cuando una broma provoca en nuestro compañero una risa excesiva y prolongada, superior a la que nosotros consideramos merecida. En estos casos, no solo nos distanciamos de su emoción, sino que llegamos a cuestionarla y a verla con cierta incomodidad.

CAPÍTULO III: DE LA MANERA QUE JUZGAMOS LA VALIDEZ O INVALIDEZ

(EN RELACIÓN A LOS SENTIMIENTOS AJENOS POR SU CONCORDANCIA O DISONANCIA CON LOS NUESTROS)

Cuando las pasiones de la persona directamente afectada están en perfecta armonía con las emociones de simpatía del espectador, estas le parecerán justas, apropiadas y acordes con su causa. Por el contrario, si al ponerse en su lugar descubre que no coinciden con sus propios sentimientos, necesariamente le parecerán inadecuadas e impropias. Aprobar las pasiones ajenas como adecuadas a sus circunstancias equivale, por tanto, a reconocer que simpatizamos plenamente con ellas; desaprobarlas, en cambio, es notar que no logramos identificarnos con ellas.

Quien se indigna ante las ofensas que he recibido y percibe que mi resentimiento es exactamente igual al suyo, necesariamente aprobará mi reacción. Aquel cuya simpatía resuena con mi dolor no podrá sino considerar justificada mi pena. Quien admira el mismo poema o la misma pintura de la misma manera que yo, deberá sin duda coincidir en la validez de mi admiración. Del mismo modo, quien celebra una broma y ríe conmigo difícilmente podrá cuestionar la propiedad de mi alegría.

Por el contrario, si alguien no experimenta la misma emoción que yo, o si su reacción es desproporcionada respecto a la mía, inevitablemente desaprobará mis sentimientos al percibir una discordancia con los suyos. Si mi enojo es más intenso de lo que despierta la indignación de mi amigo; si mi pena supera lo que su más tierna compasión puede comprender; si mi admiración es excesiva o demasiado fría en comparación con la suya; si río ruidosamente mientras él apenas esboza una sonrisa, o si solo sonrío cuando él ríe desbordadamente, en todos estos casos, cuando deja de centrarse en el objeto y se enfoca en cómo me afecta, inevitablemente juzgará mis emociones según la distancia que perciba entre sus propios sentimientos y los míos.

Aprobar una opinión ajena es adoptarla, y adoptarla es aprobarla. Si los mismos argumentos que te convencen también me convencen, necesariamente comparto tu convicción; si no me convencen, es porque no la apruebo. No puedo imaginar una situación en la que ocurra lo uno sin lo otro. Así, cuando aprobamos o desaprobamos los sentimientos ajenos, en realidad estamos reconociendo nuestro acuerdo o desacuerdo con ellos, tal como sucede con nuestras opiniones.

Sin embargo, hay casos en los que parece que aprobamos sin necesidad de experimentar simpatía o emociones similares. En tales situaciones, el juicio aprobatorio parece ser distinto de la percepción de coincidencia emocional. No obstante, una reflexión más profunda nos demuestra que, incluso en estos casos, nuestra aprobación se basa en una forma indirecta de simpatía.

Tomemos un ejemplo trivial, donde los juicios no están influidos por sistemas erróneos. A veces aprobamos una broma y consideramos que el regocijo de los demás está bien justificado, aunque nosotros mismos no nos riamos, ya sea porque estamos de mal humor o distraídos con otros pensamientos. La experiencia nos ha enseñado qué tipo de chistes suelen hacernos reír, y si percibimos que este en particular es de esa naturaleza, concluimos que la reacción de los demás es natural y apropiada. Aunque en el momento no nos encontremos en disposición de compartir su alegría, reconocemos que, en circunstancias normales, lo haríamos.

Lo mismo ocurre con otras emociones. Si encontramos en la calle a un desconocido sumido en profunda aflicción y nos informan de que acaba de recibir la noticia de la muerte de su padre, instintivamente aprobamos su dolor. Sin embargo, puede suceder que, sin que esto implique falta de humanidad, no lleguemos a experimentar su misma angustia. Tal vez ni él ni su padre nos sean conocidos, o estemos distraídos con otros asuntos y nuestra imaginación no logre recrear con precisión su sufrimiento. No obstante, la experiencia nos dice que una pérdida de este tipo suele provocar un profundo dolor, y sabemos que, si nos detuviéramos a reflexionar en su situación, probablemente simpatizaríamos con él de manera más sincera. Es esta conciencia de una simpatía potencial la que fundamenta nuestra aprobación de su dolor, incluso en aquellos casos en los que no llegamos a experimentarla de hecho. Así, las reglas generales que hemos aprendido a través de la experiencia corrigen la falta de intensidad de nuestras emociones en el momento.

El sentimiento o afecto del que surge toda acción, y del que depende en última instancia toda virtud o vicio, puede considerarse desde dos perspectivas: primero, en relación con la causa que lo provoca o el motivo que lo origina, y segundo, en relación con el fin que persigue o el efecto que busca producir.

La propiedad o impropiedad, el decoro o la falta de él en una acción dependen de la adecuación o desproporción del sentimiento respecto a la causa que lo motiva. En cambio, el mérito o demérito de la acción dependen de la naturaleza beneficiosa o perjudicial de sus efectos, determinando si merece recompensa o castigo.

En tiempos recientes, los filósofos han tendido a enfocarse en los fines de los afectos, prestando poca atención a su relación con las causas que los generan. Sin embargo, en la vida cotidiana, cuando juzgamos la conducta de los demás y las emociones que los mueven, tomamos en cuenta ambas consideraciones. Cuando censuramos en alguien los excesos del amor, la tristeza o el resentimiento, no solo consideramos los efectos perjudiciales que estas pasiones pueden producir, sino también la falta de justificación en sus causas. Decimos que el objeto de su amor no es tan digno de devoción, que su desgracia no es tan terrible o que la provocación que ha sufrido no es tan grave como para justificar una reacción tan desmesurada. Es posible que, si la causa hubiera sido más significativa, hubiéramos comprendido o incluso aprobado la intensidad de su emoción.

Cuando evaluamos si un afecto es proporcionado o desproporcionado en relación con su causa, apenas podemos utilizar otro criterio que no sea nuestra propia reacción en una situación semejante. Si, al ponernos en el lugar del otro, descubrimos que sus sentimientos concuerdan con los que nosotros mismos experimentaríamos en esa circunstancia, necesariamente los aprobamos como adecuados y justos. Pero si, por el contrario, sentimos que nuestra reacción sería diferente, inevitablemente los consideramos exagerados o fuera de proporción.

Cada facultad en el ser humano es la medida con la que juzga la misma facultad en los demás. Evaluamos la vista de otro en comparación con la nuestra, su oído con nuestro oído, su razón con nuestra razón, su resentimiento con nuestro resentimiento y su amor con nuestro amor. No poseemos, ni podemos poseer, otro método para juzgarlas.

CAPÍTULO IV: SOBRE EL MISMO ASUNTO

Podemos juzgar la propiedad o impropiedad de los sentimientos ajenos en relación con su armonía o disonancia con los nuestros en dos situaciones distintas: primero, cuando consideramos los objetos que los suscitan sin ninguna relación particular con nosotros ni con la persona cuyos sentimientos evaluamos; y segundo, cuando estos objetos afectan de manera específica a uno u otro.

En cuanto a los objetos considerados sin relación particular con nosotros ni con la persona cuyos sentimientos juzgamos, cuando sus emociones coinciden plenamente con las nuestras, le atribuimos cualidades como buen gusto y discernimiento. La belleza de un paisaje, la grandiosidad de una montaña, los adornos de un edificio, la expresión de una pintura, la estructura de una disertación, la conducta de una tercera persona, las proporciones matemáticas, así como los innumerables aspectos del universo y los mecanismos ocultos que los generan, todos estos son ejemplos de temas generales abordados por la ciencia y el buen gusto. Cuando los consideramos junto a otra persona, lo hacemos desde el mismo punto de vista, sin que exista la necesidad de simpatizar con ella o de realizar ese cambio imaginario de perspectiva del que surge la simpatía. En consecuencia, nuestros sentimientos respecto a estos temas pueden coincidir sin dificultad.

Si, no obstante, reaccionamos de manera diferente, ello puede deberse a distintos niveles de atención, influenciados por nuestras experiencias de vida, o a diferencias en nuestra capacidad natural de percepción.

Cuando el juicio de nuestro interlocutor coincide con el nuestro en asuntos evidentes y simples—en aquellos sobre los que rara vez hemos encontrado alguien que discrepe—, aunque lo aprobemos, no creemos que merezca especial reconocimiento por ello. Pero cuando no solo concuerda con nuestra percepción, sino que la orienta y enriquece, cuando su reflexión ha abarcado detalles que nosotros habíamos pasado por alto y ha sabido ajustar su juicio a múltiples circunstancias, no solo aprobamos su criterio, sino que su agudeza e inesperada profundidad nos sorprenden y asombran, haciéndolo digno de admiración y elogio.

La aprobación, cuando va acompañada de sorpresa y asombro, se convierte en ese sentimiento que propiamente llamamos admiración, cuya expresión natural es el aplauso. Que alguien prefiera la belleza a la fealdad más burda, o que reconozca que dos más dos son cuatro, es algo que todos aceptarían sin mayor reconocimiento. Pero cuando un hombre de refinado gusto distingue las diferencias más sutiles entre lo bello y lo deformado, cuando un matemático experimentado resuelve con facilidad proporciones extremadamente complejas, cuando un líder en la ciencia y las artes guía nuestra propia percepción, su superioridad nos asombra y nos lleva a aplaudirlo. Sobre este principio se fundamentan la mayoría de los elogios que se tributan a las llamadas virtudes intelectuales.

Podría argumentarse que lo primero que nos atrae de estas cualidades es su utilidad. Y sin duda, cuando reflexionamos sobre ello, su utilidad les añade valor. Sin embargo, lo primero que nos lleva a aprobar el criterio de otra persona no es su utilidad, sino su precisión, su corrección, su concordancia con la verdad y la realidad. Y si le atribuimos estas cualidades, es porque encontramos que concuerda con nuestro propio criterio. Del mismo modo, el buen gusto nos es aceptable, no porque sea útil, sino porque es justo, refinado y adecuado a su objeto. La idea de su utilidad es una consideración posterior, no el motivo original de nuestra aprobación.

En cuanto a los objetos que nos afectan de manera especial, o a la persona cuyos sentimientos juzgamos, la armonía entre nuestras emociones se vuelve más difícil de alcanzar, pero también más importante. Mi interlocutor, por lo general, no percibe una desgracia que me ha acontecido ni una injuria que he sufrido del mismo modo en que yo lo hago. Para mí, estos hechos tienen una cercanía e intensidad mucho mayores. No los observamos desde la misma perspectiva en que analizamos una pintura, un poema o un sistema filosófico, por lo que nuestras reacciones ante ellos tienden a ser muy distintas.

Sin embargo, es mucho más fácil pasar por alto la falta de afinidad emocional en relación con objetos indiferentes—como una pintura, un poema o un sistema filosófico—que en asuntos que me conciernen profundamente, como una desgracia personal o una injusticia sufrida. Aunque tú desprecies una obra que yo admiro, es poco probable que tengamos un conflicto por ello, ya que, en última instancia, ninguno de los dos tiene un interés personal en ella. Debería ser un asunto de relativa indiferencia para ambos, de modo que, incluso si nuestras opiniones difieren, nuestros sentimientos generales pueden permanecer casi inalterados.

Pero la situación es muy diferente cuando se trata de algo que nos afecta de manera personal. Aunque nuestras opiniones en materias especulativas o de gusto sean opuestas, puedo tolerar esa diferencia e incluso disfrutar la conversación. Sin embargo, si no muestras condolencia por mi sufrimiento, o si tu compasión no guarda proporción con la magnitud de mi aflicción; si no compartes mi indignación por una injusticia sufrida, o si tu indignación es demasiado tibia en comparación con mi enojo, entonces nuestra conversación sobre estos asuntos se vuelve imposible. Nos volvemos intolerables el uno para el otro. Tu frialdad me irrita, mientras que mi vehemencia te incomoda.

En estos casos, para que exista una correspondencia emocional entre el espectador y la persona afectada, el espectador debe, en primer lugar, esforzarse por colocarse en la situación del otro y considerar todas las circunstancias, por insignificantes que parezcan, que pueden estar agravando su aflicción. Debe adoptar completamente su perspectiva y tratar de representar lo más fielmente posible ese cambio imaginario de situación en el que se basa la simpatía.

Sin embargo, incluso con este esfuerzo, las emociones del espectador difícilmente igualarán la intensidad de las de la persona afectada. Aunque el ser humano es naturalmente inclinado a la simpatía, nunca logra concebir la situación ajena con la misma intensidad con que la vive quien la experimenta. El cambio imaginario de situación es solo momentáneo; la consciencia de la propia seguridad y la certeza de no ser el que sufre están siempre presentes. Esto impide que su simpatía alcance la misma fuerza que el sentimiento original.

La persona afectada se da cuenta de esto, pero anhela una simpatía más profunda. Desea el consuelo que solo puede brindarle una concordancia total entre su propio sufrimiento y las emociones de quienes lo rodean. Su único alivio consiste en ver que el corazón de los demás late al unísono con su intensa y dolorosa emoción. Sin embargo, solo puede lograr esto moderando la intensidad de su pasión, llevándola a un nivel que los demás puedan compartir.

Debería, si se me permite la expresión, suavizar la intensidad de su dolor para ajustarlo a la capacidad de los espectadores de sentir con él. Lo que ellos experimentan nunca será idéntico a lo que él siente, pues la simpatía nunca puede igualar la emoción original. La convicción secreta de que el sufrimiento ajeno no es propio no solo reduce su intensidad, sino que también modifica su naturaleza, haciendo que la emoción reflejada sea perceptiblemente distinta de la original. No obstante, ambas emociones pueden mantener una correspondencia suficiente para preservar la armonía en la sociedad. Aunque nunca sean idénticas, pueden ser concordantes, y esto es todo lo que se necesita.

Para que esta concordia se produzca, la naturaleza enseña a la persona afectada a considerar la perspectiva de los espectadores, del mismo modo que enseña a los espectadores a ponerse en su lugar. Así como estos se esfuerzan por comprender su sufrimiento, ella, a su vez, aprende a percibir su propia situación desde la óptica de los demás. De la misma manera en que los espectadores intentan imaginar lo que sentirían si fueran quienes sufren, la persona afectada trata de representarse cómo reaccionaría si estuviera en su posición.

Así, la simpatía obliga a los espectadores a ver la situación desde los ojos de la persona afectada, mientras que su simpatía la obliga a verla con los ojos de los espectadores, especialmente en su presencia. Como la emoción reflejada es siempre más débil que la original, la intensidad de su pasión se atenúa en su presencia, pues el conocimiento de cómo los demás la perciben le lleva a considerar su propio sufrimiento de manera más mesurada y equilibrada.

La mente, por lo general, rara vez está tan perturbada que la compañía de un amigo no le devuelva cierto grado de tranquilidad y sosiego. El ánimo, hasta cierto punto, se calma y serena en el instante en que estamos en su presencia. De inmediato, nos hacemos conscientes de la manera en que él percibirá nuestra situación y, casi sin darnos cuenta, comenzamos a verla del mismo modo, pues el efecto de la simpatía es inmediato.

Esperamos menos simpatía de un simple conocido que de un amigo. No podemos explayarnos con él ni confiarle esos pequeños detalles que solo a un amigo nos atrevemos a revelar. Por ello, en presencia de un conocido, tratamos de mostrarnos más serenos y nos esforzamos por centrar nuestra atención en los aspectos generales de nuestra situación, aquellos que él pueda comprender y considerar.

Esperamos aún menos simpatía de una reunión de desconocidos, por lo que ante ellos adoptamos una actitud todavía más contenida y procuramos moderar nuestra emoción hasta un nivel que la audiencia pueda seguir. Sin embargo, no se trata de una simple apariencia fingida, pues si realmente tenemos dominio sobre nosotros mismos, la sola presencia de un conocido nos tranquiliza más que la de un amigo, y la presencia de un grupo de extraños nos serena aún más que la de un simple conocido.

Así, la sociedad y la conversación son los remedios más eficaces para devolver la calma a la mente cuando, por desgracia, la ha perdido; y también son la mejor garantía para mantener ese estado de ánimo equilibrado y alegre que es esencial para la satisfacción interna y el bienestar.

Los hombres retraídos y ensimismados, que tienden a permanecer en casa entregados a sus penas o resentimientos, aunque a menudo posean una mayor humanidad, generosidad y un sentido más refinado del honor, rara vez disfrutan de la estabilidad emocional que suele caracterizar a quienes están acostumbrados a la vida social.

CAPÍTULO V: DE LAS VIRTUDES AFABLES Y RESPETABLES

Sobre estas dos formas de esfuerzo —el del espectador por adoptar los sentimientos de la persona afectada y el de esta última por moderar sus emociones hasta un punto en el que el espectador pueda compartirlas— se fundamentan dos tipos distintos de virtudes. Las tiernas, apacibles y amables, las virtudes de cándida condescendencia y humana indulgencia derivan del primer esfuerzo. En contraste, las virtudes elevadas y respetables, aquellas que implican abnegación, dominio de sí mismo y control de las pasiones, que subordinan todos los impulsos de la naturaleza humana a la dignidad, el honor y el decoro de la conducta, se originan en el segundo.

¡Cuán admirable nos parece aquel cuyo corazón, colmado de simpatía, refleja todos los sentimientos de quienes lo rodean! Quien se aflige por las calamidades ajenas, quien se indigna ante las injusticias sufridas por otros y se alegra sinceramente con su buena fortuna, inspira en nosotros el mismo afecto y gratitud que sus compañeros experimentan hacia él. Imaginamos el consuelo que deben sentir al recibir su tierna simpatía.

Por el contrario, ¡cuán desagradable nos resulta aquel cuyo corazón insensible solo late para sí mismo, indiferente ante la felicidad o el sufrimiento ajenos! En este caso, compartimos la incomodidad que su sola presencia causa a quienes lo rodean, especialmente a aquellos que han sufrido desgracias y con quienes estamos más dispuestos a solidarizarnos.

Por otra parte, ¡qué noble y digno nos parece aquel que logra mantener el dominio sobre sus propias emociones, moderándolas hasta un punto en el que los demás puedan compartirlas! Nos repugna el dolor ruidoso y descontrolado que, sin miramiento alguno, apela a nuestra compasión con suspiros, lágrimas y lamentos excesivos. Pero veneramos ese dolor contenido, silencioso y solemne, que solo se manifiesta en los ojos enrojecidos, el temblor de los labios y mejillas, y la serena frialdad de su conducta. Nos obliga a guardar el mismo silencio, a observar con respeto y a cuidar nuestra actitud, temerosos de interrumpir esa dignidad construida con un enorme esfuerzo.

De igual modo, la ira descontrolada y agresiva es una de las pasiones más detestables cuando se expresa sin restricción ni freno. En cambio, admiramos ese noble y sereno resentimiento que no se deja llevar por el arrebato, sino que responde a la ofensa con la indignación justa y medida que un espectador imparcial compartiría. Nos impresiona la contención de quien, aun habiendo sufrido una gran afrenta, no deja escapar palabra ni gesto que exceda los límites de la equidad, ni busca una venganza mayor a la que cualquier persona razonable aprobaría.

De ahí que sentir intensamente por los demás y moderadamente por uno mismo, restringiendo los impulsos egoístas y dejándose guiar por los afectos benevolentes, sea la perfección de la naturaleza humana. Solo así puede lograrse en la humanidad esa armonía de sentimientos y pasiones que conforma toda su gracia y dignidad. Del mismo modo que el cristianismo enseña que debemos amar a nuestro prójimo como a nosotros mismos, la gran ley de la naturaleza nos exhorta a amarnos a nosotros mismos solo en la medida en que nuestro prójimo es capaz de amarnos.

Así como el buen gusto y el discernimiento, cuando son dignos de admiración, implican una delicadeza de sentimientos y una agudeza de entendimiento excepcionales, también las virtudes de sensibilidad y dominio de sí mismo no consisten en grados ordinarios, sino en formas poco comunes de estas cualidades. La virtud afable de la humanidad requiere, sin duda, una sensibilidad mucho mayor de la que posee la mayoría de los hombres. Del mismo modo, la grande y eminente virtud de la magnanimidad exige un autocontrol muy superior al de las personas comunes. Así como el talento no se encuentra en las habilidades intelectuales ordinarias, tampoco hay virtud en los grados comunes de las cualidades morales. La virtud es una excelencia, algo excepcionalmente noble y admirable, que se eleva por encima de lo ordinario.

Las virtudes afables residen en esa sensibilidad que nos asombra por su ternura y delicadeza inusuales; las respetables, en esa capacidad de autocontrol que nos impresiona por su asombrosa superioridad sobre las pasiones más intensas de la naturaleza humana.

En este sentido, hay una diferencia considerable entre la virtud y el mero decoro, entre aquellas acciones dignas de admiración y aplauso y aquellas que simplemente merecen aprobación. En muchas circunstancias, actuar con corrección no requiere más que un nivel común de sensibilidad o autocontrol, que incluso los hombres más mediocres pueden poseer, y en ocasiones, ni siquiera eso. Por ejemplo, comer cuando se tiene hambre es, en condiciones normales, algo perfectamente apropiado y correcto, y nadie podría dejar de aprobarlo como tal. Sin embargo, sería absurdo decir que es un acto virtuoso.

Por otro lado, hay muchas acciones que, aunque no alcancen el más alto grado de decoro, poseen un notable nivel de virtud. En ciertas circunstancias, la perfección es extremadamente difícil de alcanzar, y en esos casos, cualquier esfuerzo por acercarse a ella es digno de admiración. A veces, la situación es tan adversa que ni siquiera el más alto grado de autocontrol posible en un ser humano basta para reprimir por completo los impulsos naturales o para moderar las pasiones hasta un nivel que el espectador imparcial pueda compartir plenamente.

Por ello, aunque en estos casos la conducta de la persona afectada no alcance el ideal del decoro, puede seguir siendo digna de elogio e incluso considerarse virtuosa. Puede ser una muestra de generosidad y grandeza de espíritu, un esfuerzo heroico que la mayoría de los hombres serían incapaces de igualar. Y aunque no alcance la perfección absoluta, puede estar mucho más cerca de ella de lo que comúnmente se encuentra o se espera en tales circunstancias.

Cuando juzgamos el grado de censura o elogio que merece una acción, a menudo utilizamos dos criterios distintos. El primero es el modelo ideal de perfección que concebimos como el más alto grado de excelencia posible en una determinada situación. Si comparamos cualquier acción humana con este modelo, siempre encontraremos defectos e imperfecciones. El segundo criterio es el grado de proximidad o distancia respecto a la excelencia comúnmente alcanzada por la mayoría de los hombres en situaciones similares. Cualquier acción que supere este estándar, aunque esté lejos de la perfección absoluta, nos parecerá digna de elogio, mientras que cualquier acción que quede por debajo de él nos parecerá merecedora de censura.

Este es el mismo principio con el que juzgamos las obras de arte dirigidas a la imaginación. Cuando un crítico evalúa la obra de un gran maestro de la poesía o la pintura, puede hacerlo comparándola con un ideal de perfección absoluta, al que ninguna obra humana puede llegar. Si la juzga con este criterio, solo encontrará en ella defectos e imperfecciones.

Sin embargo, cuando evalúa su posición en relación con otras obras del mismo género, inevitablemente emplea un criterio distinto: el grado de excelencia que comúnmente se alcanza en ese arte. Y al juzgar la obra con esta nueva medida, puede concluir que merece el más alto reconocimiento, pues se aproxima más a la perfección que la mayoría de las demás obras que podrían competir con ella.

SECCIÓN II: DE LOS GRADOS DE LAS DISTINTAS PASIONES QUE SON COMPATIBLES CON EL DECORO

INTRODUCCIÓN

La propiedad de cada pasión suscitada por objetos que nos afectan directamente, es decir, el grado hasta el cual el espectador puede compartirla, debe situarse, evidentemente, en un punto medio. Si la pasión es demasiado intensa o débil, el espectador no podrá identificarse con ella.

El dolor y el resentimiento por infortunios o agravios personales pueden fácilmente ser excesivos, y de hecho, en la mayoría de las personas lo son. Sin embargo, aunque en menor medida, también pueden manifestarse con una intensidad demasiado baja. Denominamos el exceso como debilidad o furia; y la carencia de intensidad como estupidez, insensibilidad o falta de carácter. En ninguno de estos extremos podemos identificarnos con la emoción, sino que, por el contrario, nos sorprende y desconcierta al observarla.

No obstante, esta moderación, en la que reside el punto de equilibrio de la propiedad de las pasiones, varía según la naturaleza de cada una. En algunas, el umbral aceptable es más alto; en otras, más bajo. Hay pasiones que resulta impropio expresar con demasiada intensidad, incluso en aquellas circunstancias en las que es evidente que no podemos evitar sentirlas con gran fuerza. Por otro lado, existen pasiones cuya expresión más vehemente puede, en muchas ocasiones, resultar sumamente apropiada y admirable, aun cuando la emoción que las origina no sea del todo inevitable.

Las primeras son aquellas pasiones que, por ciertas razones, generan poca o ninguna simpatía; las segundas son aquellas que, por razones opuestas, despiertan la mayor simpatía posible. Si consideramos todas las pasiones de la naturaleza humana, veremos que se consideran apropiadas o inapropiadas en función de cuánto estén las personas dispuestas a simpatizar con ellas.

CAPÍTULO I: DE LAS PASIONES QUE TIENEN SU ORIGEN EN EL CUERPO

1. Es impropio expresar con demasiada intensidad aquellas pasiones que surgen de ciertas condiciones o disposiciones del cuerpo, pues quienes nos rodean, al no encontrarse en la misma situación, difícilmente podrán simpatizar con ellas.

El hambre extrema, por ejemplo, aunque en muchas ocasiones no solo es natural, sino inevitable, siempre resulta indecorosa cuando se expresa de manera excesiva. Comer de forma voraz es universalmente considerado un acto de mala educación. No obstante, existe cierto grado de simpatía incluso con el hambre. Nos resulta agradable ver a nuestros compañeros comer con buen apetito, mientras que las expresiones de repulsión nos resultan desagradables. La disposición habitual del cuerpo en una persona sana hace que su estómago, si se me permite la expresión, pueda acompasarse con el hambre moderada de otros, pero no con su aversión.

Podemos simpatizar con el sufrimiento causado por el hambre extrema cuando leemos sobre ella en el relato de un asedio o de un viaje marítimo. Imaginamos la situación de quienes la padecen y concebimos fácilmente la angustia, el miedo y la desesperación que deben experimentar. Sentimos en cierta medida esas emociones y, por lo tanto, podemos simpatizar con ellas. Sin embargo, dado que leer sobre el hambre no nos hace sentir hambre, propiamente hablando, no podemos simpatizar con esa sensación en sí misma.

Lo mismo ocurre con la pasión mediante la cual la naturaleza une a los dos sexos. Aunque es, por naturaleza, una de las más intensas de todas las pasiones, su expresión vehemente es siempre impropia, incluso entre quienes tienen el derecho legítimo, según todas las leyes humanas y divinas, de entregarse a ella sin restricción. Sin embargo, parece existir cierto grado de simpatía incluso con esta pasión. Se considera inapropiado dirigirse a una mujer del mismo modo en que se hablaría a un hombre; se espera que su presencia inspire más alegría, cortesía y atención. La total indiferencia hacia el sexo opuesto convierte a un hombre, hasta cierto punto, en un ser despreciable incluso ante los demás hombres.

Así de fuerte es nuestra aversión hacia todos los apetitos que tienen su origen en el cuerpo. Cualquier expresión excesiva de ellos nos resulta desagradable y repulsiva. Algunos filósofos antiguos sostenían que estas pasiones son compartidas con los animales y, al no estar relacionadas con las cualidades distintivas de la naturaleza humana, se encuentran por debajo de su dignidad. Sin embargo, muchas otras pasiones, como el resentimiento, el afecto natural e incluso la gratitud, también son compartidas con los animales, y no por ello las consideramos igualmente primitivas o indeseables.

La verdadera razón del disgusto particular que sentimos al observar los apetitos del cuerpo en otras personas es que no podemos compartirlos. Para quien los experimenta, una vez que han sido satisfechos, el objeto que los despertó deja de ser atractivo; su mera presencia puede incluso volverse desagradable. La persona busca en vano el encanto que momentos antes la transportaba, y ya no puede identificarse con la misma pasión que sintió anteriormente. Cuando terminamos de comer, pedimos que se retire la comida de la mesa; del mismo modo trataríamos a los objetos de los deseos más ardientes si no despertaran en nosotros otro tipo de pasiones más elevadas.

El dominio de estos apetitos corporales es la virtud propiamente llamada templanza. Restringirlos dentro de los límites que la prudencia exige en cuanto a salud y bienestar material es tarea de la prudencia. Pero contenerlos dentro de los márgenes que dictan la gracia, la decencia, la delicadeza y la modestia es función de la templanza.

2. Por la misma razón, gritar de dolor ante un sufrimiento físico, por insoportable que sea, siempre parece impropio y poco digno. Sin embargo, también existe una gran dosis de simpatía con el dolor corporal. Como ya se ha mencionado, si veo que una espada está a punto de golpear la pierna o el brazo de otra persona, instintivamente encogeré mi propia pierna o brazo. Y cuando el golpe cae, lo siento de alguna manera y me afecta, aunque en un grado muy leve en comparación con la persona que lo ha recibido.

Sin embargo, si el afectado expresa su dolor con un grito desmedido, al no poder compartir plenamente su sufrimiento, tenderemos a despreciarlo en cierta medida. Este es el caso de todas las pasiones que tienen su origen en el cuerpo: o bien no despiertan simpatía alguna, o bien generan una respuesta emocional desproporcionadamente menor en comparación con la intensidad con la que son experimentadas por quien las sufre.

Ocurre lo contrario con aquellas pasiones que surgen de la imaginación. El estado físico de mi cuerpo apenas se ve afectado por los cambios que experimenta el cuerpo de otro, pero mi imaginación es mucho más flexible y capaz de adoptar, por así decirlo, la forma y configuración de los pensamientos e ideas de quienes me rodean. Por esta razón, una decepción en el amor o en la ambición suele despertar más simpatía que un dolor físico extremo.

Estas pasiones surgen enteramente de la imaginación. Una persona que ha perdido toda su fortuna, si goza de buena salud, no siente nada físicamente. Su sufrimiento proviene exclusivamente de la imaginación, que le muestra la pérdida de su dignidad, el abandono de sus amigos, el desprecio de sus enemigos, la inminente dependencia, la miseria y la indigencia. Nos solidarizamos con él precisamente porque nuestra imaginación puede adoptar con facilidad sus pensamientos y preocupaciones, mientras que nuestro cuerpo no puede experimentar físicamente el dolor de otro.

La pérdida de una pierna, en términos objetivos, podría considerarse una calamidad mucho mayor que la pérdida de un amante. Sin embargo, una tragedia cuyo desenlace girara en torno a la pérdida de un miembro parecería ridícula, mientras que una historia centrada en la pérdida de un amor, por trivial que pueda parecer en comparación, ha dado lugar a algunas de las más conmovedoras tragedias.

Nada se olvida tan rápido como el dolor. En el momento en que desaparece, su tormento se extingue por completo, y el recuerdo de él ya no nos causa ninguna perturbación. Nosotros mismos, una vez que ha pasado, somos incapaces de revivir la ansiedad y la angustia que antes nos consumían. En cambio, una palabra imprudente de un amigo puede causarnos una inquietud mucho más duradera. La angustia que esto provoca no desaparece con la palabra misma, pues lo que nos afecta no es un estímulo físico, sino una idea de la imaginación. Y dado que es una idea la que nos inquieta, la imaginación continúa atormentándonos hasta que el tiempo o el azar logran en parte borrarla de nuestra memoria.

El dolor rara vez despierta una simpatía intensa, a menos que esté acompañado de peligro. Nos solidarizamos con el miedo del que sufre, pero no con su agonía. Sin embargo, el miedo es una pasión que surge enteramente de la imaginación, la cual representa, con incertidumbre y variaciones constantes que aumentan nuestra ansiedad, no lo que realmente sentimos, sino lo que podríamos llegar a sufrir en el futuro. La gota o el dolor de muelas, por más intensos que sean, apenas despiertan simpatía; en cambio, enfermedades peligrosas, aunque acompañadas de poco dolor, generan la mayor preocupación.

Algunas personas se desmayan o enferman al presenciar una operación quirúrgica, y el dolor físico producido por el desgarro de la carne parece provocar en ellas la más extrema simpatía. Concebimos con mayor claridad e intensidad el dolor que proviene de una causa externa que aquel originado por un trastorno interno. Apenas puedo imaginar el sufrimiento de mi vecino cuando padece la gota o los cálculos renales; pero tengo una idea muy clara del dolor que debe sentir con una incisión, una herida o una fractura. Sin embargo, la principal razón por la que estos espectáculos nos afectan con tanta intensidad es su novedad. Quien ha presenciado una docena de disecciones o amputaciones termina observando este tipo de intervenciones con indiferencia y, en ocasiones, con total insensibilidad. En contraste, aunque hayamos leído o visto representadas más de quinientas tragedias, difícilmente llegaremos a perder por completo nuestra sensibilidad ante los eventos que nos presentan.

En algunas tragedias griegas se intenta despertar la compasión mediante la representación del dolor físico. En Filoctetes, el protagonista grita y se desmaya debido a la intensidad de su sufrimiento. Hipólito y Hércules son presentados en agonía bajo los tormentos más crueles, que ni siquiera la fortaleza de Hércules puede soportar. Sin embargo, en todos estos casos, no es el dolor en sí lo que nos conmueve, sino algún otro elemento de la historia. No es la llaga en el pie de Filoctetes lo que nos afecta, sino su soledad, que impregna a la obra con esa melancolía romántica tan atractiva para la imaginación. El sufrimiento de Hércules e Hipólito solo resulta interesante porque anticipamos que su agonía los conducirá a la muerte. Si supiéramos que se recuperarán, la representación de su tormento nos parecería completamente absurda.

¿Qué tragedia podría construirse en torno a un cólico? Y, sin embargo, pocos dolores son más intensos. Estos intentos de generar compasión a partir de la representación del dolor físico pueden considerarse una de las mayores faltas de decoro que el teatro griego ha legado como ejemplo.

La escasa simpatía que sentimos por el dolor corporal es la base sobre la cual se erige la virtud de la constancia y la paciencia para soportarlo. El hombre que, sometido a los tormentos más severos, no deja escapar una queja, no profiere un solo gemido ni se abandona a ninguna pasión que no podamos compartir plenamente, inspira nuestra más profunda admiración. Su firmeza le permite acompasar su actitud con nuestra indiferencia e insensibilidad. Admiramos y seguimos con respeto el esfuerzo heroico que realiza para contener su sufrimiento. Aprobamos su comportamiento y, conscientes de la fragilidad común de la naturaleza humana, nos sorprendemos de que sea capaz de actuar con tal entereza.

La aprobación, cuando va acompañada de sorpresa y asombro, se convierte en el sentimiento propiamente llamado admiración, cuya expresión natural, como ya se ha mencionado, es el aplauso.

CAPÍTULO II: DE LAS PASIONES QUE TIENEN SU ORIGEN EN UNA DISPOSICIÓN PARTICULAR O HÁBITO DE LA IMAGINACIÓN

Incluso entre las pasiones que derivan de la imaginación, aquellas que surgen de una disposición particular o de un hábito adquirido, aunque puedan considerarse perfectamente naturales, rara vez despiertan una fuerte simpatía. Como la imaginación de los demás no ha seguido el mismo curso que la del afectado, no pueden identificarse con sus sentimientos. Así, aunque tales pasiones puedan ser casi inevitables en ciertos momentos de la vida, siempre resultan, en cierta medida, ridículas.

Este es el caso del profundo apego que naturalmente surge entre dos personas de distinto sexo cuando han centrado sus pensamientos el uno en el otro por un largo tiempo. Como nuestra imaginación no ha recorrido el mismo camino que la del enamorado, no podemos comprender la intensidad de sus emociones. Si un amigo ha sido agraviado, fácilmente simpatizamos con su resentimiento y compartimos su enojo contra la persona que lo ha ofendido. Si ha recibido un favor, nos unimos a su gratitud y sentimos admiración por su benefactor. Pero si está enamorado, aunque consideremos su pasión tan razonable como cualquier otra de su tipo, no nos sentimos en absoluto obligados a compartirla ni a sentir la misma atracción por la persona que lo ha cautivado.

Para todos, excepto para el que experimenta la pasión, el amor siempre parece desproporcionado respecto al valor del objeto amado. Aunque se les perdona a ciertas edades, por ser una emoción natural, siempre es objeto de burla porque no podemos compartirla. Toda expresión intensa y solemne de amor resulta ridícula para un tercero; y aunque un amante puede ser una compañía encantadora para su amada, no lo es para nadie más. Él mismo es consciente de esto y, mientras conserve algo de cordura, intenta tratar su propia pasión con ironía y burla. Este es el único tono en el que estamos dispuestos a escuchar sobre el amor, porque es el único tono en el que nosotros mismos nos sentimos inclinados a hablar de él. Nos cansamos del amor grave, pedante y de largas lamentaciones de Cowley y Petrarca, quienes nunca cesan de exagerar la intensidad de su pasión; en cambio, la jovialidad de Ovidio y la galantería de Horacio siempre nos resultan agradables.

Sin embargo, aunque no sintamos una simpatía real por este tipo de apego, aunque nunca lleguemos a compartir la misma pasión por la misma persona, sí nos identificamos fácilmente con las altas esperanzas de felicidad que el enamorado deposita en la realización de su amor, así como con la profunda angustia que teme ante la posibilidad de su pérdida. Nos interesa no tanto la pasión en sí, sino la situación que da lugar a otras emociones que sí compartimos: la esperanza, el miedo y el sufrimiento de todo tipo. Del mismo modo que, en el relato de un viaje marítimo, no es el hambre lo que nos conmueve, sino la aflicción que esta provoca.

Aunque no podemos identificarnos con el apego del amante, sí nos dejamos llevar por las expectativas de felicidad romántica que él extrae de su amor. Nos parece natural que, en determinadas circunstancias, la mente, agotada por la inactividad y fatigada por la intensidad del deseo, anhele la serenidad y la tranquilidad, esperando encontrarlas en la satisfacción de la pasión que la atormenta. Nos dejamos llevar por la imagen de esa vida de placidez pastoral y retiro que el elegante y apasionado Tibulo se complace en describir: una vida semejante a la que los poetas imaginan en las Islas Afortunadas, una existencia de amistad, libertad y descanso, libre de preocupaciones, de trabajo y de todas las pasiones tumultuosas que los acompañan.

Incluso estas escenas nos cautivan más cuando se presentan como una esperanza que como una realidad. La naturaleza más instintiva de esta pasión, que se mezcla con el amor y quizás lo fundamenta, se desvanece cuando la satisfacción de ese deseo está aún lejana; pero si se describe como algo plenamente consumado, pierde su atractivo y se vuelve incluso ofensiva. Por esta razón, la pasión realizada nos conmueve mucho menos que la esperanza ansiosa y melancólica. Nos angustiamos por todo aquello que pueda frustrar esas expectativas tan naturales y agradables, y así compartimos la ansiedad, el temor y la angustia del enamorado.

De ahí que en algunas tragedias y novelas modernas el amor parezca tan conmovedor. No es tanto el amor de Castalio y Monimia en *El huérfano* lo que nos cautiva, sino el sufrimiento que dicho amor ocasiona. Un autor que presentara a dos amantes en un estado de total seguridad, expresándose su mutuo afecto sin obstáculos, provocaría risa en lugar de simpatía. Si una escena de este tipo se admite en una tragedia, siempre es, en cierta medida, inadecuada, y solo se tolera no por simpatía con la pasión expresada, sino por la preocupación que nos generan los peligros y dificultades que intuimos que los amantes habrán de enfrentar.

La reserva que las normas sociales imponen al sexo femenino en lo que respecta al amor hace que su sufrimiento sea aún mayor y, por ello, más profundamente conmovedor. Nos fascina la pasión de Fedra, tal como se expresa en la tragedia francesa de su nombre, a pesar—o quizás precisamente por—la extravagancia y la culpa que la acompañan. Estas mismas características parecen, en cierta medida, hacerla aún más atractiva para nosotros. Su temor, su vergüenza, su remordimiento, su horror y su desesperación se vuelven así más naturales e impactantes. Todas las emociones secundarias, si se me permite llamarlas así, que surgen de la experiencia del amor, se intensifican inevitablemente; y es con estas emociones secundarias, más que con la pasión amorosa en sí misma, con las que realmente podemos identificarnos y simpatizar.

De todas las pasiones que parecen exageradamente desproporcionadas respecto al valor de sus objetos, el amor es la única que, incluso para las mentes más débiles, conserva cierto encanto o atractivo. Aunque en sí mismo pueda ser ridículo, no es, por naturaleza, odioso. Y aunque sus consecuencias sean a menudo fatales y terribles, rara vez sus intenciones son malintencionadas.

Además, aunque la pasión en sí misma carezca de moderación, algunas de las emociones que la acompañan sí poseen cierta dignidad. En el amor hay una fuerte mezcla de humanidad, generosidad, amabilidad, amistad y estima, pasiones con las que, por razones que explicaremos más adelante, estamos particularmente inclinados a simpatizar, incluso cuando sabemos que pueden ser en cierto modo excesivas. La simpatía que sentimos por ellas hace que el amor nos resulte menos desagradable y lo sostiene en nuestra imaginación, a pesar de los vicios que comúnmente lo acompañan.

Aun cuando, en un sexo, el amor suele llevar a la ruina y la deshonra, y en el otro, donde se considera menos fatal, casi siempre va acompañado de incapacidad para el trabajo, negligencia en el deber, desprecio por la fama e incluso por la reputación más elemental, sigue siendo para muchos un motivo de vanidad. Se sienten orgullosos de parecer capaces de experimentar una emoción que, de haberla sentido realmente, no les otorgaría ningún mérito.

Por razones similares, es necesario cierto grado de reserva cuando hablamos de nuestros propios amigos, estudios o profesión. No podemos esperar que estos temas interesen a los demás en la misma medida en que nos interesan a nosotros. Y es precisamente por la falta de esta moderación que la mitad de la humanidad resulta ser una compañía desagradable para la otra mitad. Un filósofo solo es una buena compañía para otro filósofo, al igual que un miembro de un club solo lo es para su reducido círculo de compañeros.

CAPÍTULO III: DE LAS PASIONES ANTISOCIALES

Existe otro grupo de pasiones que, aunque derivadas de la imaginación, deben ser moderadas hasta un nivel mucho más bajo que aquel al que la naturaleza, sin disciplina, las elevaría antes de que podamos simpatizar con ellas o considerarlas apropiadas. Entre estas se encuentran el odio y el resentimiento, en todas sus variantes.

En relación con estas pasiones, nuestra simpatía se divide entre la persona que las siente y aquella que las sufre. Los intereses de ambas son completamente opuestos. Lo que nuestra simpatía con quien experimenta la emoción nos llevaría a desear, nuestra solidaridad con el otro nos haría temer. Dado que ambas son personas, nos preocupamos por ambas partes, y nuestra compasión por el sufrimiento que pueda padecer el ofendido atenúa nuestro resentimiento por la injusticia que ha sufrido.

Nuestra simpatía con quien ha sido provocado, por tanto, es siempre inferior a la pasión que naturalmente lo domina, no solo por las razones generales que hacen que toda pasión simpatizada sea más débil que la emoción original, sino también por una razón particular: nuestra simpatía dividida entre las dos partes en conflicto. Por ello, antes de que el resentimiento pueda resultar digno y aceptable, debe ser atenuado hasta un nivel mucho más bajo que aquel al que naturalmente se elevaría.

Al mismo tiempo, la humanidad siente profundamente las injusticias cometidas contra otros. El villano en una tragedia o novela nos inspira tanta indignación como el héroe nos genera simpatía y afecto. Odiamos a Yago con la misma intensidad con que admiramos a Otelo, y disfrutamos tanto con el castigo del primero como nos entristecemos por la desgracia del segundo.

Sin embargo, aunque la gente comparte un fuerte sentimiento de indignación ante las ofensas sufridas por otros, no siempre lo hace en la misma medida en que el agraviado expresa su resentimiento. De hecho, en la mayoría de los casos, cuanto más paciente, moderado y humano sea el ofendido— siempre que no parezca falto de carácter o que su paciencia se deba al miedo— , mayor será el resentimiento general contra quien lo ha perjudicado. La nobleza del carácter de la víctima intensifica nuestra percepción de la atrocidad de la ofensa.

Aun así, estas pasiones se consideran necesarias dentro de la naturaleza humana. Un individuo que soporta los insultos en silencio, sin intentar defenderse o vengarse, se vuelve despreciable. No podemos simpatizar con su indiferencia ni con su falta de sensibilidad; calificamos su comportamiento de pusilánime y nos irritamos tanto con él como con la insolencia de su agresor. Incluso las multitudes se enfurecen al ver a alguien someterse pacientemente a maltratos y humillaciones. Quieren ver su indignación, su respuesta, su venganza, y esperan que el propio afectado actúe. Lo incitan con furia a defenderse o a cobrar venganza. Y cuando finalmente se enciende su ira, la multitud lo aplaude con entusiasmo y comparte su indignación. Su reacción aviva la de los demás contra el agresor, y disfrutan viéndolo tomar represalias, siempre que su venganza no sea desmedida, como si la ofensa hubiera sido cometida contra ellos mismos.

No obstante, aunque se reconoce la utilidad de estas pasiones para el individuo—pues hacen que sea peligroso insultarlo o agraviarlo—y su importancia para la sociedad, al actuar como guardianes de la justicia y la equidad en su aplicación (como se explicará más adelante), sigue habiendo algo intrínsecamente desagradable en ellas, lo que hace que su manifestación en los demás nos produzca aversión.

La expresión de la ira contra alguien presente, si va más allá de una simple indicación de que hemos percibido su maltrato, no solo se considera un insulto hacia esa persona en particular, sino también una falta de respeto hacia toda la compañía. La cortesía hacia los demás debería impedirnos dar rienda suelta a una emoción tan agresiva y perturbadora. En estos casos, lo que nos resulta agradable no es la emoción en sí, sino sus efectos indirectos y a largo plazo; sin embargo, lo que determina si algo nos agrada o nos desagrada no son sus efectos lejanos, sino sus efectos inmediatos.

Por ejemplo, una prisión es sin duda más útil para la sociedad que un palacio, y quien construye una lo hace, generalmente, con un sentido del patriotismo mucho más justo que quien edifica el otro. Sin embargo, los efectos inmediatos de una prisión—el encierro y sufrimiento de quienes están dentro— son desagradables. La imaginación rara vez se detiene a considerar sus efectos futuros o los percibe demasiado lejanos como para ser influidos por ellos. Por esta razón, una prisión siempre será un objeto desagradable, y cuanto más efectiva sea en su propósito, más lo será.

En contraste, un palacio siempre será atractivo, aunque sus efectos futuros puedan ser perjudiciales para la sociedad. Puede fomentar el lujo y servir de ejemplo para la decadencia moral, pero sus efectos inmediatos—comodidad, placer y alegría para quienes lo habitan—despiertan en nuestra imaginación una serie de ideas agradables que nos llevan a centrarnos en ellos, sin preocuparnos demasiado por sus consecuencias a largo plazo.

Del mismo modo, los trofeos de instrumentos musicales o herramientas agrícolas, ya sea en pintura o en estuco, son ornamentos comunes y agradables en salones y comedores. Sin embargo, un trofeo similar compuesto por instrumentos quirúrgicos—cuchillos de disección, sierras para cortar huesos, herramientas de trepanación—sería absurdo y perturbador.

Los instrumentos de cirugía suelen estar mejor pulidos y diseñados con mayor precisión para su propósito que los instrumentos agrícolas. Además, sus efectos finales—la recuperación del paciente—son beneficiosos. Sin embargo, como sus efectos inmediatos implican dolor y sufrimiento, su mera visión nos resulta desagradable.

En cambio, los instrumentos de guerra, aunque también están asociados con el dolor y el sufrimiento, nos resultan agradables a la vista. La diferencia radica en que su efecto inmediato no es el sufrimiento de nuestros amigos, sino el de nuestros enemigos, con quienes no sentimos simpatía. Para nosotros, están inmediatamente ligados a ideas de coraje, victoria y honor. Por ello, se consideran parte de los ornamentos más nobles del atuendo, y su representación es uno de los elementos más admirados en la arquitectura.

Lo mismo ocurre con las cualidades de la mente. Los antiguos estoicos creían que, dado que el mundo está gobernado por la providencia sabia, poderosa y benévola de Dios, cada acontecimiento debía ser visto como parte necesaria del plan del universo y como contribuyente al orden y bienestar general. Según ellos, los vicios y las locuras humanas eran tan indispensables en este plan como la sabiduría y la virtud, y la naturaleza, a través de su eterna capacidad para extraer bien del mal, los hacía servir igualmente para la prosperidad y perfección del gran sistema del mundo.

Sin embargo, ninguna especulación de este tipo, por profunda que esté arraigada en la mente, puede disminuir nuestra repulsión natural hacia el vicio, cuyos efectos inmediatos son destructivos, mientras que sus efectos remotos son demasiado lejanos para ser percibidos por la imaginación.

Es el mismo caso con las pasiones que acabamos de considerar. Sus efectos inmediatos son tan desagradables que, incluso cuando están justificadas, siempre hay algo en ellas que nos desagrada. Son las únicas pasiones cuyas expresiones, como mencioné anteriormente, no nos predisponen a simpatizar con ellas antes de conocer la causa que las provoca.

La voz lastimera de la miseria, cuando se escucha a lo lejos, no nos deja indiferentes respecto a la persona de quien proviene. En cuanto llega a nuestros oídos, nos interesa su destino y, si persiste, casi nos obliga involuntariamente a acudir en su auxilio. De manera similar, el rostro sonriente de alguien eleva incluso el ánimo de quienes están absortos en pensamientos melancólicos, induciéndolos a compartir la alegría que expresa. El corazón, que antes estaba oprimido por preocupaciones, se expande y se llena de ligereza.

Pero ocurre lo contrario con las expresiones de odio y resentimiento. La voz áspera, turbulenta y discordante de la ira, cuando se escucha a la distancia, nos inspira miedo o aversión. No corremos hacia ella como lo haríamos al escuchar un grito de dolor o agonía. Las mujeres y los hombres de temperamento más débil tiemblan y se sienten invadidos por el miedo, aunque sepan que no son el objeto de la ira. Sienten temor al imaginarse en la posición de quien es blanco de la cólera.

Incluso aquellos con un carácter más firme se ven perturbados; no tanto como para sentir miedo, pero sí lo suficiente como para experimentar enojo, pues la ira es precisamente la pasión que sentirían si estuvieran en la situación de la persona afectada. Lo mismo ocurre con el odio: las meras expresiones de rencor no generan aversión contra la persona odiada, sino contra quien las expresa. Ambas pasiones son, por naturaleza, desagradables para los demás. Su apariencia ruda y violenta nunca despierta simpatía, ni nos prepara para compartirlas, y con frecuencia, incluso, nos incomoda.

El dolor nos conmueve y nos acerca a la persona que lo experimenta, pero el odio y el resentimiento, mientras ignoramos sus causas, nos producen rechazo y nos alejan de quien los siente. La intención de la naturaleza parece haber sido que estas emociones más ásperas y poco amables, que alejan a los hombres entre sí, fueran menos comunicables y se propagaran con menor facilidad.

Cuando la música imita las modulaciones del dolor o la alegría, no solo despierta en nosotros estas pasiones, sino que al menos nos predispone a concebirlas. Pero cuando imita los sonidos de la ira, lo que genera es miedo. La alegría, la tristeza, el amor, la admiración y la devoción son pasiones naturalmente musicales. Sus tonos naturales son suaves, claros y armoniosos, y se expresan en frases que contienen pausas regulares, lo que permite que se adapten fácilmente al ritmo de una melodía.

La voz de la ira, en cambio, y de todas las pasiones afines a ella, es áspera y discordante. Sus frases son irregulares, algunas muy largas, otras demasiado cortas, sin pausas bien definidas. Por esta razón, la música encuentra dificultad en imitar estas emociones, y cuando lo logra, la melodía resultante no es agradable. Una obra puede consistir enteramente en la imitación de pasiones sociales y placenteras sin que esto resulte impropio, pero una representación dedicada exclusivamente a la imitación del odio y el resentimiento sería algo extraño e incómodo.

Si estas pasiones resultan desagradables para el espectador, no lo son menos para quien las experimenta. El odio y la ira son el veneno más destructivo para la felicidad de un alma noble. En el simple hecho de sentir estas emociones hay algo áspero, inquietante y convulsivo, algo que desgarra el alma y destruye por completo la calma y la serenidad que son esenciales para la felicidad, y que mejor se cultivan a través de pasiones opuestas, como la gratitud y el amor.

No es tanto el valor de lo que pierden por la perfidia y la ingratitud de quienes los rodean lo que más lamentan los hombres generosos y humanitarios. Lo que realmente los atormenta es la idea de haber sido traicionados o menospreciados, y las emociones discordantes y desagradables que esto les provoca constituyen, en su propia percepción, la mayor parte del daño que han sufrido.

¿Cuántos factores se requieren para que la satisfacción del resentimiento resulte completamente placentera y para que el espectador simpatice con nuestra venganza? Primero, la provocación debe ser tal que, de no responder con cierto grado de indignación, quedaríamos expuestos al desprecio y a nuevos ultrajes.

Las ofensas menores siempre es mejor ignorarlas, y nada es más despreciable que un temperamento irritable y pendenciero que estalla ante la menor ofensa. Deberíamos responder a las injusticias más por un sentido de lo que es apropiado, por la expectativa de que la sociedad nos exige cierta dignidad, que por ceder a la furia irracional de esta desagradable pasión.

No hay ninguna otra emoción en la mente humana cuya justicia debamos cuestionar con tanto escepticismo, cuya indulgencia debamos considerar con tanta cautela, ni cuyo ejercicio debamos evaluar tan diligentemente bajo la perspectiva de un espectador imparcial y sereno.

Solo la magnanimidad y el deseo de preservar nuestra dignidad en la sociedad pueden ennoblecer la expresión de esta pasión desagradable. Este motivo debe impregnar toda nuestra actitud y comportamiento. Debemos mostrarnos firmes, pero sin arrogancia; resueltos, pero sin petulancia ni grosería. Nuestra postura no solo debe estar libre de sarcasmo y vileza, sino que debe reflejar generosidad, franqueza y consideración, incluso hacia quien nos ha ofendido.

Debe quedar claro, sin que necesitemos esforzarnos en expresarlo, que la pasión no ha extinguido nuestra humanidad, y que, si cedemos a la venganza, lo hacemos con renuencia, por necesidad y en respuesta a ofensas repetidas y graves. Cuando el resentimiento se expresa con este grado de autocontrol y moderación, puede incluso considerarse noble y digno de respeto.

CAPÍTULO IV : DE LAS PASIONES SOCIALES

Así como una simpatía dividida hace que las pasiones antes mencionadas sean, en la mayoría de los casos, poco elegantes y desagradables, existe otro grupo opuesto de pasiones que, debido a una simpatía reforzada, resultan casi siempre particularmente agradables y dignas. La generosidad, la humanidad, la bondad, la compasión, la amistad mutua y la estima, es decir, todas las emociones sociales y benevolentes, cuando se reflejan en el rostro o en la conducta, incluso hacia personas con quienes no tenemos una conexión especial, complacen al espectador imparcial en casi cualquier circunstancia.

Su simpatía con la persona que siente estas emociones coincide perfectamente con su interés por el bienestar de quien las recibe. Su preocupación natural, como ser humano, por la felicidad de los demás intensifica su solidaridad con quien expresa esos sentimientos, ya que ambas emociones se centran en el mismo objeto. Por ello, siempre estamos inclinados a simpatizar con las pasiones benevolentes; nos resultan en todos los aspectos agradables. Compartimos la satisfacción tanto de quien las siente como de quien es objeto de ellas.

Así como ser blanco del odio y la indignación causa más dolor que cualquier otra amenaza de un enemigo, la sensación de ser amado proporciona a una persona sensible una felicidad mayor que cualquier beneficio material que pueda esperar de dicho afecto. ¿Qué carácter puede ser más detestable que el de aquel que disfruta sembrando discordia entre amigos, convirtiendo su amor más profundo en un odio mortal? ¿En qué consiste exactamente la atrocidad de una injuria tan aborrecible? No es en privarlos de los pequeños favores que habrían podido brindarse mutuamente si su amistad hubiera continuado, sino en privarlos de la amistad misma, en robarles el afecto del otro, del cual ambos obtenían tanta satisfacción. Es en perturbar la armonía de sus corazones y poner fin a esa feliz comunión que antes existía entre ellos.

Estas emociones, esa armonía, este intercambio de afecto son percibidos no solo por los espíritus sensibles y delicados, sino incluso por la gente más ruda, como bienes más valiosos para la felicidad que todos los pequeños beneficios que podrían derivarse de ellos.

El sentimiento de amor, en sí mismo, es placentero para quien lo experimenta. Aporta calma y serenidad al corazón, parece favorecer las funciones vitales y contribuir al bienestar del cuerpo. Su deleite se intensifica aún más con la conciencia de la gratitud y la satisfacción que debe despertar en la persona que lo recibe. El afecto mutuo los hace felices el uno al otro, y nuestra simpatía por este vínculo compartido los hace aún más agradables a los ojos de todos los demás.

¿Qué mayor placer que contemplar una familia donde reinan el amor y la estima mutua? Donde padres e hijos son compañeros, distinguidos solo por el respeto de unos y la afectuosa indulgencia de los otros; donde la libertad y el cariño, la broma y la ternura, muestran que no hay rivalidad de intereses entre los hermanos, ni competencia de afectos entre las hermanas; donde todo transmite la imagen de paz, alegría, armonía y contento.

Por el contrario, ¿cuán incómodos nos sentimos al entrar en un hogar donde la discordia enfrenta a unos contra otros? Donde, bajo una aparente cortesía y suavidad, miradas desconfiadas y súbitos arrebatos de ira delatan las rivalidades ocultas y los celos que hierven en su interior, listos para estallar en cuanto se relajan las restricciones impuestas por la presencia de los demás.

Incluso cuando se reconoce que estas pasiones amables pueden ser excesivas, nunca se las percibe con aversión. Hay algo atractivo incluso en la debilidad de la amistad y la humanidad. La madre demasiado tierna y el padre demasiado indulgente, el amigo demasiado generoso y afectuoso, pueden ser vistos con cierta compasión debido a la suavidad de su carácter, pero en esa compasión siempre habrá un matiz de afecto.

Nunca pueden ser objeto de odio o desprecio, excepto para los más brutales y ruines de los hombres. Cuando los reprendemos por la exageración de su apego, lo hacemos con preocupación, simpatía y amabilidad. En la extrema sensibilidad de una persona benévola hay una vulnerabilidad que nos inspira más lástima que cualquier otra cosa.

No hay en esta cualidad nada que la haga, por sí misma, poco digna o desagradable. Solo lamentamos que no sea apta para el mundo, no porque haya algo inherentemente malo en ella, sino porque el mundo no es digno de ella. Quien la posee está expuesto a la perfidia y la ingratitud de quienes manipulan con astucia, así como a innumerables dolores y preocupaciones que, de todos los hombres, es el que menos merece sufrir y, a menudo, también el menos capaz de soportar.

Con el odio y el resentimiento ocurre todo lo contrario. Una inclinación excesiva hacia estas pasiones despreciables convierte a una persona en un ser temido y aborrecido, alguien que, como una bestia salvaje, debería ser expulsado de la sociedad civilizada.

CAPÍTULO V: DE LAS PASIONES EGOÍSTAS

Además de estos dos grupos opuestos de pasiones, las sociales y las antisociales, existe otro que ocupa una posición intermedia entre ellas. Nunca es tan elegante y admirable como el primero, pero tampoco es tan odioso y repulsivo como el segundo. La tristeza y la alegría, cuando surgen por nuestra propia fortuna o infortunio, constituyen este tercer conjunto de pasiones.

Incluso cuando se manifiestan con excesiva intensidad, nunca resultan tan desagradables como el resentimiento extremo, ya que no existe una simpatía opuesta que nos incline en contra de ellas. Sin embargo, aun cuando sean completamente proporcionales a sus causas, tampoco son tan agradables como la imparcial humanidad y la auténtica benevolencia, porque no generan una simpatía doble que nos lleve a compartirlas plenamente.

No obstante, hay una diferencia entre la tristeza y la alegría: en general, estamos más dispuestos a simpatizar con las alegrías pequeñas y con las penas grandes. Un hombre que, por un giro repentino del destino, asciende de golpe a una posición muy superior a la que antes ocupaba, puede estar seguro de que las felicitaciones de sus mejores amigos no serán del todo sinceras.

Un advenedizo, por más mérito que tenga, suele resultar antipático, y un sentimiento de envidia nos impide simpatizar plenamente con su felicidad. Si es sensato, será consciente de ello y, en lugar de dejarse llevar por su buena fortuna, tratará de ocultar su alegría y moderar el orgullo natural que sus nuevas circunstancias le inspiran.

Afectará la misma sencillez en su vestir y la misma modestia en su comportamiento que lo caracterizaban en su posición anterior. Redoblará su atención hacia sus viejos amigos y se esforzará más que nunca por ser humilde, atento y complaciente. Esta es la actitud que más aprobamos en alguien en su situación, pues parece que esperamos que tenga más simpatía por nuestra envidia y aversión hacia su felicidad de la que nosotros sentimos por su felicidad misma.

Sin embargo, rara vez logra su propósito. Sospechamos de la sinceridad de su humildad, y él acaba cansándose de esta restricción. Con el tiempo, por lo general, abandona a casi todos sus antiguos amigos, salvo a los más humildes, que tal vez acepten convertirse en sus dependientes. Tampoco suele hacer nuevos amigos con facilidad: el orgullo de su nuevo círculo social se siente ofendido al verlo como su igual, del mismo modo que el de sus antiguos conocidos se sintió herido al verlo convertirse en su superior. Se necesita una modestia firme y perseverante para compensar esta incomodidad en ambos bandos.

Sin embargo, la mayoría de las veces, el recién ascendido pierde la paciencia demasiado pronto. Se siente irritado tanto por el orgullo huraño y desconfiado de sus antiguos amigos como por el desprecio insolente de los nuevos, hasta que finalmente responde con desdén a los primeros y con petulancia a los segundos. Con el tiempo, su actitud se vuelve cada vez más arrogante, y termina perdiendo el aprecio de todos.

Si la mayor parte de la felicidad humana surge de la conciencia de ser querido, como creo que sucede, estos cambios repentinos de fortuna rara vez contribuyen realmente a la dicha. Es más feliz quien asciende gradualmente a la grandeza, quien ha sido señalado por el público para cada etapa de su ascenso mucho antes de alcanzarla, de modo que, cuando llega, no le provoca una alegría desmesurada, ni despierta celos en quienes lo veían avanzar, ni envidia en quienes deja atrás.

No obstante, la humanidad simpatiza más fácilmente con alegrías menores, que surgen de causas menos trascendentales. Es apropiado mostrar humildad en medio de una gran prosperidad, pero difícilmente podríamos expresar demasiada satisfacción ante los pequeños placeres de la vida cotidiana: la compañía con la que pasamos la noche anterior, la comida que nos sirvieron, las conversaciones y los acontecimientos triviales de la jornada.

Nada es más encantador que un ánimo alegre y constante, basado en un disfrute particular de los pequeños placeres que nos brindan las experiencias cotidianas. Nos sentimos inclinados a compartirlo, pues nos contagia su misma alegría y nos hace percibir hasta las nimiedades con la misma luz agradable en que las ve quien posee esta disposición tan feliz.

De ahí que la juventud, la etapa de la alegría, nos gane el afecto con tanta facilidad. La inclinación natural hacia el gozo que parece animar el brillo de sus rostros y destellar en sus ojos, incluso en personas del mismo sexo, eleva el espíritu de los más ancianos. Por un momento, olvidan sus achaques y se entregan a esas emociones e ideas placenteras de las que han estado alejados por tanto tiempo. Cuando la presencia de tanta felicidad les devuelve estos sentimientos, los reciben como a viejos amigos, a quienes lamentaban haber perdido y a quienes abrazan con más fervor tras una larga separación.

Con la tristeza ocurre lo contrario. Las pequeñas molestias no generan simpatía, pero el profundo sufrimiento despierta la más sincera compasión. Un hombre que se altera por cada contratiempo, que se molesta si el cocinero o el mayordomo cometen el más mínimo error, que se irrita por cualquier infracción en el ceremonial de cortesía, ya sea hacia él o hacia otro, que se ofende si un amigo cercano no lo saluda por la mañana o si su hermano tararea una melodía mientras él cuenta una historia, que se muestra de mal humor por el mal tiempo en el campo, por el estado de los caminos en un viaje o por la falta de entretenimiento en la ciudad—un hombre así, aunque tenga cierta razón en su malestar, rara vez encontrará verdadera simpatía.

La alegría es una emoción placentera, y nos entregamos a ella con gusto ante el menor estímulo. Por ello, simpatizamos con facilidad con la alegría ajena, siempre que no nos afecte la envidia. Pero la tristeza es dolorosa, y la mente, incluso cuando se trata de su propio infortunio, tiende a resistirse a ella y a alejarla lo antes posible.

Nuestra aversión al sufrimiento no siempre nos impide sentirlo ante los más pequeños infortunios personales, pero nos vuelve insensibles al sufrimiento ajeno cuando surge de causas triviales. De hecho, existe una cierta malicia en la naturaleza humana que no solo impide la simpatía ante estas pequeñas contrariedades, sino que incluso las hace objeto de burla.

De ahí el placer que encontramos en la ironía y en ver a un amigo ligeramente molesto cuando se le provoca con bromas y comentarios ingeniosos. Hasta las personas con la más mínima educación saben disimular su malestar ante incidentes menores, y quienes están más acostumbrados a la vida social suelen convertir por iniciativa propia estos pequeños percances en bromas, anticipando que sus amigos lo harán por ellos.

El hábito de considerar cómo percibirán los demás todo lo que nos concierne hace que estos infortunios triviales se nos presenten a nosotros mismos bajo la misma luz ridícula en que sabemos que serán vistos por los demás. Nuestra simpatía, en cambio, con la aflicción profunda es intensa y sincera. No hace falta un ejemplo para ilustrarlo. Incluso lloramos ante la representación ficticia de una tragedia.

Por ello, si sufres una gran calamidad —si has caído en la pobreza, la enfermedad, la deshonra o el fracaso por un revés extraordinario del destino—, incluso si en parte fue causado por tus propios errores, puedes confiar en la sincera compasión de todos tus amigos y, en la medida en que sus intereses y su honor se lo permitan, en su ayuda desinteresada. Pero si tu desgracia no es de tal magnitud—si solo has sufrido un pequeño revés en tu ambición, si tu enamorada te ha rechazado o si simplemente vives bajo la influencia dominante de una esposa autoritaria—puedes estar seguro de que recibirás más burlas que compasión por parte de todos tus conocidos.

SECCIÓN III:
SOBRE LOS EFECTOS DE LA PROSPERIDAD Y LA ADVERSIDAD

(EN EL JUICIO HUMANO RESPECTO A LA PROPIEDAD DE LAS ACCIONES, Y POR QUÉ ES MÁS FÁCIL OBTENER SU APROBACIÓN EN UN ESTADO QUE EN OTRO).

CAPÍTULO I: EL DOLOR AJENO Y EL NUESTRO

(Aunque nuestra simpatía por el dolor suele ser más intensa que nuestra simpatía por la alegría generalmente queda muy lejos de alcanzar la intensidad del sentimiento que experimenta quien lo sufre directamente).

Nuestra simpatía por el sufrimiento, aunque no más real, ha sido más notoria que nuestra simpatía por la alegría. En su significado más propio y primitivo, la palabra "simpatía" denota nuestro sentimiento compartido con el sufrimiento ajeno, más que con su disfrute. Un filósofo reciente e ingenioso consideró necesario demostrar, mediante argumentos, que realmente sentimos simpatía por la alegría y que la felicitación es un principio inherente a la naturaleza humana. Sin embargo, nadie ha considerado necesario demostrar lo mismo respecto a la compasión.

En primer lugar, nuestra simpatía por el sufrimiento es, en cierto sentido, más universal que nuestra simpatía por la alegría. Aun cuando el sufrimiento es excesivo, podemos compartirlo en cierta medida. Lo que sentimos, sin embargo, no llega a constituir una verdadera simpatía, una completa armonía y concordancia de sentimientos que implique aprobación. No lloramos ni exclamamos con el afligido, sino que somos conscientes de su debilidad y de la exageración de su pasión, aunque aun así nos preocupamos sinceramente por él. Sin embargo, si no logramos compartir la alegría de otro, no sentimos ninguna clase de afinidad o interés por ella. La persona que salta y baila con una alegría desmesurada y sin sentido, en la que no podemos acompañarlo, se convierte en objeto de nuestra burla o indignación.

Además, el dolor, ya sea físico o emocional, es una sensación más intensa que el placer, por lo que nuestra simpatía con el sufrimiento, aunque menor que la del afectado, suele ser más vívida y perceptible que nuestra simpatía con el placer, aunque este último, como explicaré a continuación, a veces se acerca más a la intensidad de la emoción original.

Más aún, a menudo intentamos reprimir nuestra simpatía por el sufrimiento ajeno. Cuando no estamos bajo la observación del afligido, procuramos, por nuestro propio bienestar, suprimirla tanto como podamos, aunque no siempre lo logremos. La resistencia que oponemos a ese sentimiento y la renuencia con la que finalmente cedemos nos obligan a tomar mayor conciencia de su existencia. Sin embargo, no experimentamos esta misma resistencia cuando se trata de simpatizar con la alegría. Si hay envidia de por medio, es cierto que nos impide simpatizar con la felicidad ajena; pero cuando esta no está presente, nos entregamos libremente a la alegría de los demás. De hecho, como solemos avergonzarnos de nuestra envidia, con frecuencia fingimos y hasta deseamos genuinamente compartir la felicidad ajena, incluso cuando en el fondo nos sentimos contrariados. A menudo sentimos simpatía por el sufrimiento cuando quisiéramos evitarlo, y en cambio, a veces nos falta simpatía por la alegría cuando desearíamos experimentarla. La observación natural que surge de todo esto es que nuestra tendencia a simpatizar con el sufrimiento es muy fuerte, mientras que nuestra inclinación a compartir la alegría es relativamente débil.

No obstante, este prejuicio, me atrevo a afirmar que, cuando la envidia no interviene, nuestra inclinación a simpatizar con la alegría es más fuerte que nuestra tendencia a hacerlo con el sufrimiento. De hecho, nuestra afinidad con las emociones agradables se acerca mucho más a la intensidad de la que experimentan directamente quienes las sienten, en comparación con lo que ocurre con el sufrimiento.

Toleramos cierto grado de sufrimiento excesivo, aunque no logremos compartirlo del todo. Sabemos que el afligido debe hacer un enorme esfuerzo para reducir su emoción hasta alcanzar una armonía plena con la del espectador. Si no lo consigue, le perdonamos con facilidad. Pero no mostramos la misma indulgencia con el exceso de alegría, porque no somos conscientes de que se requiera un esfuerzo semejante para atemperarla hasta un nivel en el que podamos compartirla. Admiramos a quien, en medio de las mayores calamidades, es capaz de dominar su dolor; en cambio, quien en la cúspide de la prosperidad logra contener su júbilo apenas nos parece digno de elogio. Percibimos una diferencia mucho mayor entre lo que naturalmente siente la persona en desgracia y lo que el espectador puede compartir, que entre lo que siente alguien dichoso y lo que los demás pueden acompañar.

¿Qué más se puede añadir a la felicidad de aquel que goza de salud, está libre de deudas y tiene la conciencia tranquila? Para alguien en esta situación, cualquier incremento de fortuna podría considerarse superfluo; y si se muestra excesivamente exaltado por ello, solo puede deberse a la más frívola ligereza. Esta condición, sin embargo, bien podría considerarse el estado natural y ordinario de la humanidad. A pesar de la miseria y la corrupción que con razón se lamentan en el mundo, la mayoría de las personas se encuentran en esta situación. Por lo tanto, no resulta difícil para la mayoría compartir la alegría de aquel que experimenta una mejora en su condición.

Sin embargo, aunque poco puede añadirse a este estado, mucho puede serle arrebatado. La diferencia entre esta condición y el más alto nivel de prosperidad es mínima, pero la distancia entre esta y la miseria más profunda es inmensa y abismal. La adversidad, por esta razón, deprime el ánimo del afectado mucho más por debajo de su estado natural de lo que la prosperidad puede elevarlo por encima de él. Por lo tanto, el espectador encuentra más difícil simpatizar plenamente y acompasarse con el dolor ajeno que con la alegría, ya que en el primer caso debe alejarse mucho más de su estado natural y habitual de ánimo. Es por ello que, aunque nuestra simpatía con el sufrimiento puede ser más intensa que con la alegría, siempre queda muy por debajo de la intensidad con la que la experimenta la persona afectada.

Simpatizar con la alegría es placentero; y cuando la envidia no lo impide, nuestro corazón se entrega con satisfacción a los mayores arrebatos de este sentimiento. Pero acompañar el sufrimiento es doloroso, y siempre lo hacemos con cierta renuencia.

Cuando presenciamos una tragedia, resistimos hasta donde podemos el dolor empático que nos inspira el espectáculo y solo nos rendimos a él cuando nos resulta inevitable. Incluso entonces, intentamos ocultar nuestra emoción a los demás. Si derramamos lágrimas, las disimulamos, temiendo que quienes no compartan nuestra sensibilidad las consideren una muestra de debilidad. Quien sufre y busca compasión es consciente de nuestra reticencia a compartir su dolor y, por ello, lo expone con timidez y reserva; incluso reprime parte de su angustia, avergonzado de la insensibilidad del mundo que lo rodea. En cambio, aquel que celebra su éxito lo proclama con júbilo, confiado en que recibirá la simpatía plena de los demás, siempre que la envidia no se interponga.

¿Por qué sentimos más vergüenza al llorar que al reír en público? A menudo tenemos razones tan válidas para lo uno como para lo otro, pero somos conscientes de que los demás están más inclinados a compartir nuestras emociones placenteras que las dolorosas. Quejarse, incluso ante las peores desgracias, es siempre una experiencia desdichada; en cambio, la exaltación de la victoria no siempre resulta impropia. La prudencia, sin embargo, nos aconseja moderar nuestra alegría en la prosperidad, pues nos enseña a evitar la envidia que tal triunfo puede despertar.

¡Qué sinceras son las aclamaciones de la multitud, que no guarda envidia hacia sus superiores, en un desfile triunfal o una entrada pública! Y qué mesurado y sobrio suele ser su dolor ante una ejecución. Nuestro pesar en un funeral rara vez supera una gravedad afectada, mientras que nuestra alegría en un bautizo o una boda es siempre genuina y espontánea. En tales ocasiones de regocijo, nuestra satisfacción, aunque pasajera, suele ser tan intensa como la de los protagonistas del evento. Cuando felicitamos de corazón a nuestros amigos—lo que, lamentablemente, hacemos con menos frecuencia de la que deberíamos—, su alegría se convierte en nuestra propia alegría: por un instante, somos tan felices como ellos. Nuestro corazón se llena y desborda de placer auténtico; la alegría y la satisfacción iluminan nuestra mirada y animan cada gesto y rasgo de nuestro rostro.

Por el contrario, cuando consolamos a nuestros amigos en sus aflicciones, ¿cuán poco sentimos en comparación con lo que ellos experimentan? Nos sentamos a su lado, los miramos, y mientras nos relatan los detalles de su desgracia, los escuchamos con gravedad y atención. Sin embargo, mientras su relato se interrumpe constantemente por estallidos de emoción que parecen ahogarlos, nuestros sentimientos son débiles y están lejos de acompasarse con los suyos. Podemos reconocer que su dolor es natural y que no es mayor al que nosotros mismos sentiríamos en su situación. Incluso podemos reprocharnos nuestra falta de sensibilidad y, por ello, tratar de forzar una simpatía artificial que, cuando logramos evocarla, es siempre tenue y efímera, disipándose en cuanto salimos de la habitación. Parece que la naturaleza, al cargarnos con nuestros propios sufrimientos, consideró que eran suficientes y no nos impuso compartir los ajenos más allá de lo necesario para impulsarnos a aliviar el dolor de los demás.

Es debido a esta insensibilidad hacia las aflicciones ajenas que la magnanimidad ante la adversidad nos parece siempre tan admirable. Es digno de aprecio quien mantiene su serenidad frente a dificultades triviales, pero parece sobrehumano aquel que enfrenta con la misma entereza los infortunios más devastadores. Sabemos el enorme esfuerzo que se requiere para contener las emociones que, en su situación, naturalmente lo sacudirían. Nos asombra que pueda dominarse por completo. Su fortaleza, al mismo tiempo, encaja perfectamente con nuestra insensibilidad. No nos exige un nivel de sensibilidad que no poseemos y que nos avergonzaría no tener. Existe, por tanto, una armonía total entre su actitud y la nuestra, lo que hace que su comportamiento nos parezca no solo adecuado, sino excepcionalmente digno. Además, dado nuestro conocimiento sobre la fragilidad humana, no esperábamos que alguien pudiera mantener tal autocontrol. Nos sorprende y nos llena de admiración la fortaleza de espíritu que permite un acto tan noble y generoso.

Este sentimiento de simpatía y aprobación, animado por la sorpresa y la admiración, es lo que propiamente llamamos admiración. Cayo Catón, rodeado de enemigos, sin posibilidad de resistirse ni de someterse, obligado por los rígidos principios de su época a acabar con su propia vida, nunca permitió que su desgracia lo doblegara. No imploró con la voz suplicante de la desdicha esas lágrimas de compasión que tan renuentes somos a ofrecer. En cambio, con una firmeza digna, y en los instantes previos a su fatídica decisión, se ocupó con total calma de garantizar la seguridad de sus amigos. Para Séneca, aquel célebre defensor de la imperturbabilidad, Catón representaba un espectáculo que incluso los dioses podían contemplar con placer y admiración.

Siempre que encontramos ejemplos de semejante grandeza de ánimo en la vida cotidiana, nos conmueven profundamente. Nos resulta más fácil llorar por quienes no derraman lágrimas por sí mismos que por aquellos que sucumben completamente al abatimiento. En estos casos, la tristeza del espectador parece incluso superar la emoción del afectado. Los discípulos de Sócrates rompieron en llanto cuando él bebió la cicuta, mientras él mismo mantenía una serenidad radiante y alegre. En estas circunstancias, el espectador no necesita contener su tristeza; sabe que su emoción no lo llevará a excesos ni a una reacción inapropiada. Por el contrario, se complace en su propia sensibilidad y la cultiva sin reservas. Se entrega por completo a la melancolía de la situación, sintiendo por su amigo una ternura más profunda de la que jamás había experimentado.

En cambio, para quien enfrenta la calamidad, la perspectiva es diferente. Debe apartar su mirada de todo lo que sea aterrador o desmoralizador en su situación. Temeroso de perder el autocontrol y de dejar de ser digno de la simpatía y aprobación de los demás, evita enfocarse demasiado en sus circunstancias adversas. En su lugar, se aferra a los aspectos positivos: el honor y la admiración que su heroica entereza le granjeará. La certeza de ser capaz de un esfuerzo tan noble y generoso lo llena de orgullo y lo impulsa a sostener una alegría triunfal que parece celebrar su victoria sobre la adversidad.

Por el contrario, quien se hunde en la desesperación ante su desgracia siempre nos parece, en cierto modo, mezquino y despreciable. No logramos sentir por él lo que él siente por sí mismo, aunque quizá experimentaríamos lo mismo si estuviéramos en su lugar. Como no podemos compartir su angustia, lo despreciamos; injustamente, tal vez, pero es un juicio al que estamos inclinados por naturaleza. La debilidad del dolor nunca nos resulta digna de aprecio, salvo cuando surge de la compasión por los demás y no de la autocompasión. Un hijo puede entregarse al duelo por la muerte de un padre querido sin ser condenado por ello. En este caso, su pesar nace de la simpatía hacia el padre que ha perdido, y nosotros fácilmente compartimos esa emoción. Pero si ese mismo hijo se abandona al desconsuelo por una desgracia que afecta únicamente a su propia persona, no hallará la misma indulgencia. Si pierde su fortuna, enfrenta peligros inminentes o incluso es conducido al patíbulo, y en ese momento deja escapar una sola lágrima, quedará para siempre deshonrado ante los ojos de los hombres valientes y nobles.

En tales situaciones, la compasión hacia él puede ser profunda y sincera, pero, como no iguala la magnitud de su propia debilidad, nadie le perdonará haber mostrado tal falta de fortaleza ante el mundo. En vez de inspirar tristeza, su comportamiento causará vergüenza ajena; la indignidad con la que ha enfrentado su destino será vista como el aspecto más lamentable de su desgracia. ¿Acaso no deshonró la memoria del intrépido duque de Biron el hecho de que, tras haber desafiado tantas veces la muerte en el campo de batalla derramara lágrimas en el cadalso al contemplar su caída y recordar la gloria de la que su propia imprudencia lo había privado?

CAPÍTULO II: SOBRE EL ORIGEN DE LA AMBICIÓN Y LA DISTINCIÓN DE RANGOS

Es porque la humanidad tiende a simpatizar más plenamente con la alegría que con el sufrimiento, que exhibimos nuestras riquezas y ocultamos nuestra pobreza. Nada resulta más humillante que verse obligado a exponer la propia desgracia ante el público y sentir que, aunque todos pueden verla, nadie comprende ni la mitad de lo que padecemos. De hecho, es principalmente por esta preocupación por la opinión ajena que buscamos la riqueza y evitamos la pobreza.

¿Para qué, entonces, todo el esfuerzo y la agitación del mundo? ¿Cuál es el propósito de la avaricia y la ambición, de la búsqueda de riqueza, poder y prestigio? ¿Es para satisfacer las necesidades básicas? Los ingresos del trabajador más humilde pueden cubrirlas. Vemos que le proporcionan alimento, vestimenta, un hogar y el sustento de su familia. Si analizamos su economía con rigor, descubrimos que destina gran parte de su ingreso a comodidades que podrían considerarse superfluas y que, en ocasiones especiales, incluso dedica algo a la vanidad y la distinción.

¿Por qué, entonces, sentimos aversión por su condición? ¿Por qué quienes han sido educados en clases más altas consideran peor que la muerte verse reducidos a vivir sin trabajo, con la misma alimentación sencilla, bajo el mismo techo modesto y con la misma vestimenta humilde? ¿Acaso creen que su estómago digiere mejor o su sueño es más reparador en un palacio que en una cabaña? La experiencia ha demostrado reiteradamente lo contrario y, de hecho, es tan evidente que nadie lo ignora.

¿De dónde surge, entonces, la emulación que atraviesa todas las jerarquías sociales? ¿Qué beneficios buscamos en ese gran propósito humano que llamamos mejorar nuestra condición? En última instancia, lo que realmente deseamos es ser observados, atendidos, reconocidos con simpatía, complacencia y aprobación. Es la vanidad, y no el bienestar o el placer, lo que nos impulsa. Pero la vanidad se basa en la creencia de que somos objeto de atención y admiración.

El hombre rico se gloría en su riqueza porque siente que naturalmente atrae la mirada del mundo, que los demás están dispuestos a compartir sus emociones agradables y a participar de la satisfacción que su posición le inspira. Al pensar en ello, su corazón parece ensancharse y latir con mayor fuerza, y por esta razón valora su riqueza incluso más que por las ventajas materiales que le proporciona.

El pobre, en cambio, se avergüenza de su pobreza. Siente que lo relega a la invisibilidad o, en caso de ser notado, que pocos comparten su aflicción. Se ve humillado por ambas razones. Ser ignorado y ser despreciado no son lo mismo, pero la oscuridad en que se encuentra lo priva del reconocimiento y la estima, frustrando la más profunda esperanza y el deseo más ardiente de la naturaleza humana. Sale y entra desapercibido, y aun en medio de una multitud se encuentra tan aislado como si estuviera encerrado en su hogar.

Las preocupaciones y esfuerzos cotidianos de su condición no entretienen a los ociosos y despreocupados, quienes apartan la vista de él o, si su miseria es demasiado evidente para ignorarla, lo rechazan como si su sola presencia perturbara su felicidad. Los afortunados y orgullosos se indignan ante la audacia de la miseria al presentarse ante ellos y, con su aspecto lamentable, osar interrumpir la serenidad de su bienestar.

El hombre de prestigio, en cambio, es observado por todos. Todos desean mirarlo e, incluso por simpatía, compartir su júbilo. Sus acciones son objeto de atención pública; apenas hay palabra o gesto suyo que pase desapercibido. En una gran asamblea, todas las miradas se dirigen hacia él; los ánimos de los presentes parecen esperar su influencia, preparados para seguir la dirección que les imprima. Si su conducta no es del todo absurda, en cada instante tiene la oportunidad de captar el interés de la gente y convertirse en el centro de atención y de la simpatía de todos los que lo rodean.

Es esta circunstancia la que, a pesar de las restricciones que impone y de la pérdida de libertad que conlleva, convierte a la grandeza en objeto de envidia. Compensa, a los ojos del mundo, todo el esfuerzo, la ansiedad y las privaciones necesarias para alcanzarla, e incluso—y esto es aún más significativo—la pérdida de la tranquilidad, la seguridad y la despreocupación que quedan sacrificadas para siempre en su consecución.

Cuando consideramos la condición de los grandes con los engañosos matices con que la imaginación tiende a pintarla, nos parece casi la idea misma de un estado perfecto y feliz. Es la condición que, en nuestros sueños y ensoñaciones, hemos imaginado como el destino final de todos nuestros deseos. Por ello, sentimos una simpatía particular hacia la satisfacción de quienes la disfrutan. Favorecemos sus inclinaciones y apoyamos sus aspiraciones. Nos parece una lástima que algo pueda arruinar una situación tan ventajosa.

Desearíamos incluso que fueran inmortales, y nos resulta injusto que la muerte deba poner fin a tan perfecta dicha. Nos parece cruel que la naturaleza los arrastre desde sus posiciones exaltadas hasta el humilde, pero inevitable, hogar que ha dispuesto para todos sus hijos. "¡Gran rey, vive para siempre!" es el elogio que, al estilo de la adulación oriental, estaríamos dispuestos a dedicarles si la experiencia no nos enseñara su absurdo.

Cualquier calamidad que los afecte, cualquier agravio que sufran, despierta en el espectador una compasión y una indignación mucho mayores que si le ocurriera a un hombre común. Solo las desgracias de los reyes parecen ser dignas de la tragedia. En este sentido, se asemejan a las desventuras de los amantes. Ambas situaciones dominan el teatro, porque, a pesar de todo lo que la razón y la experiencia puedan enseñarnos, los prejuicios de la imaginación asocian a estos dos estados una felicidad superior a cualquier otra. Interrumpir o poner fin a tan perfecto gozo parece la más atroz de las injusticias. El traidor que conspira contra la vida de su monarca es visto como un ser monstruoso, peor que cualquier otro homicida. La sangre inocente derramada en las guerras civiles provocó menos indignación que la ejecución de Carlos I. Un observador ajeno a la naturaleza humana, al ver la indiferencia con que los hombres afrontan la miseria de sus inferiores y la profunda compasión y enojo que sienten ante los sufrimientos de los poderosos, podría suponer que el dolor y la muerte son más terribles para los de alto rango que para los humildes.

Sobre esta inclinación de la humanidad a acompañar todas las pasiones de los ricos y poderosos se funda la distinción de rangos y el orden social. Nuestra obediencia a los superiores surge más de la admiración por sus privilegios que de la esperanza de obtener algún beneficio de ellos. Sus favores pueden alcanzar a unos pocos, pero su fortuna interesa a casi todos. Nos sentimos inclinados a contribuir a la culminación de una felicidad que parece rozar la perfección, y deseamos servirles desinteresadamente, sin otra recompensa que el honor o la vanidad de haberles complacido.

Tampoco nuestra deferencia hacia sus deseos se basa exclusivamente en la utilidad de tal sumisión ni en el orden social que esta refuerza. Incluso cuando el orden social parece exigir que nos opongamos a ellos, nos resulta difícil hacerlo. La doctrina de la razón y la filosofía sostiene que los reyes son servidores del pueblo, que deben ser obedecidos, resistidos, depuestos o castigados según lo exija el bien común. Pero esta no es la enseñanza de la naturaleza. La naturaleza nos impulsa a someternos a ellos por su propio bien, a temblar y postrarnos ante su elevada posición, a considerar su sonrisa como una recompensa suficiente y a temer su desagrado, aunque de él no se derive otra consecuencia, como la peor de las humillaciones.

Tratar a los monarcas como simples hombres, razonar y debatir con ellos en circunstancias ordinarias, requiere tal firmeza que pocos poseen el carácter necesario para hacerlo, salvo aquellos que cuentan con la ventaja de la familiaridad y el trato frecuente. Ni siquiera los motivos más poderosos—el miedo, el odio o la indignación—son suficientes para contrarrestar esta inclinación natural al respeto. Su conducta debe haber provocado el mayor grado de estos sentimientos, ya sea con o sin justicia, antes de que el pueblo en su conjunto se atreva a oponérseles con violencia o a desear su destitución o castigo.

Aun cuando la multitud ha llegado a este punto, su fervor suele desvanecerse con rapidez, y con la misma facilidad vuelven a su estado habitual de reverencia hacia quienes han considerado sus superiores naturales. No soportan ver la humillación de su monarca. La compasión pronto reemplaza la indignación; olvidan las antiguas afrentas, renacen sus principios de lealtad y se apresuran a restaurar la autoridad de sus antiguos señores con el mismo ímpetu con el que antes la derribaron. La ejecución de Carlos I. allanó el camino para la restauración de la monarquía. La compasión por Jacobo II, cuando fue capturado por la multitud al intentar escapar en barco, casi frustró la Revolución y ralentizó su avance.

¿Acaso los grandes parecen insensibles al fácil precio con el que pueden adquirir la admiración pública? ¿O imaginan que, al igual que otros hombres, deben ganarla con esfuerzo o sacrificio? ¿Qué importantes logros se espera que alcance el joven noble para sostener la dignidad de su rango y demostrar ser digno de la superioridad que la virtud de sus ancestros le otorgó? ¿Debe cultivarse en el conocimiento, la laboriosidad, la paciencia, la autodisciplina o en alguna otra virtud?

Como cada una de sus palabras y movimientos es observado, desarrolla una atención habitual a cada detalle de su comportamiento y procura ejecutar con absoluta corrección incluso las más pequeñas formalidades. Sabe cuánto es observado y cuán dispuesta está la gente a secundar sus inclinaciones; por ello, hasta en los actos más insignificantes actúa con la libertad y confianza que esta certeza le infunde. Su porte, su actitud, su expresión reflejan una elegante y refinada conciencia de su propia superioridad, algo a lo que quienes nacen en posiciones inferiores difícilmente pueden aspirar. Estas son las habilidades con las que busca hacer más fácil la sumisión de los demás a su autoridad y moldear sus voluntades según sus deseos, y rara vez se ve frustrado en ello. Estas cualidades, respaldadas por el rango y la preeminencia, suelen bastar para gobernar el mundo en circunstancias normales.

Luis XIV, durante la mayor parte de su reinado, fue considerado no solo en Francia, sino en toda Europa, como el modelo perfecto de un gran monarca.

Pero ¿cuáles fueron los talentos y virtudes que le granjearon esta reputación? ¿Fue su escrupulosa e inflexible justicia, los inmensos peligros y dificultades que enfrentó o su incansable dedicación a sus empresas? ¿Fue su vasto conocimiento, su refinado juicio o su heroica valentía? No fue ninguna de estas cualidades. Lo primero que lo distinguió fue ser el príncipe más poderoso de Europa, lo que lo colocó en la más alta jerarquía entre los reyes. Además, como señala su historiador, "superaba a todos sus cortesanos en la gracia de su porte y en la majestuosa belleza de sus facciones. El tono noble y conmovedor de su voz ganaba los corazones que su sola presencia intimidaba. Su andar y su actitud eran únicos, exclusivos de su rango, y habrían resultado ridículos en cualquier otro. La turbación que provocaba en quienes le hablaban alimentaba su secreta satisfacción ante su propia superioridad. El viejo oficial que, abrumado por la emoción, temblaba al pedirle un favor y no lograba terminar su discurso, le dijo: 'Señor, su majestad creerá que no tiemblo así ante sus enemigos'. No tuvo dificultad alguna en obtener lo que pedía".

Estas frívolas cualidades, respaldadas por su rango y, sin duda, por un grado de talento y virtud que apenas parecía sobrepasar la mediocridad, cimentaron la estima de su época y han asegurado cierto respeto por su memoria en la posteridad. En su tiempo y en su presencia, ninguna otra virtud parecía tener mérito alguno. El conocimiento, la laboriosidad, el valor y la generosidad se mostraban tímidos y deslucidos ante estas cualidades.

Sin embargo, el hombre de rango inferior no puede aspirar a distinguirse con tales atributos. La cortesía es una virtud exclusiva de los grandes y apenas confiere honor a nadie más. El presuntuoso que imita sus maneras, esforzándose por destacar mediante la exquisita corrección de su conducta, solo cosecha doble desprecio por su necedad y arrogancia. ¿Por qué habría de preocuparse un hombre, al que nadie presta atención, por la manera en que sostiene la cabeza o mueve los brazos al caminar por una sala? Su esmero es innecesario y denota una autovaloración que ningún otro comparte. La modestia y la sencillez, combinadas con un grado de descuido compatible con el respeto a los demás, deben ser las principales características de la conducta de un hombre común.

Si espera sobresalir, debe hacerlo con virtudes más sustanciales. Debe forjar seguidores que equilibren la influencia de los poderosos, y su única fuente de recursos para ello es el esfuerzo de su cuerpo y la agudeza de su mente. Debe cultivar estas cualidades: adquirir conocimientos superiores en su oficio y destacarse en su ejercicio. Debe ser paciente en el trabajo, resuelto en el peligro y firme en la adversidad. Debe exhibir estos talentos en el escenario público mediante la dificultad, importancia y prudencia de sus empresas, y con la incansable dedicación con que las persiga. La honradez y la prudencia, la generosidad y la franqueza deben definir su conducta cotidiana.

Además, debe estar dispuesto a asumir aquellos desafíos que exigen los más altos talentos y virtudes, pero que también ofrecen las mayores oportunidades de reconocimiento para quienes los enfrentan con honor. El hombre con espíritu y ambición, que se siente restringido por su posición, busca con ansia una gran ocasión para destacarse. Ninguna circunstancia que pueda brindarle tal oportunidad le parece indeseable. Observa con satisfacción la posibilidad de una guerra extranjera o una revuelta interna y, con íntima emoción, vislumbra, a través del caos y la violencia, la oportunidad de atraer sobre sí la atención y admiración del mundo.

En contraste, el hombre de rango y distinción, cuya gloria se basa en la corrección de su conducta cotidiana, que se conforma con la modesta fama que ello le otorga y que carece de talentos para alcanzar otra, evita cualquier situación que implique dificultades o desafíos. Para él, destacar en un baile es su mayor triunfo, y el éxito en una intriga amorosa, su más alta hazaña. No rechaza los conflictos públicos por amor a la humanidad—pues los grandes rara vez ven a sus inferiores como semejantes—ni por falta de valor, ya que pocas veces carecen de él, sino porque sabe que no posee las virtudes necesarias para tales circunstancias y que inevitablemente otros atraerán la atención pública. Puede aceptar cierto riesgo y participar en una campaña militar cuando la moda lo exige, pero la sola idea de enfrentarse a situaciones que demanden paciencia, esfuerzo, fortaleza y concentración le resulta aterradora. Estas virtudes son raras en aquellos nacidos en las más altas esferas.

Por ello, en todos los sistemas de gobierno, incluso en las monarquías, los más altos cargos suelen estar ocupados por hombres provenientes de los estratos medios e inferiores de la sociedad. Son aquellos que, impulsados por su propio esfuerzo y habilidades, han logrado ascender, a pesar de la desconfianza y el resentimiento de quienes nacieron por encima de ellos. Finalmente, los grandes, tras haberlos mirado primero con desprecio y luego con envidia, acaban sometiéndose ante ellos con la misma servil humildad con la que esperan que el resto de la humanidad se someta a ellos.

La pérdida de este dominio sobre los afectos de los hombres hace que la caída desde la grandeza resulte insoportable. Cuando la familia del rey de Macedonia fue llevada en triunfo por Paulo Emilio, se dice que sus desgracias compartieron con el vencedor la atención del pueblo romano. La visión de los hijos del rey, cuya corta edad los hacía ajenos a su situación, conmovió a los espectadores, sumidos en la alegría pública, con una profunda compasión. Luego apareció el rey, quien parecía anonadado, privado de todo sentimiento ante la magnitud de su infortunio. Sus amigos y ministros lo seguían, y, al verlo, no podían contener las lágrimas; su actitud demostraba que no pensaban en sus propias penas, sino en la inmensidad de la desgracia de su soberano.

Los magnánimos romanos, en cambio, lo contemplaban con desprecio e indignación, considerando indigno de compasión a quien soportaba tales calamidades con tanta pasividad. Pero ¿qué significaban realmente estas desgracias? Según la mayoría de los historiadores, el monarca pasaría el resto de sus días bajo la protección de un pueblo poderoso y generoso, en una vida de abundancia, comodidad, tranquilidad y seguridad, de la que ni siquiera su propia imprudencia podría privarlo. Sin embargo, ya no estaría rodeado de esa multitud de aduladores y dependientes que solían atender cada uno de sus movimientos. Ya no sería el centro de las miradas ni podría inspirar respeto, gratitud, amor o admiración. Ya no serían las pasiones de las naciones las que se ajustaran a las suyas. Esta era la verdadera calamidad que lo sumió en el estupor, que hizo que sus amigos olvidaran sus propias desgracias y que los romanos apenas comprendieran cómo un hombre podía ser tan débil como para soportarla.

"El amor," dice Lord Rochefoucauld, "suele ser sucedido por la ambición, pero la ambición rara vez es sucedida por el amor." Una vez que esta pasión se adueña por completo del corazón, no admite rivales ni sucesores. Para aquellos acostumbrados a poseer, o incluso a esperar, la admiración pública, todos los demás placeres se marchitan y pierden su atractivo. ¿Cuántos antiguos estadistas han intentado, por su propia paz, renunciar a la ambición y despreciar los honores que ya no podían alcanzar? La mayoría ha pasado sus días en una indolencia tediosa e insípida, mortificados por su insignificancia, incapaces de interesarse en la vida privada, sin gozo alguno, salvo cuando evocaban su antigua grandeza o se entretenían en proyectos vanos para recuperarla.

¿Estás decidido a nunca intercambiar tu libertad por la servidumbre dorada de una corte, y a vivir libre, sin temor y sin ataduras? Hay una manera de sostener esa virtuosa resolución, y quizá solo una: nunca cruzar el umbral de la ambición, nunca entrar en el círculo de quienes han captado la atención de medio mundo antes que tú.

Tal es la importancia que reviste, en la imaginación de los hombres, el ocupar una posición que los coloque en el centro de la simpatía y la atención general. Por ello, la "posición", ese gran objeto que divide a las esposas de los comerciantes es la meta de la mitad de los esfuerzos de la vida humana, y la causa de todo el tumulto, la rapiña y la injusticia que la avaricia y la ambición han introducido en el mundo. Se dice que la gente sensata desprecia la posición; es decir, no les importa sentarse a la cabecera de la mesa ni quién ocupa ese lugar, pues la menor ventaja real supera en importancia tal nimiedad. Pero el rango, la distinción y la preeminencia no son desdeñados por nadie, salvo por

INTRODUCCIÓN

Existe otro conjunto de cualidades atribuidas a las acciones y la conducta humana, distintas de su corrección o incorrección, de su decoro o falta de gracia, y que son objeto de una forma diferente de aprobación o desaprobación. Estas cualidades son el mérito y el demérito, es decir, aquello que hace que una acción merezca recompensa o castigo.

Como ya se ha señalado, el sentimiento o la disposición del corazón de la cual surge una acción, y de la que depende enteramente su virtud o su vicio, puede analizarse desde dos perspectivas: primero, en relación con la causa u objeto que lo provoca; y segundo, en relación con el fin que persigue o el efecto que tiende a producir.

La correspondencia o falta de correspondencia entre el sentimiento y la causa que lo despierta determina la corrección o incorrección de la acción resultante, su decoro o falta de gracia. Por otro lado, el efecto beneficioso o perjudicial que dicho sentimiento busca generar define el mérito o demérito de la acción, es decir, si merece recompensa o castigo.

En la primera parte de esta obra se ha analizado en qué consiste nuestro sentido de la corrección o incorrección de las acciones. Ahora, pasaremos a examinar en qué radica nuestro sentido de su mérito o demérito.

CAPÍTULO I: RECOMPENSAS Y CASTIGOS

(Lo que parece ser un objeto legítimo de gratitud parece merecer recompensa; del mismo modo, lo que parece ser un objeto legítimo de resentimiento parece merecer castigo).

Por lo tanto, una acción debe parecernos merecedora de recompensa cuando es el objeto legítimo y aprobado del sentimiento que más directamente nos impulsa a recompensar o a hacer el bien a otro. Del mismo modo, una acción debe parecernos merecedora de castigo cuando es el objeto legítimo y aprobado del sentimiento que más directamente nos impulsa a castigar o a infligir un mal a otro.

El sentimiento que nos impulsa de manera más inmediata y directa a recompensar es la gratitud; el que nos impulsa a castigar es el resentimiento.

Por lo tanto, una acción debe parecernos digna de recompensa cuando es el objeto legítimo y aprobado de la gratitud; y, del mismo modo, una acción debe parecernos digna de castigo cuando es el objeto legítimo y aprobado del resentimiento.

Recompensar es retribuir, reconocer, devolver bien por bien recibido. Castigar también es una forma de retribución, aunque en sentido opuesto: es devolver mal por mal cometido.

Existen otras pasiones, además de la gratitud y el resentimiento, que nos hacen interesarnos por la felicidad o la desgracia de los demás; sin embargo, ninguna nos impulsa tan directamente a ser agentes activos de una u otra. El amor y la estima, que surgen con el trato y la aprobación habitual, nos llevan naturalmente a alegrarnos por la buena fortuna de quien nos inspira estos sentimientos y, en consecuencia, a querer contribuir a ella. Sin embargo, nuestro amor se satisface con el simple hecho de ver feliz a la persona, sin importar quién haya sido el responsable de su dicha. Pero la gratitud no se conforma con eso. Si alguien a quien debemos muchos favores alcanza la felicidad sin nuestra intervención, aunque eso complazca nuestro amor, no satisface nuestra gratitud. Hasta que no lo hayamos retribuido personalmente, hasta que no hayamos sido nosotros mismos instrumentos de su bienestar, sentimos que aún cargamos con la deuda de sus servicios pasados.

El odio y el desprecio, de manera similar, pueden llevarnos a sentir cierto placer malicioso ante la desgracia de alguien cuya conducta y carácter nos resultan repulsivos. Sin embargo, si no hay resentimiento de por medio, si ni nosotros ni nuestros allegados hemos recibido una ofensa directa, estas pasiones no nos llevarán necesariamente a desear ser los causantes de su desgracia. Incluso si no corriéramos ningún riesgo de castigo por haber contribuido a ella, preferiríamos que ocurriera por otros medios. Alguien dominado por el odio tal vez encuentre satisfacción en saber que la persona que detesta ha muerto en un accidente. Pero si conserva un mínimo sentido de justicia—y aunque el odio no favorezca la virtud, aún puede existir—, le resultaría extremadamente doloroso haber sido, aunque fuera involuntariamente, la causa de esa desgracia. Mucho más aún, la sola idea de haber contribuido voluntariamente a ella lo horrorizaría. Rechazaría con espanto la mera posibilidad de haber cometido semejante acto, y si llegara a concebirse capaz de ello, empezaría a verse a sí mismo con la misma repulsión con la que veía a la persona que detestaba.

Pero el resentimiento opera de una manera completamente diferente. Si alguien que nos ha infligido un gran daño—como asesinar a nuestro padre o hermano—muere poco después de una enfermedad o es ejecutado por otro crimen, aunque esto pueda apaciguar nuestro odio, no satisfará plenamente nuestro resentimiento. Este nos impulsa no solo a desear que el culpable sea castigado, sino que lo sea por nuestra causa y debido a la ofensa específica que nos infligió. El resentimiento no se satisface por completo hasta que el culpable no solo sufre, sino que sufre por el daño que nos causó. Debe ser obligado a arrepentirse y a lamentar su acción concreta, para que otros, por temor a un castigo similar, se abstengan de cometer el mismo crimen. La gratificación natural de esta pasión tiende, por sí misma, a cumplir con todos los fines políticos del castigo: la corrección del delincuente y la advertencia para el resto de la sociedad.

Por lo tanto, la gratitud y el resentimiento son los sentimientos que más directamente nos impulsan a recompensar y castigar. En consecuencia, aquel que nos inspira gratitud nos parecerá merecedor de recompensa, mientras que aquel que nos inspira resentimiento nos parecerá merecedor de castigo.

CAPÍTULO II: DE LOS OBJETOS LEGÍTIMOS DE LA GRATITUD Y EL RESENTIMIENTO

Ser el objeto legítimo y aprobado de la gratitud o el resentimiento no significa otra cosa que ser destinatario de una gratitud o un resentimiento que parecen naturalmente justificados y que son aprobados por los demás.

Al igual que ocurre con todas las pasiones humanas, estos sentimientos se consideran apropiados y merecedores de aprobación cuando cualquier espectador imparcial los comparte plenamente, cuando cualquier observador externo puede identificarse con ellos y acompañarlos con su propia emoción.

Por lo tanto, alguien parece merecer recompensa cuando su acción despierta una gratitud que cualquier corazón humano está dispuesto a sentir y aplaudir. De la misma manera, parece merecer castigo aquel que se convierte en el objeto de un resentimiento que cualquier persona razonable estaría dispuesta a compartir. Si una acción es percibida por todos como digna de recompensa, es porque instintivamente queremos verla premiada. De igual forma, si una acción es universalmente condenada, la indignación colectiva nos lleva a desear que sea castigada.

1. Así como simpatizamos con la alegría de quienes están en la prosperidad, también compartimos el aprecio y la satisfacción que sienten hacia quienes han sido la causa de su dicha. Adoptamos su afecto hacia su benefactor y comenzamos a sentirlo nosotros mismos. Si un individuo recibe ayuda, protección o alivio por parte de otro, nuestra simpatía por el beneficiario refuerza nuestra aprobación de su gratitud hacia el benefactor. Cuando observamos a alguien que ha hecho el bien, nos ponemos en el lugar de quien ha recibido el favor y lo contemplamos con los mismos ojos de aprecio y afecto. Por eso, aplaudimos los gestos de gratitud y consideramos justas las retribuciones que se ofrecen en reconocimiento de los favores recibidos.

2. Del mismo modo, cuando presenciamos la desgracia de otro, compartimos su dolor y, con ello, su rechazo y aversión hacia aquello que lo ha causado. Nuestra simpatía con su sufrimiento nos lleva a respaldar su reacción contra la fuente de su aflicción. Este sentimiento se intensifica cuando la causa de su sufrimiento es otra persona. Si vemos que alguien ha sido oprimido o perjudicado por otro, nuestra empatía con la víctima nos impulsa a compartir su indignación. Nos sentimos satisfechos cuando el agredido logra defenderse o incluso tomar represalias dentro de ciertos límites. Si la víctima muere en el conflicto, no solo compartimos la ira de sus familiares y amigos, sino que imaginamos que el propio fallecido habría sentido ese mismo resentimiento de estar vivo. Nos ponemos en su lugar y, en nuestra imaginación, revivimos su cuerpo inerte, sintiendo por él la ira y la demanda de justicia que él ya no puede expresar.

La idea de que la sangre de un inocente clama venganza, de que los espíritus de los asesinados buscan justicia desde la tumba, y de que los culpables son perseguidos por visiones aterradoras, tiene su origen en esta simpatía natural con el resentimiento imaginado de la víctima. Así, mucho antes de cualquier reflexión sobre la utilidad del castigo, la naturaleza ha grabado en nuestros corazones, con los caracteres más profundos e imborrables, la necesidad instintiva de la ley del talión.

CAPÍTULO III: DISTINTAS MOTIVACIONES

(Que cuando no hay aprobación de la conducta de quien otorga un beneficio, hay poca simpatía con la gratitud de quien lo recibe; y que, por el contrario, cuando no hay desaprobación de las motivaciones de quien causa un daño, no existe simpatía con el resentimiento de quien lo sufre).

Es importante observar que, por muy beneficiosas o perjudiciales que puedan haber sido las acciones o intenciones de una persona para con otra, si en el primer caso no hay una motivación adecuada en el agente, si no podemos identificarnos con los sentimientos que impulsaron su conducta, nuestra simpatía con la gratitud del beneficiado será limitada. De la misma manera, si en el segundo caso no hay impropiedad en los motivos del agente, si sus emociones son comprensibles y justificables, no sentiremos simpatía por el resentimiento de quien sufre la consecuencia de sus acciones. En el primer caso, la gratitud parece excesiva; en el segundo, la indignación resulta injustificada. La primera acción parece no merecer una gran recompensa, mientras que la segunda no parece merecer castigo alguno.

1. En primer lugar, cuando no podemos simpatizar con los sentimientos del agente y no percibimos adecuación en sus motivos, estamos menos inclinados a compartir la gratitud del beneficiado. Una generosidad excesiva y sin razón aparente, como la de quien otorga grandes beneficios por razones triviales— por ejemplo, entregar una herencia a alguien simplemente porque comparte su nombre—, no parece justificar un reconocimiento proporcional. Nuestro desprecio por la insensatez del benefactor nos impide identificarnos plenamente con el agradecimiento de quien recibe el favor. Si nos ponemos en su lugar, sentimos que no podríamos tener una gran reverencia por alguien que actúa sin criterio. En consecuencia, le eximimos de recibir la admiración y respeto que otorgaríamos a un benefactor más digno. Los monarcas que han derrochado riqueza, poder y honores en sus favoritos rara vez han generado un apego genuino entre sus súbditos. La generosidad desmedida, pero poco juiciosa, de Jacobo I de Inglaterra no logró despertar lealtad ni afecto entre sus allegados, y, pese a su carácter afable, vivió y murió prácticamente sin amigos. En contraste, su hijo, más reservado y austero en el reparto de favores, inspiró la devoción de la nobleza y la alta burguesía inglesa, que arriesgó sus vidas y fortunas por él.

2. En segundo lugar, cuando la conducta del agente se basa en motivos y sentimientos que comprendemos y aprobamos plenamente, no podemos simpatizar con el resentimiento de la persona perjudicada, por grave que haya sido el daño sufrido. Cuando dos personas discuten, si nos identificamos con la indignación de una de ellas y la consideramos justificada, nos es imposible compartir la del otro. Nuestra simpatía hacia quien consideramos en lo correcto endurece nuestro corazón contra el otro, a quien inevitablemente vemos como equivocado. Por ello, no nos conmueve el sufrimiento de este último si creemos que ha recibido el castigo que merecía. Cuando un asesino cruel es condenado a la horca, aunque podamos sentir cierta compasión por su sufrimiento, no compartimos su resentimiento si llegara a expresar indignación contra su acusador o su juez. La indignación de la sociedad contra un criminal es, sin duda, devastadora para él, pero no podemos condenar un sentimiento que, al ponernos en su lugar, inevitablemente compartiríamos.

CAPÍTULO IV: RECAPITULACIÓN DE LOS CAPÍTULOS ANTERIORES

1. No simpatizamos completamente con la gratitud de una persona hacia otra solo porque esta última haya sido la causa de su buena fortuna, a menos que haya actuado por motivos con los que podamos identificarnos plenamente. Nuestro corazón debe adoptar los principios del benefactor y compartir los sentimientos que guiaron su conducta antes de poder experimentar plenamente la gratitud de quien ha recibido su favor. Si en la conducta del benefactor no se percibe ninguna propiedad, por beneficiosos que sean sus efectos, no parece que requiera una recompensa proporcional.

Sin embargo, cuando a la naturaleza benéfica de la acción se suma la adecuación de los sentimientos que la originaron, cuando simpatizamos plenamente con los motivos del agente, el aprecio que sentimos por él refuerza y aviva nuestra afinidad con la gratitud de aquellos que han prosperado gracias a sus actos. Sus acciones parecen entonces exigir, e incluso clamar por, una recompensa justa. En ese momento, nos identificamos completamente con la gratitud que impulsa a retribuirlo. El benefactor se convierte en el objeto legítimo de recompensa cuando aprobamos y compartimos el sentimiento que nos mueve a recompensarlo. Si aprobamos y nos alineamos con la emoción que motivó la acción, necesariamente aprobamos la acción misma y consideramos que la persona beneficiada es su destinatario legítimo.

2. De manera similar, no podemos simpatizar con el resentimiento de alguien hacia otra persona solo porque esta última haya sido la causa de su infortunio, a menos que haya actuado por motivos que no podamos justificar. Antes de adoptar el resentimiento del perjudicado, debemos desaprobar los motivos del agresor y sentir que nuestro corazón rechaza cualquier afinidad con las emociones que guiaron su conducta. Si no hay impropiedad en sus intenciones, por dañina que haya sido la acción para la persona afectada, no parece merecer castigo ni ser objeto legítimo de resentimiento.

Sin embargo, cuando a la nocividad de la acción se suma la impropiedad de los sentimientos que la originaron, cuando nuestro corazón rechaza por completo los motivos del agresor, entonces simpatizamos genuina y completamente con el resentimiento del afectado. Tales acciones parecen entonces exigir, e incluso clamar por, un castigo proporcional; y nos identificamos plenamente con el sentimiento de indignación que impulsa a castigarlas, aprobándolo en su totalidad. El infractor se convierte así en el objeto legítimo de castigo cuando compartimos y aprobamos plenamente el sentimiento que nos mueve a castigarlo. En este caso, cuando aprobamos y nos alineamos con la emoción que motivó la acción, necesariamente aprobamos la acción misma y consideramos que la persona contra la que está dirigida es su destinatario legítimo.

CAPÍTULO V: ANÁLISIS DEL SENTIDO DE MÉRITO Y DEMÉRITO

1. Así como nuestro sentido de la corrección de una conducta surge de lo que llamaré una simpatía directa con los sentimientos y motivos del agente, nuestro sentido de su mérito surge de lo que llamaré una simpatía indirecta con la gratitud de la persona beneficiada por su acción.

No podemos identificarnos plenamente con la gratitud de quien recibe un beneficio si no aprobamos previamente los motivos del benefactor. Por ello, el sentido de mérito parece ser un sentimiento compuesto, resultado de dos emociones distintas: una simpatía directa con los sentimientos del agente y una simpatía indirecta con la gratitud de quien ha sido beneficiado.

En muchas ocasiones podemos distinguir claramente cómo estas dos emociones diferentes se combinan y se unen en nuestra percepción del mérito de una persona o acción. Cuando leemos en la historia sobre actos de grandeza y generosidad genuina, ¿con qué entusiasmo nos identificamos con esos ideales? ¿Cuánto nos inspira la nobleza de quienes los llevan a cabo? Nos emocionamos con sus logros y nos aflige su fracaso. En nuestra imaginación, nos convertimos en los protagonistas de esas gestas, nos transportamos mentalmente a esos tiempos lejanos y nos vemos a nosotros mismos actuando como un Escipión, un Camilo, un Timoleón o un Arístides. Esto refleja nuestra simpatía directa con la persona que actúa.

Pero nuestra simpatía indirecta con quienes reciben los beneficios de esas acciones es igual de intensa. Cuando nos ponemos en su lugar, sentimos un profundo afecto y gratitud hacia el benefactor. Nos emocionamos con su alegría y compartimos su reconocimiento. Nos parece que ningún honor ni recompensa es excesivo para alguien que ha actuado con tal generosidad y justicia. Aplaudimos cuando se le retribuye como merece y nos escandalizamos si su gesto es ignorado o desestimado. En resumen, nuestro sentido del mérito y del merecimiento de una recompensa surge de la emoción compartida de gratitud y aprecio hacia quien ha actuado con una bondad ejemplar.

2. De la misma manera en que nuestro sentido de la impropiedad de una conducta surge de la falta de simpatía, o de una antipatía directa hacia los sentimientos y motivos del agente, nuestro sentido de su demérito surge de lo que llamaré una simpatía indirecta con el resentimiento del afectado.

No podemos compartir el resentimiento de quien ha sufrido una injusticia si antes no hemos rechazado los motivos de quien la causó. Por ello, el sentido del demérito, al igual que el del mérito, es un sentimiento compuesto, resultado de dos emociones distintas: una antipatía directa hacia los sentimientos del agente y una simpatía indirecta con el resentimiento del perjudicado.

También aquí podemos distinguir claramente, en muchas ocasiones, la combinación y unión de estas dos emociones en nuestra percepción del merecido castigo de un determinado carácter o acción. Cuando leemos en la historia sobre la perfidia y crueldad de un Borgia o un Nerón, nuestro corazón se rebela contra los sentimientos detestables que guiaron su conducta, y rechazamos con horror y repulsión cualquier tipo de simpatía hacia sus motivos execrables. Así, nuestro juicio se fundamenta en una antipatía directa hacia las pasiones del agente. Pero la simpatía indirecta con el resentimiento de quienes sufrieron sus acciones se siente aún con mayor intensidad.

Cuando nos ponemos en el lugar de aquellos a quienes estos tiranos insultaron, asesinaron o traicionaron, ¿qué indignación no sentimos contra tales opresores insolentes e inhumanos? Nuestra simpatía por la angustia inevitable de las víctimas inocentes es tan real y vívida como nuestro sentimiento de justicia hacia su legítima indignación. De hecho, la compasión por su sufrimiento solo intensifica nuestra animosidad contra quienes lo provocaron. Al pensar en la desesperación de los afectados, nos alineamos aún más con ellos en su rechazo hacia los opresores; nos involucramos con mayor fervor en sus anhelos de justicia y sentimos, casi instintivamente, el deseo de que se aplique sobre estos transgresores el castigo que nuestra indignación nos indica como justo.

Nuestra percepción del horror y la atrocidad de tales actos, el placer que sentimos al saber que fueron debidamente castigados, y la indignación que nos invade cuando estos crímenes quedan impunes, conforman en su conjunto nuestra idea del merecido castigo. En definitiva, nuestra convicción sobre la necesidad y justicia de infligir sufrimiento a los culpables proviene de la indignación que naturalmente surge en el corazón del espectador cuando logra ponerse plenamente en el lugar de la víctima[2].

---

[2] Atribuir nuestra percepción del merecido castigo de ciertas acciones humanas a una simpatía con el resentimiento de la persona afectada puede parecer, para la mayoría, una forma de degradar dicho sentimiento. El resentimiento es comúnmente visto como una pasión despreciable, por lo que muchos podrían considerar imposible que un principio tan noble como el sentido del merecido castigo del vicio tenga alguna base en él. Sin embargo, es más fácil aceptar que nuestro sentido del mérito de las buenas acciones surge de la simpatía con la gratitud de quienes se benefician de ellas, ya que la gratitud, al igual que todas las pasiones benevolentes, es vista como un sentimiento admirable. No obstante, la gratitud y el resentimiento son en todos los aspectos opuestos complementarios; por lo tanto, si nuestro sentido del mérito surge de la simpatía con la primera, nuestro sentido del demérito difícilmente puede no derivarse de la segunda.

También debe considerarse que el resentimiento, aunque en sus manifestaciones más extremas es quizá la más odiosa de las pasiones, no es censurable cuando se mantiene dentro de los límites de la moderación y está en sintonía con la indignación de un observador imparcial. Cuando los testigos de un agravio sienten que su propia animosidad coincide con la de la persona perjudicada y que esta última no expresa ninguna emoción más intensa de la que ellos mismos experimentarían, es imposible que no aprueben sus sentimientos. Si el agraviado no busca un castigo más severo de lo que los demás considerarían justo, ni expresa palabras o gestos que indiquen una pasión descontrolada, su resentimiento parece completamente legítimo. De hecho, cuando observamos lo difícil que es para la mayoría de las personas mantener esta moderación, admiramos a aquellos que logran ejercer tal autocontrol sobre una de las pasiones más difíciles de contener. Sin embargo, cuando el resentimiento supera los límites de lo aceptable, como suele ocurrir, dejamos de identificarnos con él y lo desaprobamos de inmediato. Más aún, un resentimiento excesivo no solo no nos genera simpatía, sino que nos provoca indignación. Nos identificamos, en cambio, con la persona que es blanco de esa emoción desproporcionada y que podría verse injustamente perjudicada. Así, la venganza, que es la forma extrema del resentimiento, se convierte en una de las pasiones más despreciadas y en objeto del rechazo general. Como en la mayoría de los casos el resentimiento se manifiesta en su forma más descontrolada, tendemos a considerarlo siempre como algo detestable. Sin embargo, la naturaleza, incluso en el estado corrompido de la humanidad, no parece habernos dotado de ninguna inclinación que sea completamente perversa o que no pueda, en determinadas circunstancias, ser digna de elogio. A veces, incluso, sentimos que una persona muestra demasiado poco espíritu o que tiene una tolerancia excesiva frente a los agravios sufridos. En tales casos, estamos tan inclinados a despreciarlo por su debilidad como a detestar a quienes muestran un resentimiento desmedido.

Los escritores sagrados no habrían hablado tan a menudo ni con tanta fuerza sobre la ira de Dios si hubieran considerado que todo grado de resentimiento es vicioso e indigno, incluso en una criatura tan imperfecta como el ser humano.

Además, es importante recordar que la cuestión aquí no es de derecho o moral absoluta, sino de un hecho observable en la naturaleza humana. No estamos analizando los principios que llevarían a un ser perfecto a aprobar el castigo de las malas acciones, sino aquellos que, de hecho, hacen que los humanos lo aprueben. Es evidente que los principios antes mencionados influyen significativamente en nuestros juicios, y parece un diseño sabio de la naturaleza que así sea. La existencia misma de la sociedad exige que la malicia injustificada y no provocada sea reprimida mediante castigos adecuados. Por lo tanto, es necesario que aplicar esos castigos se considere una acción legítima y digna de aprobación. Aunque el ser humano posee naturalmente un deseo de preservar el orden social, la naturaleza no ha dejado en manos de su razón la tarea de descubrir que la aplicación de ciertos castigos es el medio adecuado para lograrlo. En cambio, nos ha dotado de una aprobación inmediata e instintiva hacia el castigo justo, aquel que contribuye de manera efectiva a este fin.

Esta disposición de la naturaleza sigue el mismo patrón que en muchos otros aspectos de la vida. Para los fines esenciales de la supervivencia y la perpetuación de la especie, la naturaleza no solo ha dado a los seres humanos el deseo de alcanzar esos objetivos, sino que también los ha dotado de un instinto inmediato hacia los medios para lograrlos. Así, el hambre, la sed, la atracción entre los sexos, el placer y el miedo al dolor no necesitan de una reflexión racional para impulsarnos a actuar en pos de nuestra conservación y reproducción. Simplemente seguimos estas inclinaciones sin necesidad de considerar su papel en el diseño general de la naturaleza.

Antes de concluir, es necesario señalar una diferencia entre la aprobación de la propiedad de una acción y la del mérito o la beneficencia. Para aprobar los sentimientos de alguien como adecuados y apropiados a su situación, no basta con compartir su emoción; también debemos percibir una correspondencia entre sus sentimientos y los nuestros. Por ejemplo, si al enterarme de la desgracia de un amigo experimento exactamente la misma tristeza que él, no podré aprobar sus emociones hasta que vea cómo se comporta ante la adversidad y pueda comparar su reacción con la mía. Por lo tanto, la aprobación de la propiedad de una emoción requiere no solo que simpaticemos con quien la experimenta, sino que también percibamos una armonía entre su reacción y la nuestra.

En cambio, cuando sabemos que alguien ha recibido un beneficio, no importa cómo reaccione el beneficiario. Si, al ponernos en su lugar, sentimos gratitud, automáticamente aprobamos la acción de su benefactor y la consideramos meritoria y digna de recompensa. La gratitud real del receptor no altera en nada nuestro juicio sobre el mérito del benefactor. Aquí, no se requiere una correspondencia real de sentimientos, sino solo la posibilidad de que, si el beneficiario fuera agradecido, su reacción coincidiría con la nuestra. En muchas ocasiones, nuestra percepción del mérito se basa en estas simpatías ilusorias, que nos hacen experimentar emociones que la persona directamente involucrada puede ser incapaz de sentir. Esta misma diferencia se observa entre nuestra desaprobación del demérito y la de la impropiedad de una acción.

SECCIÓN II: SOBRE LA JUSTICIA Y LA BENEFICENCIA

CAPÍTULO I: COMPARACIÓN ENTRE ESTAS DOS VIRTUDES

Las acciones con una tendencia benéfica, cuando surgen de motivos adecuados, son las que parecen merecer recompensa, ya que solo ellas generan gratitud en los beneficiarios y despiertan la simpatía de los observadores. De manera similar, las acciones perjudiciales que surgen de motivos inadecuados son las que parecen merecer castigo, pues solo ellas generan resentimiento y la desaprobación de la sociedad.

La beneficencia siempre es voluntaria; no puede imponerse por la fuerza, y su ausencia no conlleva castigo, pues la falta de beneficencia no causa un daño positivo. Puede, sin embargo, generar desilusión al no cumplir con expectativas razonables y provocar desaprobación. Un hombre que no retribuye los favores recibidos cuando está en posibilidad de hacerlo, y cuando su benefactor necesita ayuda, comete ingratitud. La imparcialidad del espectador rechaza su egoísmo y lo considera digno de reprobación. Sin embargo, aunque su actitud es moralmente censurable, no causa un daño directo y tangible a nadie. No hace el bien que debería, pero tampoco inflige mal alguno. Es objeto de desprecio, un sentimiento derivado de la impropiedad de su conducta, mas no de resentimiento, que solo se despierta ante daños reales.

Intentar obligarlo a ser agradecido sería aún más impropio que su falta de gratitud. Un benefactor que intentara forzar la retribución deshonraría su propia generosidad, y un tercero que interviniera sin autoridad sería impertinente. Aun así, los deberes que la gratitud impone se acercan más a lo que se considera una obligación moral completa, en comparación con los que dictan la amistad, la generosidad o la caridad. Se habla de "deuda de gratitud", pero no de "deuda de caridad" o "deuda de generosidad".

El resentimiento, por otro lado, parece haber sido dado por la naturaleza para la defensa, y solo para la defensa. Protege la justicia y la seguridad de los inocentes. Nos impulsa a rechazar los daños que se nos intentan infligir y a castigar aquellos que ya han sido cometidos, con el fin de que el infractor se arrepienta y de que otros, por temor al castigo, eviten cometer la misma falta. Este sentimiento debe ser reservado para estos propósitos; el espectador nunca lo aprobará si se usa con otra finalidad. La simple ausencia de beneficencia, aunque puede generar desilusión, no causa un daño del que haya que defenderse.

Hay, sin embargo, otra virtud cuya observancia no queda a la libre voluntad de cada uno, que puede imponerse por la fuerza y cuya violación provoca resentimiento y castigo: la justicia. La injusticia no solo es censurable, sino que también causa un daño real y tangible. Por ello, es el objeto propio del resentimiento y de la pérdida de derechos. Como la sociedad aprueba el uso de la violencia para castigar la injusticia, también respalda su uso para prevenirla y contenerla. Incluso el agresor es consciente de esto: sabe que la fuerza puede usarse legítima y justamente para impedirle cometer su acción o para castigarlo después de haberla cometido.

Este principio fundamenta la distinción entre la justicia y las demás virtudes sociales. Nos sentimos obligados a actuar justamente de una manera más estricta que a practicar la amistad, la caridad o la generosidad. Si bien estas últimas son admirables, sentimos que su cumplimiento queda, en cierta medida, a la libre elección del individuo. En cambio, la justicia impone una obligación ineludible. Sentimos que la fuerza puede emplearse para exigir su cumplimiento, mientras que no puede usarse para imponer actos de amistad o caridad.

Debemos siempre distinguir cuidadosamente entre lo que es simplemente censurable y lo que justifica el uso de la fuerza para castigar o prevenir. Aquello que se considera censurable es lo que no alcanza el nivel ordinario de beneficencia que la experiencia nos enseña a esperar de todos. Por el contrario, lo que supera este nivel es digno de elogio. Sin embargo, el nivel ordinario en sí mismo no es ni censurable ni digno de elogio. Un padre, un hijo o un hermano que se comporta de manera común y corriente en su relación familiar no merece ni alabanzas ni reproches. En cambio, aquel que nos sorprende con una amabilidad extraordinaria y adecuada, o con una conducta excepcionalmente cruel e inadecuada, merece elogio en un caso y reprobación en el otro.

No obstante, incluso el grado más común de bondad o beneficencia no puede ser impuesto por la fuerza entre iguales. Antes de la existencia del gobierno civil, cada individuo es visto naturalmente como poseedor del derecho a defenderse de los daños y a exigir cierto castigo por los agravios sufridos. Todo espectador generoso no solo aprueba esta conducta, sino que a menudo está dispuesto a ayudar. Si un hombre es atacado, robado o amenazado de muerte, sus vecinos se sienten justificados al intervenir, ya sea para vengar el agravio o para proteger a la víctima. Sin embargo, cuando un padre no demuestra el nivel de afecto esperado hacia su hijo, cuando un hijo carece de la reverencia filial hacia su padre, cuando los hermanos no muestran el afecto habitual o cuando alguien se niega a ayudar a otro en necesidad a pesar de tener los medios para hacerlo, todos condenan tales actitudes, pero nadie cree que las personas afectadas tengan derecho a exigir bondad por la fuerza. En estos casos, el afectado solo puede quejarse, y el espectador solo puede intervenir mediante consejo y persuasión. En estas circunstancias, el uso de la fuerza entre iguales sería visto como la máxima expresión de insolencia y presunción.

Sin embargo, un superior puede, con la aprobación general, obligar a quienes están bajo su jurisdicción a comportarse con cierto grado de corrección mutua. Las leyes de las naciones civilizadas obligan a los padres a mantener a sus hijos y a los hijos a cuidar de sus padres, además de imponer muchas otras obligaciones de beneficencia. El magistrado civil tiene el poder no solo de preservar la paz pública evitando la injusticia, sino también de promover la prosperidad común mediante el establecimiento de normas de conducta y la disuasoria de la inmoralidad. Puede, por tanto, dictar reglas que no solo prohíban los daños mutuos entre los ciudadanos, sino que también fomenten la realización de ciertos actos de beneficencia. Cuando un soberano ordena algo indiferente, que podría haberse omitido sin culpa alguna, desobedecer se convierte en algo no solo censurable sino también castigable. Por lo tanto, si manda lo que de otro modo sería inexcusable no cumplir, el incumplimiento se vuelve aún más punible. No obstante, de todas las funciones del legislador, esta es la que requiere más delicadeza y prudencia para ejecutarse con justicia. Descuidarla puede llevar al caos social, pero llevarla demasiado lejos puede destruir la libertad, la seguridad y la justicia.

Aunque la mera falta de beneficencia no merece castigo entre iguales, sus mayores expresiones parecen dignas de la máxima recompensa. Al generar el bien más grande, se convierten en los objetos naturales de la gratitud más viva. En contraste, aunque la violación de la justicia es castigada, el cumplimiento de sus normas apenas merece recompensa. Sin duda, hay una corrección inherente en la práctica de la justicia, y por ello merece la aprobación debida a la corrección. Pero al no generar un bien positivo real, tampoco suscita mucha gratitud. La simple justicia, en la mayoría de los casos, es una virtud negativa que solo evita el perjuicio al prójimo. Un hombre que simplemente se abstiene de violar la persona, la propiedad o la reputación de otros tiene poco mérito positivo. Sin embargo, cumple todas las normas de justicia, haciendo todo lo que sus iguales pueden exigirle y castigándolo si no lo hace. A menudo, podemos cumplir con todas las reglas de la justicia simplemente sin hacer nada.

Tal como uno obra, así se le hará, y la represalia parece ser la gran ley dictada por la naturaleza. Pensamos que la beneficencia y la generosidad son debidas a quienes han sido generosos. Aquellos cuyos corazones nunca se abren a la humanidad, deberían, creemos, ser excluidos del afecto de sus semejantes y condenados a vivir en sociedad como en un desierto, donde nadie se preocupa por ellos. Quien viola las leyes de la justicia debe sentir en carne propia el mal que ha infligido a otro; y dado que el sufrimiento ajeno no lo disuade, debe ser contenido por el temor al suyo propio. Quien es meramente inocente, quien solo respeta las leyes de la justicia y se abstiene de dañar a su prójimo, solo puede merecer que los demás respeten su inocencia y que se le apliquen las mismas normas con igual rigor.

CAPÍTULO II: SOBRE EL SENTIDO DE LA JUSTICIA, EL REMORDIMIENTO Y LA CONCIENCIA DEL MÉRITO

No puede haber un motivo legítimo para dañar a nuestro prójimo, ni un incentivo para hacerle mal que sea aprobado por la humanidad, excepto la justa indignación ante el daño que nos ha causado. Perturbar su felicidad solo porque interfiere con la nuestra, quitarle lo que le es útil simplemente porque podría sernos igualmente o más beneficioso, o dar rienda suelta a la preferencia natural que cada persona tiene por su propio bienestar a expensas de los demás, es algo con lo que ningún espectador imparcial puede estar de acuerdo.

Sin duda, la naturaleza ha encomendado a cada individuo el cuidado prioritario de sí mismo, y dado que cada persona está mejor equipada para atender sus propias necesidades que las de los demás, esto es correcto y adecuado. Cada uno está mucho más interesado en lo que le afecta directamente que en lo que concierne a otros; así, la noticia de la muerte de un desconocido nos conmueve mucho menos que una insignificante desgracia personal. Sin embargo, aunque la ruina de nuestro prójimo pueda afectarnos menos que un pequeño inconveniente propio, no tenemos derecho a arruinarlo para evitar esa molestia, ni siquiera para prevenir nuestra propia desgracia.

En todas las circunstancias, debemos mirarnos no solo desde la perspectiva en la que naturalmente nos vemos a nosotros mismos, sino desde la que los demás nos perciben. Aunque para cada persona su propia existencia pueda parecer el centro del universo, para los demás no es más que un individuo entre muchos. Aunque su propia felicidad le parezca más importante que la del resto del mundo, para los demás su bienestar es tan valioso como el de cualquier otra persona.

Por lo tanto, aunque cada individuo prefiera naturalmente su propio interés sobre el de los demás, no puede esperar que la humanidad comparta esa perspectiva. De hecho, siente que, aunque para él sea natural, los demás lo verán como excesivo y egoísta. Al mirarse a sí mismo desde el punto de vista en el que sabe que será juzgado por otros, comprende que es solo una parte más de la multitud, sin privilegios que lo diferencien del resto. Si desea actuar de manera que el espectador imparcial apruebe sus principios, algo que más que nada anhela hacer, debe moderar la arrogancia de su amor propio y ajustarlo a lo que los demás puedan aceptar.

Los demás le permitirán preocuparse más por su propio bienestar y esforzarse con mayor ahínco en su búsqueda que por la felicidad de cualquier otro. Cuando se ponen en su lugar, entienden su deseo de prosperidad. En la carrera por la riqueza, los honores y el reconocimiento, puede correr con todas sus fuerzas y esforzarse al máximo por superar a sus competidores. Sin embargo, si recurre a empujones o trampas para derribar a los demás, perderá de inmediato la indulgencia de los espectadores. Eso sería una violación de las reglas del juego limpio, algo que no pueden tolerar.

Para ellos, sus competidores tienen el mismo derecho que él a la misma oportunidad. No comparten su egoísmo ni su justificación para dañar a otros. En cambio, simpatizan con el justo resentimiento del perjudicado y convierten al infractor en objeto de su desprecio e indignación. Él mismo es consciente de esto y percibe que tales sentimientos están a punto de manifestarse contra él desde todas partes.

Cuanto mayor e irreparable es el daño causado, más intensa es la indignación del agraviado, y del mismo modo, más fuerte es la indignación del espectador y el sentido de culpa en quien lo ha cometido. La muerte es el peor daño que un hombre puede infligir a otro y despierta el más alto grado de resentimiento en quienes estaban vinculados a la víctima. Por ello, el asesinato es el más atroz de los crímenes que afectan solo a individuos, tanto para la sociedad como para el propio asesino.

Perder aquello que poseemos es un daño mayor que ser privado de algo que solo esperábamos obtener. Por esta razón, la violación de la propiedad—el robo y el hurto, que nos despojan de lo que ya es nuestro—es un crimen mayor que el incumplimiento de un contrato, que solo nos priva de algo que esperábamos recibir. Las leyes más sagradas de la justicia, aquellas cuya transgresión parece exigir con mayor urgencia venganza y castigo, son las que protegen la vida y la integridad de las personas; las siguientes en importancia son las que resguardan la propiedad y los bienes; y, finalmente, están aquellas que protegen los derechos personales y lo que nos es debido en virtud de promesas hechas por otros.

El transgresor de las leyes más fundamentales de la justicia no puede reflexionar sobre el juicio que la humanidad debe tener de él sin experimentar agonías de vergüenza, horror y consternación. Cuando la pasión que lo impulsó se disipa y comienza a evaluar con calma su conducta, no puede justificar ninguno de los motivos que lo guiaron. Ahora le parecen tan detestables como siempre lo fueron para los demás. Al identificarse con el odio y la repulsión que inevitablemente despierta en los demás, se convierte, en cierto modo, en el objeto de su propio desprecio y aversión.

La situación de su víctima clama ahora por su compasión. Se siente angustiado al pensar en ello, lamenta las consecuencias de sus actos y reconoce que lo han convertido en el blanco legítimo del resentimiento y la indignación de la humanidad, y, como resultado natural de ese resentimiento, de la venganza y el castigo. La idea de esta condena lo persigue sin cesar, llenándolo de terror y desesperación. Ya no se atreve a enfrentar a la sociedad; siente que ha sido rechazado y excluido del afecto de todos. En su mayor angustia, no puede esperar el consuelo de la simpatía, pues el recuerdo de su crimen ha erradicado toda posibilidad de compasión hacia él.

El juicio que los demás tienen sobre su conducta es precisamente lo que más teme. Todo le parece hostil y, en su desesperación, anhela huir a algún desierto inhóspito, donde nunca más tenga que ver el rostro de otro ser humano ni leer en sus expresiones la condena de sus acciones. Sin embargo, el aislamiento es aún más aterrador que la sociedad misma. Sus pensamientos no le ofrecen más que un panorama sombrío, cargado de presagios de miseria y ruina inminentes. El horror de la soledad lo empuja de nuevo hacia la sociedad, donde, atormentado por la vergüenza y la ansiedad, se presenta ante quienes sabe que ya lo han condenado unánimemente, buscando en ellos algún resquicio de protección.

Tal es la naturaleza del sentimiento que llamamos remordimiento, el más terrible de todos los que pueden invadir el corazón humano. Está compuesto por la vergüenza derivada del reconocimiento de la impropiedad de sus actos, por la pena ante sus consecuencias, por la compasión hacia quienes han sufrido por su culpa y por el temor al castigo, consciente de la justa indignación que ha despertado en todos los seres racionales.

El comportamiento opuesto, en cambio, inspira el sentimiento contrario. Aquel que, impulsado por motivos nobles y no por un capricho superficial, realiza un acto generoso, al pensar en quienes han recibido su favor, se siente como el objeto natural de su amor y gratitud, y, por extensión, de la estima y aprobación de toda la humanidad. Cuando reflexiona sobre sus propios motivos y los examina con la mirada del espectador imparcial, sigue aprobándolos y se siente identificado con la valoración positiva de este juez imaginario.

Desde ambas perspectivas, su conducta le parece plenamente satisfactoria. Su mente, al recordarla, se llena de alegría, serenidad y tranquilidad. Se siente en armonía con la humanidad y contempla a sus semejantes con confianza y satisfacción benevolente, seguro de haberse hecho merecedor de su más favorable consideración. En la combinación de estos sentimientos reside la conciencia del mérito o la sensación de merecida recompensa.

CAPÍTULO III: SOBRE LA UTILIDAD DE ESTA DISPOSICIÓN DE LA NATURALEZA

El ser humano, que solo puede subsistir en sociedad, ha sido diseñado por la naturaleza para adaptarse a esta condición. Todos los miembros de una sociedad necesitan del apoyo mutuo, pero también están expuestos a posibles daños e injusticias. Cuando la ayuda necesaria es proporcionada por amor, gratitud, amistad y respeto, la sociedad prospera y sus integrantes permanecen unidos por lazos de afecto y cooperación.

Sin embargo, aunque no existiera este tipo de afecto mutuo, la sociedad aún podría mantenerse, aunque de una manera menos armoniosa. Así como los comerciantes interactúan movidos por el interés y no por el afecto, la sociedad puede sostenerse mediante un simple intercambio de servicios, basado en la utilidad y en acuerdos mutuos.

No obstante, la sociedad no puede existir si sus miembros están constantemente dispuestos a causarse daño unos a otros. Desde el momento en que surgen la injusticia, el resentimiento y la animosidad, los lazos que mantienen unida a la comunidad se desintegran. Incluso entre criminales debe existir algún tipo de código de justicia interna; de lo contrario, ni siquiera ellos podrían convivir. De esto se desprende que la beneficencia es menos esencial para la existencia de la sociedad que la justicia. Sin beneficencia, la sociedad puede subsistir en un estado menos ideal, pero la injusticia generalizada la llevaría inevitablemente al colapso.

Por esta razón, la naturaleza fomenta la beneficencia mediante el placer del reconocimiento y la gratitud, pero no la impone con amenazas de castigo. Es un adorno que embellece la estructura social, no su fundamento. La justicia, en cambio, es la columna vertebral de toda la construcción. Si se elimina, toda la estructura de la sociedad humana—que parece ser el más preciado proyecto de la naturaleza en este mundo—se derrumba de inmediato. Para garantizar su cumplimiento, la naturaleza ha implantado en el corazón humano el temor al castigo y la conciencia de culpa como mecanismos de control. Estos sentimientos protegen a los débiles, contienen a los violentos y castigan a los culpables.

Dado que las personas sienten mucho más intensamente su propio bienestar que el de los demás, y que el sufrimiento ajeno rara vez tiene tanto peso en su ánimo como una mínima incomodidad propia, sin este principio de justicia que refrena el egoísmo, los hombres se comportarían como bestias salvajes. La sociedad sería una jungla donde cada individuo viviría en constante peligro, como si estuviera rodeado de fieras.

En todos los rincones del universo observamos cómo los medios están cuidadosamente ajustados a los fines que buscan alcanzar. En la estructura de una planta o un animal, admiramos cómo cada órgano contribuye al mantenimiento del individuo y a la perpetuación de la especie. Pero, aunque comprendemos la función de estos procesos, sabemos que el alimento no se digiere con la intención consciente de nutrir el cuerpo, ni la sangre circula por el deseo de mantener la vida. Del mismo modo, aunque los engranajes de un reloj parecen moverse con precisión hacia su propósito de marcar la hora, sabemos que no tienen voluntad propia; es el relojero quien los ha diseñado así. Sin embargo, cuando intentamos explicar el comportamiento humano, a menudo confundimos la causa con el propósito y atribuimos a la razón lo que en realidad es obra de la naturaleza misma. Pensamos que la razón guía todas nuestras acciones, cuando en realidad son impulsos naturales—implantados por la naturaleza—los que nos llevan a actuar en favor de la justicia y el bien común.

Como la sociedad no puede existir sin cierto respeto por las normas de justicia, y dado que la interacción humana no es viable si las personas no se abstienen de dañarse entre sí, algunos han argumentado que nuestro sentido de justicia surge de la necesidad de preservar la comunidad. Se ha dicho que el hombre, por naturaleza, ama la sociedad y desea su estabilidad, aun cuando no obtenga un beneficio directo de ello. Le agrada ver una sociedad ordenada y próspera, y le desagrada el caos y la anarquía. Además, sabe que su propia seguridad y felicidad dependen de la estabilidad social, lo que refuerza su repulsión hacia la injusticia y su deseo de castigar a quienes la practican.

Cada acto de injusticia es percibido como una amenaza para el orden social, y por ello el hombre siente la necesidad de detener su avance. Si los métodos pacíficos no son suficientes, la fuerza y la violencia pueden justificarse para reprimirla. De ahí que la aplicación de la justicia, incluso mediante el castigo más severo, sea vista como un acto necesario. La ejecución de quienes alteran la paz pública no solo elimina una amenaza, sino que también sirve de advertencia para disuadir a otros de seguir su ejemplo.

Esta es la explicación comúnmente dada sobre nuestra aprobación del castigo a la injusticia. En parte, es sin duda correcta, ya que con frecuencia confirmamos nuestra percepción natural de la justicia al reflexionar sobre la necesidad de mantener el orden en la sociedad.

Cuando un culpable está a punto de recibir el justo castigo que la indignación natural de la humanidad reclama, cuando la arrogancia de su injusticia es doblegada por el temor al castigo, deja de ser un objeto de miedo y empieza a despertar la compasión de los más generosos y humanitarios. La perspectiva de su sufrimiento atenúa la indignación que inicialmente sentíamos por el daño que ha causado. En ese momento, surge en nosotros un impulso de perdón y deseo de evitarle el castigo que, en circunstancias más frías y racionales, habíamos considerado como la retribución adecuada a su crimen.

Aquí es cuando se hace necesario recurrir al interés general de la sociedad. Contrarrestamos este impulso de compasión con una forma de humanidad más amplia y racional. Reflexionamos sobre el hecho de que la indulgencia con el culpable es, en realidad, una crueldad hacia los inocentes, y anteponemos a nuestra compasión por un individuo el bienestar de toda la comunidad.

En otras ocasiones, debemos defender la necesidad de respetar las normas generales de justicia recordando su papel fundamental en la estabilidad social. A menudo escuchamos a jóvenes inmaduros y personas corruptas ridiculizar las normas morales más sagradas, proclamando, a veces por perversión, pero más frecuentemente por mera vanidad, los principios más despreciables de conducta. Nuestra indignación se despierta y sentimos la urgencia de refutar y denunciar esas ideas. Pero, aunque su propia vileza es lo que nos enfurece inicialmente, no nos contentamos con condenarlas solo porque nos repugnan. Pensamos que este argumento, por sí solo, no sería suficiente para convencer a los demás.

Si alguien nos pregunta por qué no deberíamos actuar de determinada manera, su pregunta implica que, para esa persona, tal acción no parece ser por sí misma merecedora de condena. Debemos, entonces, mostrarle que sí lo es, aunque sea por sus consecuencias. Por ello, solemos recurrir a la idea de que tales acciones, si se generalizaran, traerían caos y desorden a la sociedad. Este es, por lo general, nuestro principal argumento.

Sin embargo, aunque no requiere gran perspicacia reconocer el daño que causan las prácticas licenciosas al bienestar social, rara vez es esta reflexión la que primero nos impulsa a condenarlas. Incluso las personas menos reflexivas aborrecen el fraude, la traición y la injusticia, y se complacen al verlos castigados. Pero pocos han reflexionado sobre la necesidad de la justicia para la existencia de la sociedad, por evidente que pueda parecer.

Que nuestra preocupación por castigar los crímenes contra los individuos no surge, en su origen, de una preocupación por la estabilidad social, se puede demostrar de diversas maneras. Nuestro interés por el bienestar de una persona en particular no proviene de nuestra preocupación por el bienestar de la sociedad en su conjunto. No nos afecta más la muerte de un individuo por el hecho de que sea parte de la sociedad, de la misma manera que no nos duele más perder una sola moneda porque forme parte de una gran suma de dinero. En ambos casos, nuestro interés por el todo no es más que la suma de nuestros intereses particulares por cada una de sus partes.

Cuando nos despojan de una pequeña cantidad de dinero, no buscamos justicia pensando en la preservación de toda nuestra fortuna, sino por el daño específico que hemos sufrido. De igual manera, cuando un hombre es agraviado o asesinado, exigimos castigo no por una preocupación abstracta por la sociedad, sino por la indignación que nos provoca el daño concreto sufrido por la víctima.

Cabe señalar, sin embargo, que esta preocupación no implica necesariamente un afecto personal o una admiración por la víctima. Basta con la empatía general que sentimos por cualquier ser humano simplemente por compartir nuestra condición. Incluso si una persona nos resulta despreciable, aún podemos sentir indignación si es tratada injustamente por quienes no tenían motivo para hacerle daño. Aunque desaprobemos su carácter y conducta, esto no anula por completo nuestra capacidad de compartir su justa indignación. No obstante, para quienes carecen de un juicio equilibrado o no han aprendido a moderar sus emociones mediante principios generales, esta antipatía personal puede reducir su capacidad de empatizar con el sufrimiento del agraviado.

En algunas ocasiones, de hecho, castigamos y aprobamos el castigo únicamente con miras al bienestar general de la sociedad, al considerar que no podría garantizarse de otro modo. Este es el caso de las sanciones impuestas por la violación de normas de policía civil o disciplina militar. Tales infracciones no causan un daño inmediato o directo a ninguna persona en particular, pero sus consecuencias indirectas podrían generar un gran perjuicio o desorden en la sociedad.

Un centinela que se queda dormido en su puesto, por ejemplo, es castigado con la pena de muerte según las leyes de guerra, porque su negligencia podría poner en peligro a todo el ejército. Esta severidad puede parecer, en muchas ocasiones, necesaria y, por tanto, justa y adecuada. Cuando la vida de un individuo es incompatible con la seguridad de muchos, nada parece más razonable que dar prioridad a la mayoría. Sin embargo, este castigo, por necesario que sea, siempre nos resulta excesivamente severo. La gravedad del delito parece mínima en comparación con la dureza de la pena, y nuestro corazón tiene dificultades para aceptarlo. Aunque esta negligencia se considera reprobable, la idea del crimen no despierta naturalmente en nosotros una indignación tal que nos impulse a buscar una venganza tan drástica. Un hombre compasivo debe hacer un esfuerzo consciente, contener sus emociones y ejercer toda su determinación antes de poder justificar tanto la imposición del castigo como su aprobación cuando otros lo llevan a cabo.

Pero no es así como reaccionamos ante el justo castigo de un asesino desagradecido o un parricida. En este caso, el corazón del espectador aprueba con entusiasmo, e incluso con satisfacción, la justa retribución que parece corresponder a crímenes tan detestables. Y si, por alguna circunstancia, el culpable lograra eludir la justicia, nos sentiríamos profundamente indignados y decepcionados. La diferencia en los sentimientos con los que el espectador contempla estos castigos demuestra que su aprobación de uno y otro no se basa en los mismos principios.

Percibe al centinela como una víctima desafortunada, que debe y merece ser sacrificada por la seguridad de muchos, pero que, en el fondo, desearía poder salvar. Solo lamenta que el interés colectivo se oponga a ello. En cambio, si un asesino logra escapar del castigo, la reacción es de furia e indignación. Clamaría incluso para que Dios, en otra vida, castigue el crimen que la injusticia de los hombres dejó impune en esta.

Vale la pena destacar que estamos lejos de creer que la injusticia deba castigarse solo por el mantenimiento del orden social. Por el contrario, la naturaleza nos lleva a esperar, y la religión nos induce a creer, que la injusticia será castigada también en una vida futura. Nuestra percepción del merecido castigo de la maldad la persigue, por así decirlo, incluso más allá de la tumba, aunque su castigo en la otra vida no pueda servir de ejemplo para disuadir a otros de cometer actos similares aquí en la Tierra. Aun así, creemos que la justicia divina exige que, en algún momento, se haga valer el derecho de las viudas y los huérfanos, tan a menudo agraviados sin consecuencias en este mundo.

Por ello, en todas las religiones y supersticiones que han existido, siempre ha habido un Tártaro, así como un Elíseo: un lugar destinado al castigo de los malvados, así como otro para la recompensa de los justos.

SECCIÓN III: SOBRE LA INFLUENCIA DE LA FORTUNA EN LOS SENTIMIENTOS DE LA HUMANIDAD RESPECTO AL MÉRITO O DEMÉRITO DE LAS ACCIONES

INTRODUCCIÓN

Cualquier elogio o reproche que pueda corresponder a una acción debe derivarse de alguno de estos tres aspectos: primero, la intención o el sentimiento del corazón del cual proviene; segundo, la acción externa o el movimiento del cuerpo que esa intención provoca; y tercero, las consecuencias, sean buenas o malas, que efectivamente resultan de ella. Estos tres elementos constituyen la esencia y las circunstancias de cualquier acción, y deben ser la base de cualquier juicio moral sobre ella.

Es evidente que los dos últimos aspectos no pueden ser la base del mérito o la culpa de una acción, y nadie ha afirmado lo contrario. La acción externa o el movimiento corporal son muchas veces los mismos en actos completamente inocentes y en otros altamente condenables. Por ejemplo, quien dispara a un ave y quien dispara a una persona realizan el mismo movimiento físico: ambos aprietan el gatillo de un arma. Las consecuencias reales de una acción, por su parte, son aún más irrelevantes para determinar su mérito o culpa, pues dependen no del agente, sino del azar. No pueden, por lo tanto, ser la base de un juicio sobre su carácter o conducta.

Las únicas consecuencias de las que una persona puede ser responsable, y por las cuales merece aprobación o desaprobación, son aquellas que fueron de alguna manera intencionadas, o aquellas que reflejan alguna cualidad positiva o negativa en la intención de su corazón. Por lo tanto, todo mérito o culpa, toda aprobación o desaprobación que pueda recaer sobre una acción, debe depender en última instancia de la intención o el sentimiento que la originó, es decir, de la corrección o incorrección, de la benevolencia o malicia de su propósito.

Cuando esta afirmación se presenta en términos abstractos y generales, nadie la discute. Su evidente justicia es reconocida universalmente, y no hay quien disienta. Todos admiten que, aunque las consecuencias accidentales, imprevistas e involuntarias de diferentes acciones sean distintas, si las intenciones o sentimientos que las originaron fueron, en un caso, igualmente correctos y benevolentes, o en otro, igualmente incorrectos y maliciosos, el mérito o la culpa de las acciones sigue siendo el mismo, y el agente sigue siendo, en igual medida, un objeto adecuado de gratitud o resentimiento.

Sin embargo, aunque parezcamos convencidos de la verdad de este principio cuando lo analizamos de manera abstracta, en la práctica, las consecuencias reales de una acción tienen una gran influencia sobre nuestros juicios respecto a su mérito o culpa, y casi siempre aumentan o disminuyen nuestra percepción de ambos. Difícilmente encontraremos un solo caso en el que nuestro juicio moral esté completamente alineado con este principio, a pesar de reconocer que así debería ser.

Esta irregularidad en nuestros sentimientos, que todos experimentamos pero que pocos son plenamente conscientes de ella y aún menos están dispuestos a admitir, procederé ahora a explicar. Para ello, consideraré primero la causa que la origina o el mecanismo por el cual la naturaleza la produce; en segundo lugar, la extensión de su influencia; y, por último, el propósito que parece haber tenido el Autor de la naturaleza al establecerla.

CAPÍTULO I: SOBRE LAS CAUSAS DE ESTA INFLUENCIA DEL AZAR

Las causas del dolor y del placer, cualesquiera que sean o comoquiera que operen, parecen ser los objetos que, en todos los seres vivos, despiertan inmediatamente las pasiones de gratitud y resentimiento. Estas emociones pueden ser provocadas tanto por objetos inanimados como por seres animados. Nos enfadamos, aunque sea por un momento, con la piedra que nos hiere. Un niño la golpea, un perro le ladra, un hombre colérico tiende a maldecirla. Sin embargo, la más mínima reflexión corrige esta reacción y pronto nos damos cuenta de que algo que carece de sensibilidad no es un objeto adecuado de venganza. Sin embargo, si el daño causado es considerable, el objeto que lo produjo nos resulta desagradable para siempre, y sentimos satisfacción al destruirlo. Si un objeto ha sido accidentalmente la causa de la muerte de un amigo, solemos pensar que es casi un acto de desconsideración no dirigir contra él una especie de venganza irracional.

Del mismo modo, sentimos una especie de gratitud hacia los objetos inanimados que han sido causa de placer o beneficio. Un marinero que, tras llegar a tierra, usara la tabla que lo salvó del naufragio para alimentar el fuego parecería actuar de manera insensible. Esperaríamos, en cambio, que la conservara con afecto, como un objeto al que le debe su vida. De la misma forma, un hombre puede encariñarse con su tabaquera, su navaja o su bastón, y sentir algo parecido a una auténtica afección por ellos. Si los pierde o rompe, su aflicción será desproporcionada al valor real del daño. La casa donde ha vivido mucho tiempo o el árbol bajo cuya sombra ha descansado por años se convierten en objetos de un respeto casi reverencial. Ver la decadencia de una o la ruina del otro nos entristece, aunque no suframos una pérdida material por ello. Es probable que las antiguas creencias en los *dríades* (espíritus de los árboles) y los *lares* (guardianes del hogar) nacieran de este tipo de apego sentimental hacia ciertos objetos, una devoción que parecería irracional si no se creyera que hay algo animado en ellos.

Sin embargo, para que algo sea un verdadero objeto de gratitud o resentimiento, no basta con que cause placer o dolor: también debe ser capaz de sentirlos. Sin esta cualidad, estas pasiones no pueden expresarse de manera satisfactoria. La gratitud y el resentimiento buscan siempre devolver al objeto de su emoción una parte de la experiencia que han recibido de él, lo cual es inútil en algo que carece de sensibilidad. Por esta razón, los animales pueden ser objetos de gratitud y resentimiento en mayor medida que los objetos inanimados. Castigamos al perro que nos muerde o al toro que embiste. Si causan la muerte de una persona, ni el público ni los familiares de la víctima quedan satisfechos hasta que el animal es sacrificado; y no solo por la seguridad de los vivos, sino como una forma de venganza por el daño causado. Por otro lado, los animales que han sido útiles y fieles a sus dueños se convierten en el objeto de una gratitud genuina. Nos escandaliza, por ejemplo, la brutalidad del oficial turco que, según relata *El espía turco*, apuñaló al caballo que lo llevó a salvo a través de un brazo del mar, solo para evitar que el animal pudiera prestar el mismo servicio a otra persona.

Pero, aunque los animales no solo causan placer y dolor, sino que también pueden sentirlos, aún están lejos de ser los objetos perfectos de gratitud o resentimiento. Estas emociones exigen algo más para su completa satisfacción. Lo que la gratitud busca principalmente no es solo hacer que el benefactor experimente placer en retribución, sino que también comprenda que su recompensa es el resultado de sus propias acciones. Queremos que se sienta complacido con su conducta y que sepa que la persona a la que ayudó no era indigna de su favor. Lo que más nos agrada de un benefactor es la coincidencia de su valoración sobre nosotros con la que nosotros mismos tenemos. Nos deleita encontrar a alguien que nos aprecia tanto como nos apreciamos a nosotros mismos, que nos distingue de los demás con una atención parecida a la que nosotros mismos nos concedemos. Conservar y fortalecer esa estima es uno de los principales propósitos de nuestras muestras de gratitud.

Una mente generosa suele rechazar la idea de usar la gratitud como un medio para obtener más favores de su benefactor. Sin embargo, considera perfectamente digno esforzarse por preservar su buena opinión. Por esta razón, cuando no podemos comprender o compartir los motivos de nuestro benefactor, cuando su conducta y carácter nos parecen indignos de aprobación, por grandes que sean sus favores, nuestra gratitud se debilita considerablemente. Nos sentimos menos halagados por su aprecio, y mantener la estima de alguien a quien consideramos débil o indigno deja de parecernos una tarea que merezca la pena.

El propósito principal del resentimiento no es tanto hacer que nuestro enemigo sufra en represalia, sino hacerle consciente de que su sufrimiento es consecuencia de su conducta pasada, inducirlo al arrepentimiento y hacerle comprender que la persona a la que dañó no merecía ser tratada de ese modo. Lo que más nos enfurece contra quien nos ofende o perjudica no es solo el daño que nos causa, sino la indiferencia con la que nos trata, la injustificada preferencia que se otorga a sí mismo por encima de los demás y la absurda autosuficiencia con la que supone que los demás pueden ser sacrificados en cualquier momento para su conveniencia o capricho. La evidente impropiedad de su conducta, la arrogancia y la injusticia que esta implica, muchas veces nos irritan más que el perjuicio en sí. Nuestro deseo de venganza, en este sentido, queda incompleto si no logramos que el culpable tome conciencia de la falta cometida, que reconozca lo que nos debe y que se percate de la injusticia de su acción.

Si, en cambio, llegamos a la conclusión de que nuestro adversario no nos ha hecho daño intencionalmente, que actuó con corrección, que en su lugar habríamos hecho lo mismo y que, en realidad, merecíamos lo que nos ocurrió, entonces, si poseemos la mínima dosis de imparcialidad o justicia, no podemos albergar ningún tipo de resentimiento.

Por lo tanto, para que algo sea un objeto completo y adecuado de gratitud o resentimiento, debe cumplir tres requisitos. Primero, debe ser la causa de placer en un caso y de dolor en el otro. Segundo, debe ser capaz de experimentar esas sensaciones. Y tercero, no solo debe haber producido dichas sensaciones, sino que debe haberlo hecho intencionadamente, con un propósito que sea aprobado en el caso de la gratitud y desaprobado en el caso del resentimiento. La primera condición es la que permite que surjan estas pasiones; la segunda, la que las hace posibles de satisfacer en alguna medida; y la tercera, que genera un placer o un dolor especial y más intenso, actúa como un estímulo adicional para ambas.

Dado que la causa de la gratitud y del resentimiento es el placer o el dolor que provocan, si una persona tiene las intenciones más nobles y generosas, pero no logra producir el bien que deseaba, o si, por el contrario, tiene las intenciones más maliciosas y destructivas, pero no logra causar el daño que pretendía, entonces, al faltar una de las causas que originan estas pasiones, el grado de gratitud o de resentimiento que se le debe será menor. Por el contrario, aunque las intenciones de una persona no contengan ni una gran benevolencia ni malicia, si sus acciones generan un bien o un daño significativo, el hecho de que los resultados se produzcan sí activa una de las causas que originan estas emociones. Así, es natural que se sienta algo de gratitud en el primer caso y algo de resentimiento en el segundo. En consecuencia, la persona recibe una especie de sombra de mérito en un caso y una sombra de demérito en el otro.

Y como las consecuencias de las acciones están bajo el dominio del azar, de aquí surge la influencia de la fortuna sobre el juicio de los hombres respecto al mérito y al demérito.

103

CAPÍTULO II: SOBRE EL ALCANCE DE ESTA INFLUENCIA DE LA FORTUNA

El efecto de esta influencia de la fortuna es, en primer lugar, disminuir nuestra percepción del mérito o demérito de aquellas acciones que proceden de las intenciones más loables o reprobables, cuando no logran producir los efectos deseados; y, en segundo lugar, aumentar nuestra percepción del mérito o demérito de las acciones más allá de lo que justificarían los motivos o sentimientos que las originan, cuando por casualidad dan lugar a un placer o dolor extraordinario.

1. En primer lugar, aunque las intenciones de una persona hayan sido sumamente apropiadas y benéficas, o extremadamente impropias y maliciosas, si no logran su objetivo, el mérito parece incompleto en un caso, y el demérito en el otro. Esta irregularidad en el juicio no se limita únicamente a quienes son directamente afectados por las consecuencias de una acción; en cierto grado, también la experimenta el espectador imparcial. El hombre que intercede por otro para conseguirle un cargo, sin éxito, es considerado su amigo, y parece merecer su aprecio y afecto. Pero aquel que no solo intercede, sino que efectivamente consigue el cargo, es considerado en especial como su protector y benefactor, y merece su respeto y gratitud. Pensamos que el beneficiado puede, con cierta justicia, considerarse en igualdad con el primero; pero no podemos compartir sus sentimientos si no se siente inferior al segundo.

Es común decir que estamos igualmente en deuda con quien ha intentado ayudarnos como con quien efectivamente lo ha hecho. Es una frase habitual ante cualquier intento fallido de este tipo; pero, como toda frase elegante, debe tomarse con cierta reserva. Los sentimientos de una persona generosa hacia un amigo que ha fracasado pueden, en efecto, acercarse bastante a los que siente por quien ha tenido éxito. Y cuanto más generoso sea, más semejantes serán esos sentimientos. Para los verdaderamente generosos, ser amados y estimados por quienes consideran dignos de aprecio les brinda más placer, y por tanto más gratitud, que cualquier ventaja material que puedan esperar de ese afecto. Por lo tanto, si pierden dichas ventajas, sienten que han perdido muy poco. Aun así, han perdido algo. Su gratitud, entonces, no es completamente plena; y, por tanto, si todos los demás factores son iguales entre el amigo que fracasa y el que tiene éxito, incluso en la mente más noble y generosa existirá cierta diferencia a favor del que tuvo éxito.

Tan injustos son los hombres en este aspecto, que incluso cuando se obtiene el beneficio deseado, si no se consigue exclusivamente gracias a un benefactor específico, se considera que se le debe menos gratitud al que, con las mejores intenciones, solo logró contribuir parcialmente. Como la gratitud se reparte entre varias personas que colaboraron en el resultado, se estima que a cada una le corresponde una menor parte. Oímos decir con frecuencia: "Ciertamente quiso ayudarnos, y realmente creemos que hizo cuanto estuvo a su alcance. Pero no le debemos este beneficio a él, pues sin la intervención de otros, no lo habría logrado." Esta consideración, según se piensa, debería disminuir incluso ante los ojos del espectador imparcial la deuda que se tiene con él. A su vez, la persona que intentó sin éxito otorgar un beneficio tampoco siente la misma seguridad de que recibirá gratitud, ni la misma sensación de mérito que habría tenido en caso de éxito.

Incluso el mérito de los talentos y habilidades que, por alguna circunstancia, no logran producir sus efectos, parece de algún modo incompleto, incluso para quienes están convencidos de su capacidad. El general que, por la envidia de los ministros, es impedido de obtener una gran victoria, lamenta para siempre la pérdida de esa oportunidad. Y no lo lamenta solo por el bien público: le duele no haber realizado una acción que habría añadido un nuevo brillo a su nombre, tanto a sus propios ojos como al de los demás. No le basta con pensar que el plan era suyo, que tenía la capacidad para ejecutarlo, y que, de haber tenido la oportunidad, el éxito era seguro. Aun así, no lo llevó a cabo. Y aunque merece la aprobación que se concede a un gran y noble proyecto, carece del mérito efectivo de haberlo realizado.

Privar a alguien de concluir una empresa de interés público que casi ha completado se percibe como una gran injusticia. Habiendo hecho tanto, pensamos que se le debería permitir obtener todo el mérito de llevarla a término. Se reprochaba a Pompeyo el haberse apropiado de los triunfos de Lúculo, y haber cosechado la gloria que en justicia correspondía a otro. Incluso entre sus partidarios, la fama de Lúculo parecía incompleta por no haber sido él quien culminara la victoria que su valor y estrategia habían puesto al alcance de cualquiera. A un arquitecto le mortifica que sus planos no se ejecuten, o que sean alterados de manera que arruinen el efecto del edificio. Sin embargo, el plano es lo único que depende del arquitecto. Su genio puede quedar tan claro en él como en la construcción final. Pero un diseño, incluso para los más entendidos, no genera el mismo placer que un edificio noble y majestuoso. Pueden reconocer tanto gusto y talento en uno como en otro. Pero sus efectos emocionales son muy distintos, y la satisfacción derivada del plano jamás se acerca a la admiración que puede despertar la obra final.

Podemos creer que hay hombres cuyos talentos superan a los de César o Alejandro, y que, en iguales circunstancias, habrían logrado hazañas aún mayores. Sin embargo, no los contemplamos con el asombro y la admiración que han despertado esos dos héroes en todas las épocas y naciones. El juicio sereno de la mente puede preferirlos, pero carecen del esplendor de las grandes hazañas, ese brillo que deslumbra y conmueve. La superioridad de virtudes y talentos no tiene sobre quienes la reconocen el mismo efecto que la superioridad en las acciones concretas.

Así como el mérito de un intento fallido por hacer el bien parece disminuir, a los ojos de la ingrata humanidad, a causa de su fracaso, también el demérito de un intento fallido por hacer el mal sufre una reducción semejante. El simple propósito de cometer un crimen, por claro que esté probado, rara vez se castiga con la misma severidad que su consumación. El caso de la traición es, quizás, la única excepción. Dado que este crimen atenta directamente contra la existencia del gobierno mismo, es natural que éste sea más celoso ante él que frente a cualquier otro. En el castigo de la traición, el soberano resiente las ofensas que se le infligen directamente; en el castigo de otros crímenes, resiente por simpatía las que se hacen a sus súbditos. En el primer caso, por tanto, al juzgar en su propia causa, tiende a ser más violento y sanguinario en sus castigos de lo que un espectador imparcial aprobaría. Su resentimiento se enciende ante menores provocaciones y no espera, como en otros casos, a que se perpetre el crimen, ni siquiera a que se intente cometer. Una conspiración contra el Estado, aunque no haya derivado en actos concretos, e incluso una mera conversación sediciosa, se castiga en muchos países como si se tratara de traición consumada.

Respecto a los demás delitos, el mero propósito sin intento alguno rara vez se castiga, y nunca con severidad. Puede decirse, con razón, que una intención y una acción criminales no suponen necesariamente el mismo grado de depravación, y que por tanto no deberían recibir el mismo castigo. Somos capaces de resolvernos a hacer muchas cosas —e incluso de tomar ciertas medidas— que, llegado el momento, sentimos que no podríamos ejecutar. Pero este razonamiento no puede aplicarse cuando el propósito ha llegado al punto del último intento. Sin embargo, el hombre que dispara un arma contra su enemigo y falla raramente es condenado a muerte por las leyes de algún país.

Según la antigua legislación escocesa, incluso si llega a herirlo, no será castigado con la pena capital a menos que la muerte sobrevenga dentro de cierto tiempo. El resentimiento de la sociedad contra este crimen es, sin embargo, tan profundo, y su terror ante quien ha demostrado ser capaz de cometerlo es tan intenso, que el simple intento debería ser castigado con la pena de muerte en todos los países.

Los intentos de cometer delitos menores, en cambio, suelen castigarse con ligereza, o en ocasiones no se castigan en absoluto. El ladrón cuya mano es descubierta en el bolsillo ajeno antes de haber sustraído nada, recibe solo un castigo infamante. Si hubiera tenido tiempo de llevarse un pañuelo, podría haber sido condenado a muerte. El ladrón que es sorprendido colocando una escalera en la ventana de su vecino, sin haber ingresado aún, no está sujeto a la pena capital. El intento de violación no se castiga como la violación consumada. El intento de seducir a una mujer casada no se castiga en absoluto, mientras que la seducción sí recibe un castigo severo. Nuestro resentimiento hacia quien solo intentó causar un daño rara vez es tan fuerte como para justificar el mismo castigo que habríamos considerado merecido si lo hubiese logrado.

En el caso del intento fallido, la alegría de nuestra salvación atenúa el sentido de la atrocidad del acto; en el caso del crimen consumado, el dolor de nuestra desgracia lo intensifica. El demérito real, no obstante, es sin duda el mismo en ambos casos, ya que las intenciones fueron igual de criminales; y existe, por tanto, en este punto, una clara irregularidad en los sentimientos de todos los hombres, así como una relajación correspondiente en la disciplina legal de prácticamente todas las naciones, tanto civilizadas como bárbaras.

La humanidad de los pueblos civilizados los lleva a mitigar o incluso a evitar los castigos cuando su indignación natural no se ve exacerbada por las consecuencias del crimen. Los pueblos bárbaros, en cambio, cuando no se ha producido un daño real, no suelen mostrarse muy meticulosos en la investigación de los motivos.

La persona que, ya sea por pasión o por malas compañías, ha resuelto cometer un crimen y quizás incluso ha tomado medidas para ello, pero que, por fortuna, ha sido impedida por alguna circunstancia ajena a su voluntad, si conserva algo de conciencia, recordará siempre ese hecho como una gran y providencial salvación. No podrá pensar en ello sin dar gracias al cielo por haberle librado de una culpa en la que estaba a punto de hundirse, y de convertir el resto de su vida en un escenario de horror, remordimiento y arrepentimiento. Aunque sus manos estén limpias, sabe que su corazón es tan culpable como si hubiera ejecutado aquello que estaba resuelto a hacer. No obstante, le tranquiliza pensar que el crimen no se llevó a cabo, aunque sepa que no fue por virtud propia. Se siente, por ello, menos merecedor de castigo y resentimiento; y esta buena fortuna reduce o anula por completo su sentimiento de culpa. Recordar cuán resuelto estaba no tiene otro efecto que el de hacerle considerar su escape como más grande y milagroso: pues sigue creyendo que ha escapado, y mira hacia atrás con el mismo escalofrío con que uno recuerda el peligro de haber caído por un precipicio.

2. El segundo efecto de esta influencia de la fortuna es aumentar nuestra percepción del mérito o demérito de ciertas acciones más allá de lo que justificarían los motivos o afectos que las originaron, cuando dichas acciones causan placer o dolor extraordinarios. Los efectos agradables o desagradables de una acción suelen proyectar una especie de mérito o demérito sobre el

agente, aunque sus intenciones no merecieran elogio ni censura, o no en el grado que estamos dispuestos a atribuirles.

Así, incluso el mensajero de malas noticias nos resulta desagradable, y, por el contrario, sentimos una especie de gratitud hacia quien nos trae buenas noticias. Por un momento, los vemos a ambos como los autores, el uno de nuestra dicha, el otro de nuestra desdicha, y los tratamos como si realmente hubieran causado los hechos que solo nos relatan. Al primero lo abrazamos con afecto y estaríamos dispuestos, en ese instante de alegría, a recompensarlo como si nos hubiese hecho un gran favor. Según la costumbre de todas las cortes, el oficial que trae la noticia de una victoria recibe ascensos considerables, y el general escoge para esa misión a uno de sus favoritos. Al segundo lo miramos con molestia, y los más rudos incluso descargan sobre él su enojo. Tigranes, rey de Armenia, mandó decapitar al hombre que le trajo la noticia de la aproximación de un enemigo formidable.

Castigar al portador de malas noticias parece bárbaro e inhumano; sin embargo, recompensar al portador de buenas noticias no nos resulta desagradable. Pensamos que está acorde con la generosidad de los reyes. Pero ¿por qué hacemos esta distinción, si no hay culpa en uno, ni mérito en el otro? Porque cualquier excusa nos basta para poner en juego los afectos benevolentes y sociales; pero exigimos motivos más sólidos y justificados para permitirnos dar paso a los afectos antisociales y malevolentes.

Aun así, aunque en general nos resistamos a los sentimientos de odio o resentimiento, y afirmemos que solo deben satisfacerse cuando hay una intención maliciosa clara, en ciertas ocasiones relajamos esta severidad. Cuando la negligencia de alguien ocasiona un daño no intencionado a otro, solemos identificarnos tanto con la indignación del perjudicado, que aprobamos que este castigue al culpable más allá de lo que merecería el delito, si no hubiera tenido consecuencias desafortunadas.

Hay grados de negligencia que parecerían merecer un castigo, incluso si no causan daño alguno. Si alguien lanza una piedra grande por encima de un muro hacia la calle, sin advertir ni observar quién pasa, merece claramente un castigo. Una policía rigurosa sancionaría un acto tan absurdo, aunque no haya causado daño. Quien actúa así demuestra un desprecio insolente por la seguridad y el bienestar de los demás. Hay en su conducta una verdadera injusticia. Expone imprudentemente a su prójimo a un peligro que nadie razonable aceptaría para sí mismo, y evidencia una falta del sentido de lo que se debe a los demás, fundamento de la justicia y la sociedad. Por eso el derecho considera que una negligencia grave es casi equiparable a una intención maliciosa[3].

---

[3] Lata culpa prope dolum est

Cuando de una conducta así resultan consecuencias funestas, quien ha sido negligente suele ser castigado como si hubiera tenido intención de provocarlas. Su conducta, que solo fue imprudente e inhumana, y merecía cierto castigo, es considerada atroz y sujeta a las penas más severas. Si, por ejemplo, al lanzar la piedra mencionada, mata accidentalmente a una persona, las leyes de muchos países —entre ellas la antigua ley escocesa— lo castigan con la pena capital. Aunque esta pena sea excesiva, no contradice del todo nuestros sentimientos naturales. Nuestra justa indignación ante su torpeza e insensibilidad se ve agudizada por nuestra simpatía hacia la víctima.

Sin embargo, nos parecería totalmente injusto condenar a muerte a quien arrojó imprudentemente una piedra sin causar daño alguno. Su insensatez e inhumanidad serían las mismas, pero nuestros sentimientos serían muy distintos. Esta diferencia demuestra cuánto se ve influida nuestra indignación, incluso como espectadores, por las consecuencias reales de una acción. En estos casos, si no me equivoco, se observa una marcada severidad en las leyes de casi todas las naciones, del mismo modo en que en los casos opuestos ya hemos observado una tendencia general a la indulgencia.

Existe otro grado de negligencia que no implica en sí ninguna forma de injusticia. La persona que incurre en ella trata a su prójimo como se trata a sí misma, no tiene intención de dañar a nadie, y está lejos de mostrar un desprecio insolente por la seguridad y el bienestar de los demás. Sin embargo, no es tan cuidadosa ni precavida en su conducta como debería ser, y por ello merece cierto grado de censura o desaprobación, pero no castigo alguno. No obstante, si por una negligencia[4] de este tipo llegara a causar algún daño a otra persona, la legislación de prácticamente todos los países, hasta donde se sabe, lo obliga a compensarlo. Y aunque esto constituye sin duda un castigo real —algo que nadie habría considerado imponerle si no fuera por el desafortunado accidente que su conducta ocasionó—, esta disposición legal es aprobada por el sentir natural de toda la humanidad. Nada nos parece más justo que un hombre no deba sufrir por la negligencia de otro, y que el daño causado por una conducta descuidada deba ser reparado por quien lo provocó.

Existe, además, otra forma de negligencia[5] que consiste simplemente en la falta de una extrema cautela y previsión ante todas las posibles consecuencias de nuestros actos. La ausencia de esta atención excesiva, cuando no deriva en consecuencias negativas, no solo no se considera reprochable, sino que su opuesto se percibe incluso como un defecto. Aquella actitud temerosa que desconfía de todo no se considera una virtud, sino una cualidad que, más que

---

[4] Culpa levis.
[5] Culpa levissima.

ninguna otra, incapacita para la acción y la gestión. Sin embargo, cuando por falta de este exceso de precaución una persona causa algún daño a otra, con frecuencia la ley le impone la obligación de indemnizar. Así, según la ley Aquilia, quien, al no poder controlar un caballo que se ha desbocado, atropella accidentalmente al esclavo de su vecino, debe reparar el daño. En casos así, tendemos a pensar que no debió montar ese caballo, y juzgamos su decisión como una imprudencia imperdonable; aunque, de no haberse producido el accidente, no solo no habríamos hecho tal reflexión, sino que incluso habríamos considerado su negativa a montar como un signo de debilidad o de un exceso de preocupación por riesgos meramente posibles.

La persona que, por un accidente de este tipo, hiere involuntariamente a otra, parece tener cierta conciencia de su propia culpa con respecto a la víctima. Naturalmente se apresura a acercarse al afectado para expresar su pesar y hacer todo lo posible por disculparse. Si tiene algún grado de sensibilidad, inevitablemente desea reparar el daño y hacer todo cuanto esté a su alcance para apaciguar ese resentimiento instintivo que, sabe bien, es probable que surja en el ánimo del perjudicado. No ofrecer disculpas ni intentar ningún tipo de reparación se considera un acto de extrema brutalidad. Pero ¿por qué debería disculparse más que cualquier otra persona? ¿Por qué, siendo tan inocente como cualquier testigo presente, ha de ser señalado entre todos para asumir la responsabilidad de una desgracia ajena? Esta obligación jamás recaería sobre él si incluso el espectador imparcial no sintiera cierta indulgencia hacia lo que podría considerarse como el resentimiento injusto del afectado.

CAPÍTULO III: SOBRE LA CAUSA FINAL DE ESTA IRREGULARIDAD DE LOS SENTIMIENTOS

Tal es el efecto que las consecuencias buenas o malas de las acciones ejercen tanto sobre los sentimientos del agente como de quienes lo observan. Así, el azar —que gobierna el mundo— ejerce cierta influencia incluso donde menos estaríamos dispuestos a permitírsela, determinando en alguna medida los juicios de los hombres sobre el carácter y la conducta propios y ajenos. Que el mundo juzga por el resultado y no por la intención ha sido, en todas las épocas, motivo de queja y uno de los mayores desalientos para la virtud. Todos están de acuerdo en el principio general de que, dado que el resultado no depende del agente, no debería afectar nuestra valoración sobre el mérito o la propiedad de su conducta. Pero cuando descendemos a los casos concretos, descubrimos que rara vez nuestros juicios están completamente en línea con esta regla equitativa. El éxito o el fracaso de una acción no solo tiende a moldear nuestra opinión sobre la prudencia con que fue ejecutada, sino que casi siempre intensifica nuestra gratitud o resentimiento, y con ello nuestra percepción del mérito o demérito de la intención.

La naturaleza, sin embargo, al implantar en el corazón humano las semillas de esta aparente irregularidad, parece haberlo hecho, como siempre, en favor de la felicidad y perfección de la especie. Si el motivo suficiente para despertar nuestro resentimiento fuera solo la maldad de la intención, entonces estaríamos igualmente furiosos contra cualquier persona en quien sospecháramos o creyéramos que albergaba tales intenciones, incluso si nunca se hubieran traducido en acciones. Las ideas, pensamientos o propósitos se volverían objeto de castigo, y si la indignación de la humanidad se encendiera contra ellos como lo hace contra los actos concretos, si la vileza de un pensamiento no llevado a cabo pareciera tan digna de venganza como la vileza de una acción consumada, cada tribunal se convertiría en una verdadera inquisición. Nadie estaría a salvo, por más inocente o circunspecto que fuera su comportamiento. Malos deseos, malas intenciones o inclinaciones podrían ser sospechados en cualquier persona; y si estos provocaran tanto resentimiento como las malas acciones, el castigo y la venganza los seguirían igualmente. Por ello, el Autor de la naturaleza ha dispuesto que solo las acciones que producen o intentan producir daño —y que por ello generan un temor inmediato— sean los objetos legítimos del castigo y resentimiento humanos. Los sentimientos, intenciones y afectos, que según la razón son el verdadero origen del mérito o demérito de una acción, han sido puestos por el gran Juez de corazones más allá del alcance de cualquier jurisdicción humana, reservándose para su tribunal infalible. Así, esa regla esencial de justicia —que en esta vida los hombres solo pueden ser castigados por sus actos, y no por sus intenciones— se basa en esta útil y saludable irregularidad de nuestros juicios morales, que a primera vista puede parecer absurda o incomprensible. Pero cada aspecto de la naturaleza, cuando es examinado con atención, revela el cuidado providencial de su Autor; y podemos admirar la sabiduría y bondad de Dios incluso en lo que parece debilidad o error en los hombres.

Tampoco carece de utilidad la irregularidad por la cual el mérito de un intento fallido de hacer el bien —y aún más el de simples buenas intenciones o deseos benevolentes— parece incompleto. El ser humano fue hecho para la acción, para promover, mediante el uso de sus facultades, aquellos cambios en las circunstancias externas propias o ajenas que más contribuyan a la felicidad de todos. No debe contentarse con una benevolencia ociosa ni creerse amigo de la humanidad solo porque, en su interior, le desea el bien al mundo. Para que despliegue toda la energía de su alma y se esfuerce al máximo por alcanzar los fines que le corresponden por naturaleza, se le ha enseñado que ni él mismo ni los demás quedarán satisfechos con su conducta, ni le concederán pleno reconocimiento, a menos que efectivamente logre esos fines. Debe comprender que el elogio a las buenas intenciones, si no va acompañado de acciones concretas, difícilmente bastará para ganarse la mayor admiración del mundo o siquiera su propia aprobación más profunda. El hombre que no ha realizado ninguna acción significativa, pero cuya conversación y conducta revelan los sentimientos más justos, nobles y generosos, no puede pretender ninguna gran recompensa, aunque su falta de utilidad se deba solo a la ausencia de una oportunidad. Podemos estimarlo y apreciarlo, pero no le debemos nada. Recompensar esa virtud latente, que ha sido inútil solo por falta de ocasión, y otorgarle honores o cargos que en cierto modo merece, aunque no podría reclamar con justicia, es una expresión de la benevolencia más elevada. En cambio, castigar por las simples inclinaciones del corazón, cuando no se ha cometido delito alguno, es la más arrogante y brutal de las tiranías. Los afectos benevolentes parecen más dignos de elogio cuanto menos esperan a que su omisión se vuelva casi un crimen. Los afectos malévolos, por el contrario, difícilmente pueden ser demasiado lentos, cautos o contenidos.

También es de considerable importancia que el daño causado sin intención sea percibido como una desgracia tanto para quien lo sufre como para quien lo ocasiona. De este modo, el ser humano aprende a respetar la felicidad de sus semejantes, a temer hacerles daño incluso de forma involuntaria, y a temer ese resentimiento instintivo que, lo sabe, está siempre latente y listo para manifestarse si llega a convertirse, aunque sin querer, en el instrumento de su desdicha. Así como en la antigua religión pagana aquel terreno sagrado consagrado a algún dios no debía ser pisado sino en ocasiones solemnes y necesarias, y quien lo violaba, incluso por ignorancia, se volvía desde ese momento impuro y, hasta que hiciera la debida expiación, se hacía acreedor de la ira de esa poderosa e invisible divinidad; así también, por la sabiduría de la naturaleza, la felicidad de toda persona inocente es, de igual modo, santificada, protegida y cercada contra toda posible intromisión por parte de los demás. No debe ser pisoteada a la ligera, ni siquiera ignorada o transgredida involuntariamente, sin que se requiera algún tipo de reparación o compensación, proporcional a la magnitud de esa transgresión no intencionada.

Un hombre compasivo, que haya sido causa accidental —y sin el menor grado de negligencia culpable— de la muerte de otro, se siente impuro, aunque no culpable. Durante el resto de su vida considerará ese accidente como una de las mayores desgracias que le podrían haber ocurrido. Si la familia del fallecido es pobre y él se encuentra en una situación más acomodada, de inmediato se hace cargo de ella, y sin otro mérito más que el de haber causado su desgracia, considera que merece toda su ayuda y bondad. Si la familia tiene mejor posición, él procurará, mediante toda forma posible de sumisión y pesar, y mediante todos los servicios útiles que pueda ofrecerles y ellos estén dispuestos a aceptar, reparar lo sucedido y aplacar, en la medida de lo posible, su —quizás natural, aunque sin duda injusto— resentimiento por la gran, aunque involuntaria, ofensa que les ha causado.

La angustia que siente una persona inocente que, por accidente, ha cometido un acto que, de haber sido intencionado, merecería la más profunda condena, ha dado origen a algunas de las escenas más conmovedoras e interesantes tanto en el teatro antiguo como en el moderno. Es este sentimiento ilusorio de culpa, si así puede llamarse, el que constituye la esencia del sufrimiento de Edipo y Yocasta en el teatro griego, y de Monimia e Isabella en el teatro inglés. Todos ellos son profundamente impuros, aunque ninguno sea culpable en lo más mínimo.

No obstante, todas estas aparentes irregularidades del juicio moral, cuando alguien causa por desgracia un daño que no pretendía, o no logra producir el bien que había proyectado, la naturaleza no ha dejado su inocencia completamente sin consuelo, ni su virtud sin recompensa. Entonces recurre a ese principio justo y equitativo según el cual los hechos que no dependieron de nuestra conducta no deberían menoscabar el aprecio que merecemos. Invoca toda su magnanimidad y fortaleza de ánimo, y se esfuerza por verse a sí mismo no bajo la luz en que actualmente aparece, sino bajo aquella en la que debería aparecer, en la que habría aparecido si sus nobles intenciones hubiesen tenido éxito, y en la que aún aparecería, a pesar de su fracaso, si los juicios de los hombres fuesen completamente justos y equitativos, o al menos coherentes consigo mismos. Las personas más generosas y comprensivas del mundo apoyan completamente ese esfuerzo por sostener su autoestima. Ellas despliegan toda su grandeza de espíritu para corregir en sí mismas esa irregularidad propia de la naturaleza humana, y procuran valorar su infortunada magnanimidad del mismo modo en que, de haber sido exitosa, la habrían reconocido sin necesidad de ningún esfuerzo especial.

TERCERA PARTE: SOBRE EL FUNDAMENTO DE NUESTROS JUICIOS

(RESPECTO A NUESTROS PROPIOS SENTIMIENTOS Y CONDUCTA, Y SOBRE EL SENTIDO DEL DEBER).

CAPÍTULO I: SOBRE EL PRINCIPIO DE LA AUTOAPROBACIÓN Y LA AUTO DESAPROBACIÓN

En las dos partes anteriores de este tratado, he considerado principalmente el origen y fundamento de nuestros juicios sobre los sentimientos y la conducta de los demás. Ahora paso a examinar, con mayor detalle, el origen de los juicios que emitimos sobre nosotros mismos.

El principio por el cual aprobamos o desaprobamos naturalmente nuestra propia conducta parece ser, en esencia, el mismo que empleamos para juzgar la conducta de otras personas. Aprobamos o desaprobamos el actuar de otro individuo en la medida en que, al ponernos en su lugar, podemos o no simpatizar plenamente con los sentimientos y motivos que lo guiaron. Del mismo modo, aprobamos o desaprobamos nuestra propia conducta según sintamos que, al situarnos en el lugar de otra persona y verla, por así decirlo, con sus ojos y desde su posición, podemos o no identificarnos plenamente con los sentimientos y motivos que la determinaron.

Jamás podemos observar nuestros propios sentimientos y motivos, ni formar un juicio sobre ellos, sin antes apartarnos, por decirlo así, de nuestra perspectiva natural y tratar de contemplarlos como desde cierta distancia. Pero no podemos hacerlo sino esforzándonos por verlos con los ojos de los demás, o como suponemos que otros los verían. Cualquier juicio que podamos formar al respecto, por tanto, siempre implicará una referencia implícita a lo que es, lo que sería en determinadas circunstancias, o lo que imaginamos que debería ser el juicio de otras personas. Procuramos examinar nuestra conducta como lo haría un espectador justo e imparcial. Si, al colocarnos en su lugar, compartimos plenamente las pasiones y motivos que la impulsaron, la aprobamos, movidos por la simpatía hacia la aprobación de ese juez hipotético y equitativo. En caso contrario, participamos de su desaprobación y la condenamos.

Si fuese posible que un ser humano llegara a la adultez en total aislamiento, sin contacto alguno con otros de su especie, no podría concebir su propio carácter, ni la corrección o incorrección de sus sentimientos y actos, ni la belleza o fealdad de su mente, del mismo modo que no podría formarse una idea de la belleza o fealdad de su propio rostro. Todos estos aspectos son objetos que no puede ver con facilidad, hacia los cuales no dirige naturalmente su atención, y para los cuales no posee un espejo que se los muestre. Pero al integrarse en la sociedad, encuentra de inmediato el espejo que antes le faltaba. Este espejo está en el rostro y en el comportamiento de quienes lo rodean, los cuales revelan constantemente si aprueban o desaprueban sus sentimientos. Es en ese entorno donde por primera vez contempla la corrección o incorrección de sus pasiones, la belleza o la deformidad de su mente.

Para un hombre que desde su nacimiento hubiese estado ajeno a la sociedad, los objetos de sus pasiones —los cuerpos externos que le causan placer o dolor— acapararían toda su atención. Las propias pasiones, los deseos o aversiones, las alegrías o penas que esos objetos provocan, aunque sean lo más inmediato para él, difícilmente se convertirían en objeto de reflexión. La idea de esas pasiones no lo conmovería lo suficiente como para atraer su atención. Pensar en su alegría no le generaría una nueva alegría, ni pensar en su pena le provocaría una nueva pena, aunque reflexionar sobre las causas de esas pasiones sí podría hacerlo. Al integrarse a la sociedad, todas sus pasiones se transforman de inmediato en causas de nuevas pasiones. Observa que algunas de ellas son aprobadas por los demás y otras rechazadas. Se sentirá enaltecido en un caso y abatido en el otro; sus deseos y aversiones, sus alegrías y tristezas, se volverán ahora fuentes de nuevos deseos y nuevas aversiones, nuevas alegrías y tristezas; por ello comenzarán a interesarle profundamente y con frecuencia requerirán su más seria atención.

Nuestras primeras ideas sobre la belleza o fealdad personal provienen de la forma y apariencia de los demás, no de la nuestra. Sin embargo, pronto advertimos que los otros ejercen esa misma crítica sobre nosotros. Nos agrada cuando aprueban nuestro aspecto, y nos incomoda cuando muestran disgusto. Nos inquieta saber en qué medida nuestro aspecto merece su aprobación o su censura. Examinamos nuestro cuerpo parte por parte y, colocándonos ante un espejo, o recurriendo a algún otro medio similar, tratamos de vernos con la mayor objetividad posible, como si lo hiciéramos desde la distancia y con los ojos ajenos. Si, tras este examen, quedamos satisfechos con nuestra apariencia, podremos soportar con mayor entereza los juicios desfavorables de los demás. Si, por el contrario, somos conscientes de ser objeto natural de desagrado, cualquier señal de desaprobación nos resultará sumamente mortificante. Un hombre medianamente agraciado tolerará que se bromeé sobre algún pequeño defecto en su persona; pero tales burlas son casi siempre insoportables para quien es verdaderamente deforme. Sin embargo, es evidente que nos preocupa nuestra propia belleza o fealdad únicamente por el efecto que causa en los demás. Si no tuviésemos vínculo alguno con la sociedad, nos sería completamente indiferente.

Del mismo modo, nuestras primeras críticas morales se dirigen al carácter y la conducta de los demás; y todos somos muy prontos en notar cómo nos afectan. Pero pronto aprendemos que los otros son igualmente francos al juzgarnos. Nos inquieta saber en qué medida merecemos su censura o su aplauso, y si, a sus ojos, debemos necesariamente aparecer como esas criaturas agradables o desagradables que dicen que somos. Por ello, comenzamos a examinar nuestras propias pasiones y conducta, y a considerar cómo deben de parecerles, reflexionando sobre cómo nos parecerían si estuviéramos en su lugar. Nos imaginamos como espectadores de nuestro propio comportamiento y tratamos de anticipar qué efecto nos causaría, visto desde esa perspectiva. Este es el único espejo en el que, en cierto grado, podemos escrutar, con los ojos ajenos, la corrección de nuestra conducta. Si, al vernos así, nos complacemos, quedamos razonablemente satisfechos. Podemos mostrarnos más indiferentes ante los elogios o incluso despreciar en cierta medida la censura del mundo, seguros de que, aunque se nos malinterprete o tergiverse, somos naturalmente dignos de aprobación. Por el contrario, si al vernos así sentimos duda, solemos desear aún más la aprobación ajena y, salvo que ya hayamos —como suele decirse— sellado un pacto con la infamia, la sola idea de su censura nos atormenta con doble intensidad.

Cuando intento examinar mi propia conducta, cuando me esfuerzo por juzgarla, y decidir si debo aprobarla o condenarla, es evidente que, en tales casos, me divido, por así decirlo, en dos personas: yo, el examinador y juez, represento un personaje distinto de ese otro yo, el agente cuya conducta es evaluada. El primero es el espectador, cuyas opiniones respecto a mi comportamiento intento asumir, poniéndome en su lugar y considerando cómo me parecería ese actuar desde su punto de vista. El segundo es el agente, el individuo que propiamente llamo "yo", y cuya conducta, desde la perspectiva de ese espectador, intento juzgar. El primero es el juez; el segundo, el juzgado. Pero que el juez y el juzgado sean, en todos los aspectos, la misma persona, es tan imposible como que la causa sea, en todos los aspectos, idéntica al efecto.

Ser amable y ser meritorio —es decir, merecer afecto y merecer recompensa— son los grandes atributos de la virtud; ser odioso y merecedor de castigo, los de la falta. Pero todos estos atributos hacen referencia inmediata a los sentimientos de los demás. No se dice que la virtud es amable o meritoria porque sea objeto de su propio afecto o de su propia gratitud, sino porque despierta tales sentimientos en otras personas. La conciencia de ser objeto de esas consideraciones favorables es la fuente de la tranquilidad interior y satisfacción personal que naturalmente acompañan a la virtud, del mismo modo que la sospecha de lo contrario alimenta los tormentos del vicio. ¿Qué mayor dicha que ser amado y saber que se merece ese amor? ¿Qué mayor miseria que ser odiado y saber que se merece ese odio?

CAPÍTULO II: SOBRE CIERTO TIPOS DE AMORES Y TEMORES

(Sobre el amor al elogio y el aprecio por ser digno de elogio; y sobre el temor a la censura y el respeto por ser digno de censura).

El ser humano desea naturalmente no solo ser amado, sino ser digno de amor; es decir, ser aquello que constituye el objeto natural y apropiado del afecto. De igual modo, teme no solo ser odiado, sino ser odioso; o convertirse en aquello que justifica naturalmente el rechazo. No busca únicamente el elogio, sino ser digno de él; es decir, ser aquello que, aunque nadie lo elogiara, merecería ser elogiado. Y teme no solo la censura, sino ser merecedor de ella; es decir, ser aquello que, aunque nadie lo censurara, naturalmente debería serlo.

El aprecio por ser digno de elogio no se deriva exclusivamente del deseo de ser elogiado. Aunque ambos principios se asemejan, están relacionados y con frecuencia se entremezclan, son, sin embargo, en muchos aspectos distintos e independientes entre sí.

El amor y la admiración que espontáneamente sentimos hacia quienes aprobamos en carácter y conducta, nos predisponen naturalmente a desear ser también objeto de esos sentimientos agradables, a ser tan amables y admirables como aquellos a quienes más amamos y admiramos. La emulación —ese anhelo de sobresalir— nace, en su origen, de nuestra admiración por la excelencia ajena. Pero no nos basta con ser admirados por los mismos motivos por los que otros son admirados. Debemos, al menos, creer que somos admirables por las mismas razones que ellos. Para alcanzar esta satisfacción, debemos convertirnos en espectadores imparciales de nuestro propio carácter y conducta. Debemos intentar vernos con los ojos ajenos, o como suponemos que los demás nos verían. Si, desde esa perspectiva, nuestra imagen nos agrada, sentimos felicidad y satisfacción. Pero esta dicha se ve profundamente reforzada cuando descubrimos que los demás, al observarnos con los mismos ojos con los que nosotros solo imaginábamos vernos, coinciden con nuestro propio juicio. Su aprobación fortalece necesariamente la nuestra. Su elogio refuerza nuestro sentimiento de merecerlo. En tal caso, lejos de derivarse del deseo de ser elogiado, el aprecio por la dignidad del elogio parece ser, al menos en gran parte, la fuente de ese mismo deseo.

El elogio más sincero proporciona escaso placer si no puede considerarse como una prueba de merecimiento. No basta con que, por ignorancia o error, se nos conceda estima y admiración. Si somos conscientes de no merecer esa consideración favorable, y de que, si se conociera la verdad, los sentimientos hacia nosotros serían muy distintos, nuestra satisfacción está lejos de ser completa. Quien nos elogia por acciones que no realizamos o por motivos que no guiaron nuestra conducta, no nos elogia a nosotros, sino a otra persona. No podemos obtener ninguna satisfacción de tales alabanzas. Deberían, más bien, resultarnos más humillantes que cualquier censura, recordándonos constantemente la reflexión más dolorosa: lo que deberíamos ser, pero no somos. Una mujer que se maquilla no debería, cabría suponer, encontrar vanidad genuina en los elogios dirigidos a su cutis. Tales elogios, más bien, deberían recordarle la impresión que causaría su verdadera apariencia y mortificarla aún más por el contraste. Sentir agrado por ese tipo de alabanzas sin fundamento es señal de la mayor superficialidad y debilidad. Esto es, propiamente, lo que llamamos vanidad, y constituye el fundamento de los vicios más ridículos y despreciables: la afectación y la mentira habitual; necedades que, de no ser porque la experiencia nos muestra cuán comunes son, uno imaginaría que el más mínimo sentido común bastaría para evitarlas.

El mentiroso necio que trata de despertar la admiración del grupo narrando hazañas inexistentes; el presumido engreído que se da ínfulas de rango y distinción sabiendo que carece de todo derecho a ellas, ambos, sin duda, se sienten complacidos con la aprobación que creen estar recibiendo. Pero su vanidad se basa en una ilusión tan burda, que cuesta comprender cómo un ser racional puede dejarse engañar por ella. Al colocarse en el lugar de quienes creen haber engañado, se sienten profundamente impresionados por su propia imagen. Se ven a sí mismos no como saben que deberían aparecer ante sus interlocutores, sino como creen que estos realmente los ven. Su superficialidad y trivialidad les impide volver la mirada hacia adentro, o contemplarse desde esa perspectiva humillante en la que, según su propia conciencia, todos los demás los verían si se supiera la verdad.

Así como el elogio ignorante y sin fundamento no puede brindar una alegría genuina ni una satisfacción que resista un examen serio, también ocurre, en sentido contrario, que a menudo reconforta saber que, aunque no se nos haya elogiado, nuestra conducta ha sido digna de elogio, y que en todo sentido ha estado conforme a aquellas normas y criterios por los cuales el elogio y la aprobación suelen otorgarse naturalmente. Nos complace no solo ser elogiados, sino haber hecho lo que merece ser elogiado. Nos agrada pensar que nos hemos convertido en objetos naturales de aprobación, aunque nunca se nos llegue a reconocer como tales; y nos mortifica saber que hemos merecido con justicia la censura de quienes nos rodean, aunque ese juicio jamás se exprese abiertamente.

El hombre que es consciente de haber observado fielmente aquellas normas de conducta que la experiencia le muestra como generalmente aceptadas, reflexiona con satisfacción sobre la corrección de su proceder. Al verlo desde la perspectiva del espectador imparcial, comprende plenamente los motivos que lo guiaron. Revisa cada parte de su conducta con agrado y aprobación; y aunque nadie llegue jamás a conocer lo que ha hecho, se juzga a sí mismo no tanto según la opinión actual de los demás, sino según la que tendrían si comprendieran cabalmente las circunstancias reales de su comportamiento. Anticipa el elogio y la admiración que, en tal caso, se le otorgarían; y se elogia y se admira a sí mismo por simpatía con unos sentimientos que, aunque no se hayan manifestado, solo se ven impedidos por la ignorancia del público, y que él sabe son los efectos naturales y ordinarios de esa clase de conducta. Su imaginación los asocia firmemente con sus acciones, y ha adquirido el hábito de concebir que tales sentimientos, por su naturaleza y conforme a la razón, deberían seguir a esas acciones.

Hay quienes han entregado voluntariamente su vida para obtener, después de la muerte, una fama que ya no podrían disfrutar. Su imaginación anticipó esa gloria futura; los aplausos que nunca oirían resonaban en sus oídos; la idea de una admiración cuyos efectos jamás sentirían, llenaba su corazón y expulsaba de su pecho el más poderoso de los temores naturales, impulsándolos a realizar acciones que parecen casi más allá del alcance humano. Pero, en términos de realidad, no hay gran diferencia entre esa aprobación que no llegará hasta que no podamos disfrutarla, y aquella que jamás será otorgada, pero que lo sería si el mundo comprendiera adecuadamente las verdaderas circunstancias de nuestra conducta. Si la primera puede producir efectos tan intensos, no debe sorprendernos que la segunda sea igualmente valorada.

La naturaleza, al formar al ser humano para la vida en sociedad, lo dotó de un deseo original de agradar y una aversión natural a ofender a sus semejantes. Le enseñó a sentir placer ante su aprobación y dolor ante su desaprobación. Hizo que su aprobación le resultara grata y halagadora por sí misma, y su desaprobación, profundamente humillante y ofensiva.

Pero este deseo de aprobación y este temor a la desaprobación no bastarían por sí solos para hacer al ser humano apto para la sociedad a la que está destinado. Por ello, la naturaleza lo dotó no solo con el deseo de ser aprobado, sino con el deseo de ser digno de aprobación; es decir, de ser aquello que él mismo aprueba en los demás. El primer deseo solo podría llevarlo a querer parecer apto para la sociedad; el segundo, en cambio, era necesario para hacerlo realmente apto. El primero lo habría motivado únicamente a aparentar virtud y ocultar el vicio; la segunda era indispensable para inspirarle un amor verdadero por la virtud y una aversión real por el vicio.

En toda mente bien formada, este segundo deseo parece ser el más fuerte. Solo los más débiles y superficiales pueden deleitarse sinceramente con elogios que saben completamente inmerecidos. Un hombre débil puede encontrar placer en ellos de vez en cuando, pero un hombre sabio los rechaza en toda ocasión. No obstante, aunque el sabio sienta poco agrado ante elogios que sabe infundados, a menudo experimenta la mayor satisfacción al actuar con rectitud, aun sabiendo que jamás recibirá reconocimiento por ello. Obtener la aprobación de los demás cuando no se la merece jamás puede ser un objetivo importante para él. Obtenerla cuando sí la merece puede, en algunos casos, no serlo tampoco. Pero ser aquello que merece aprobación siempre será, para él, un objetivo supremo.

Desear —o incluso aceptar— elogios cuando no se los merece es producto de la vanidad más despreciable. Desearlos cuando verdaderamente se los merece no es más que anhelar que se haga justicia. El amor por la fama justa, por la verdadera gloria —incluso por sí misma y sin depender de ventaja alguna— no es indigno de un hombre sabio. Sin embargo, este, a veces, la descuida o incluso la desprecia; y rara vez lo hace con más decisión que cuando tiene la más firme convicción de la corrección absoluta de toda su conducta. Su autoaprobación, en ese caso, no necesita ser confirmada por la aprobación de otros. Le basta por sí sola, y se siente satisfecho con ella. Esta autoaprobación, si no es el único, es al menos el principal objeto por el que puede o debe preocuparse. Amarla es amar la virtud.

Así como el amor y la admiración que naturalmente sentimos por ciertos caracteres nos lleva a desear convertirnos en objetos dignos de esos mismos sentimientos, también el odio y el desprecio que sentimos por otros nos impulsa, quizás con más fuerza aún, a temer profundamente la posibilidad de parecernos a ellos en algún aspecto. En este caso, no es tanto el temor a ser odiados o despreciados lo que nos inquieta, como el de ser verdaderamente odiosos o despreciables. Tememos actuar de tal manera que nos convirtamos, con justicia, en objeto del rechazo y el desprecio de nuestros semejantes, aun si tuviéramos la certeza de que esos sentimientos jamás se manifestarían. El hombre que ha quebrantado todas las normas de conducta que podrían hacerlo agradable a los demás, aunque esté absolutamente seguro de que nadie sabrá jamás lo que ha hecho, no encuentra consuelo. Al mirar hacia atrás y considerar su conducta desde la perspectiva del espectador imparcial, descubre que no puede identificarse con ninguno de los motivos que la guiaron. Se siente avergonzado y confundido al recordarla, y experimenta intensamente la misma vergüenza que sentiría si sus acciones se hicieran públicas. Su imaginación anticipa el desprecio y la burla que solo la ignorancia de los demás impide que se desaten. Sabe que es el objeto natural de esos sentimientos y tiembla ante la idea de lo que sufriría si algún día se hicieran realidad.

Pero si lo que ha cometido no es solo una falta, sino uno de esos crímenes atroces que provocan indignación y repulsión, no podría recordarlo —mientras conserve algo de sensibilidad— sin sentir el tormento del horror y el remordimiento. Aunque tuviera la certeza de que nadie lo sabrá jamás, e incluso se convenciera de que no hay Dios que castigue su crimen, aún sentiría bastante de ambos sentimientos como para amargar toda su vida. Seguiría considerándose a sí mismo como el objeto natural del odio y la indignación de todos los hombres. Y si su corazón no se ha endurecido por el hábito del crimen, no podría evitar el terror y el asombro al imaginar cómo lo veía la humanidad, cómo serían los rostros y las miradas de los demás si algún día se supiera la verdad. Estos tormentos naturales de una conciencia aterrada son los demonios, las furias vengadoras que persiguen al culpable en esta vida, que no le dan paz ni descanso, que a menudo lo empujan a la desesperación y la locura. Ninguna promesa de secreto puede protegerlo de ellos, ningún principio de irreligión puede librarlo por completo. Solo puede liberarse quien ha caído en el estado más vil y abyecto de todos: una insensibilidad total hacia el honor y la infamia, hacia el vicio y la virtud.

Hombres de los caracteres más detestables, que han perpetrado crímenes atroces con tal frialdad que evitaron hasta la sospecha, han sido llevados por el horror de su situación a confesar voluntariamente lo que ninguna habilidad humana habría podido descubrir. Al admitir su culpa y someterse a la indignación de sus conciudadanos, buscaban —al menos en su imaginación— reconciliarse con los sentimientos naturales de la humanidad; dejar de verse como merecedores de odio; expiar, en alguna medida, sus crímenes, y convertirse, si fuera posible, más en objetos de compasión que de horror, para poder morir en paz y con el perdón de sus semejantes. En comparación con lo que sentían antes de la confesión, incluso esta idea les parecía felicidad.

En tales casos, el horror de ser merecedor de censura parece, incluso en personas que no destacan por su sensibilidad moral, superar completamente el miedo a la censura en sí. Para aliviar ese horror, para calmar en algo el remordimiento de su conciencia, se entregan voluntariamente tanto al reproche como al castigo que saben merecer, aunque fácilmente podrían haberlos evitado.

Solo los más frívolos y superficiales pueden deleitarse realmente con elogios que saben inmerecidos. La censura inmerecida, en cambio, puede afectar incluso a hombres de gran fortaleza. Sin embargo, hombres de carácter firme suelen aprender a despreciar esas habladurías que tanto circulan en la sociedad y que, por su evidente falsedad y absurdidad, no tardan en desaparecer. Pero un hombre inocente, aun siendo de carácter firme, puede sentirse profundamente afectado por la acusación seria, aunque falsa, de un crimen, especialmente si se ve respaldada por circunstancias que la hacen parecer creíble. Le duele que alguien pueda pensar tan mal de su carácter como para considerarlo capaz de tal acto. Aunque sepa perfectamente que es inocente, la sola acusación parece arrojar una sombra de deshonra sobre su persona, incluso en su propia imaginación. Su justa indignación por una injuria tan grave —que, aunque muchas veces sea imprudente o imposible de vengar— le causa un dolor profundo. No hay tormento mayor que una indignación intensa que no puede ser satisfecha.

Un hombre inocente, llevado al patíbulo por la falsa acusación de un crimen infame, sufre la más cruel de las desgracias que pueda sufrir alguien inocente.

La angustia de su alma puede, en muchos casos, superar incluso la de quienes mueren por crímenes que efectivamente cometieron. Criminales depravados, como ladrones y salteadores, a menudo tienen escasa conciencia de la vileza de sus actos y, en consecuencia, no sienten remordimiento. Acostumbrados a considerar la horca como un destino probable, cuando finalmente les llega, la aceptan con resignación, sin otro sufrimiento que el miedo a la muerte, miedo que incluso en estas almas despreciables suele ser vencido con facilidad.

El inocente, en cambio, además del temor natural a la muerte, sufre por la injusticia cometida contra él. Se estremece al pensar en la infamia que el castigo podría arrojar sobre su memoria, y anticipa con dolor insoportable que será recordado por sus seres queridos no con tristeza y cariño, sino con vergüenza e incluso horror por su supuesta conducta. La muerte se le presenta con una oscuridad aún más sombría y lúgubre que la habitual.

Esperamos, para el bien de la humanidad, que estas tragedias ocurran muy raramente en cualquier país; pero, por desgracia, suceden en todos, incluso en aquellos donde la justicia suele administrarse con acierto. El desdichado Calas, hombre de constancia excepcional, fue ejecutado en Toulouse —quebrado en la rueda y quemado— por el supuesto asesinato de su propio hijo, crimen del que era completamente inocente. En su último aliento, no parecía temer tanto la crueldad del castigo como la deshonra que esa acusación arrojaría sobre su memoria. Cuando ya había sido quebrado y estaba a punto de ser arrojado al fuego, el monje que lo asistía en la ejecución le pidió que confesara el crimen por el cual había sido condenado. "Padre —respondió Calas—, ¿usted mismo puede creer que soy culpable?"

Para las personas que se encuentran en tan desafortunadas circunstancias, esa filosofía humilde que limita su mirada a esta vida puede ofrecer, quizás, muy poco consuelo. Todo aquello que podría hacer respetable la vida o la muerte les ha sido arrebatado. Son condenados tanto a la muerte como a la infamia eterna. Solo la religión puede ofrecerles un consuelo verdaderamente eficaz. Solo ella puede decirles que importa poco lo que los hombres piensen de su conducta, mientras el Juez supremo del mundo la apruebe. Solo ella puede presentarles la visión de otro mundo, un mundo más justo, más humano y comprensivo que el presente; donde su inocencia, con el tiempo, será reconocida, y su virtud, finalmente recompensada. Y ese mismo principio supremo que puede infundir temor en el vicio triunfante, es el único que puede brindar consuelo genuino a la inocencia agraviada y humillada.

En faltas menores, así como en crímenes mayores, sucede con frecuencia que una persona sensible se ve mucho más afectada por una imputación injusta que el verdadero culpable por su propia culpa. Una mujer de vida disipada se ríe incluso de las conjeturas bien fundadas que circulan sobre su conducta. Pero la más infundada de esas conjeturas puede ser una herida mortal para una virgen inocente. El individuo que, de forma deliberada, comete una acción vergonzosa, rara vez tiene plena conciencia de la vergüenza que le corresponde; y quien lo hace habitualmente, difícilmente puede sentirla en absoluto.

Cuando todo hombre, incluso de inteligencia moderada, desprecia con tanta facilidad los elogios inmerecidos, merece consideración el hecho de que el reproche inmerecido sea capaz de afectar con tanta dureza a personas con el juicio más sólido y sensato.

Como ya he señalado, el dolor, en casi todos los casos, es una sensación más intensa que el placer opuesto y correspondiente. El primero casi siempre nos abate más por debajo del estado habitual de felicidad que el segundo nos eleva por encima de él. Una persona sensible suele sentirse más humillada por una censura justa que elevada por un elogio merecido. Un sabio rechaza el elogio inmerecido con desprecio, pero suele sufrir intensamente ante una censura que no merece. Si acepta un mérito que no le corresponde, al ser elogiado por algo que no ha hecho, siente que incurre en una falsa apariencia, y que merece no admiración, sino desprecio, incluso de parte de quienes, por error, lo han admirado. Tal vez le cause un leve placer saber que muchos lo consideran capaz de una acción que en realidad no ha realizado. Pero, aunque agradezca a sus amigos la buena opinión que tienen de él, se consideraría despreciable si no los desengañara de inmediato.

Le resulta desagradable verse a sí mismo bajo la imagen que los demás tienen de él cuando sabe que, si conocieran la verdad, lo verían de forma muy distinta. Un hombre débil, en cambio, suele deleitarse al contemplarse bajo esa falsa luz. Se atribuye el mérito de toda acción loable que se le adjudica, e incluso finge haber realizado muchas que nadie le ha atribuido. Afirma haber hecho lo que nunca hizo, haber escrito lo que escribió otro, haber descubierto lo que inventó alguien más; y así cae en los vicios miserables del plagio y la mentira.

Y si bien ningún hombre con un mínimo de buen juicio puede encontrar gran placer en que se le atribuya una acción virtuosa que nunca cometió, un sabio puede, en cambio, sufrir profundamente por la acusación injusta de un crimen que jamás cometió. La naturaleza ha hecho que ese dolor no solo sea más intenso que el placer opuesto, sino que lo sea en un grado mucho mayor al habitual. Una simple negativa basta para librarse de un placer ridículo, pero no siempre logra disipar el dolor. Cuando niega el mérito que se le atribuye, nadie duda de su sinceridad. Pero puede que sí se dude cuando niega el crimen del que se lo acusa. Entonces, se siente indignado por la falsedad de la acusación, y mortificado al ver que alguien le da crédito. Siente que su carácter no basta para protegerlo. Percibe que sus semejantes, lejos de verlo como desearía, lo consideran capaz de haber cometido aquello de lo que se lo acusa.

Sabe perfectamente que no ha sido culpable. Sabe lo que ha hecho. Pero, tal vez, ningún hombre puede saber del todo de qué es capaz. Lo que su propia naturaleza podría permitir o no, es, en mayor o menor grado, un misterio incluso para él. La confianza y buena opinión de sus amigos y vecinos son lo que más contribuye a disipar esa duda inquietante; su desconfianza y juicio desfavorable, lo que más la refuerza. Puede estar seguro de que su juicio es erróneo, pero esa seguridad rara vez es tan firme como para impedir que ese juicio lo afecte. Y cuanto mayor sea su sensibilidad, su delicadeza, su virtud, mayor será, probablemente, la impresión que cause en él.

La concordancia o discordancia entre los juicios y sentimientos ajenos y los nuestros tiene, en todos los casos, una importancia proporcional a cuán seguros o inseguros estemos de la rectitud de nuestros propios juicios y sentimientos.

Un hombre sensible puede, en ocasiones, experimentar gran inquietud por haber cedido demasiado incluso a una pasión honesta: su justa indignación, tal vez, por una ofensa cometida contra él o contra un amigo. Teme, con ansiedad, que, deseando solo actuar con energía y hacer justicia, haya acabado, por la vehemencia de su emoción, perjudicando a otro —alguien que, si bien no era inocente, quizá no era tan culpable como él creyó en un principio. En tales casos, la opinión de los demás adquiere una importancia inmensa. Su aprobación es el bálsamo más reparador; su desaprobación, el veneno más amargo y torturante que puede verterse sobre su conciencia inquieta. Cuando está plenamente convencido de la corrección de toda su conducta, el juicio de los demás le importa menos.

Hay artes muy nobles y bellas en las que el grado de excelencia solo puede determinarse mediante una delicadeza de gusto, cuyas decisiones, sin embargo, parecen siempre algo inciertas. Hay otras en las que el éxito puede demostrarse claramente o probarse de manera muy satisfactoria. Entre quienes compiten por la excelencia en estas distintas artes, la ansiedad por la opinión pública es siempre mucho mayor en el primer caso que en el segundo.

La belleza de la poesía es una cuestión tan sutil, que un principiante difícilmente puede estar seguro de haberla alcanzado. Por ello, nada lo deleita tanto como los juicios favorables de sus amigos y del público, y nada lo mortifica más que los contrarios. Lo uno refuerza y lo otro sacude la buena opinión que desea tener de sus propias obras. La experiencia y el éxito pueden, con el tiempo, darle un poco más de confianza en su propio juicio. Sin embargo, siempre está expuesto a sentirse profundamente afectado por las críticas negativas del público. Racine quedó tan disgustado por la tibia recepción de su *Fedra* —quizás la tragedia más perfecta que existe en cualquier idioma— que, pese a encontrarse en la plenitud de su vida y habilidades, decidió no volver a escribir para el teatro. A menudo contaba a su hijo que las críticas más insignificantes e impertinentes le habían causado más dolor que el mayor y más merecido elogio le había dado placer. La extrema sensibilidad de Voltaire ante la más mínima censura de este tipo es bien conocida. *The Dunciad*, de Pope, es un monumento eterno al daño que incluso los autores más bajos e insignificantes pudieron causar al más correcto, elegante y armonioso de los poetas ingleses. Se dice que Gray —quien combina la sublimidad de Milton con la elegancia y armonía de Pope, y a quien quizás solo le falta una obra más extensa para ser considerado el primer poeta en lengua inglesa— quedó tan afectado por una parodia tonta e impertinente de dos de sus mejores odas, que nunca más intentó emprender una obra importante. Los escritores en prosa que se enorgullecen de lo que se llama "buena escritura" comparten en cierta medida esta misma sensibilidad.

Los matemáticos, en cambio, que pueden tener la certeza más absoluta tanto de la verdad como de la importancia de sus descubrimientos, suelen mostrarse bastante indiferentes ante la recepción que estos puedan tener en el público. Los dos matemáticos más grandes que he tenido el honor de conocer —y, creo, los dos más grandes de mi tiempo— el Dr. Robert Simpson de Glasgow y el Dr. Matthew Stewart de Edimburgo, jamás parecieron inquietarse por el desinterés con que el público, en su ignorancia, recibió algunas de sus obras más valiosas. Se dice que la gran obra de Sir Isaac Newton, *Principios Matemáticos de la Filosofía Natural*, fue ignorada durante varios años. Es probable que esa indiferencia no haya perturbado la tranquilidad de ese gran hombre ni por un cuarto de hora. Los filósofos naturales, por su independencia respecto a la opinión pública, se asemejan bastante a los matemáticos y, al juzgar el mérito de sus propios descubrimientos y observaciones, gozan de una seguridad y serenidad similares.

Las distintas circunstancias en que se encuentran estas clases de hombres de letras respecto al juicio público quizá influyan también, en cierta medida, en su carácter moral.

Los matemáticos y los filósofos naturales, por su independencia frente a la opinión pública, tienen pocas tentaciones de formar facciones o camarillas para sostener su propia reputación o para desacreditar la de sus rivales. Casi siempre son personas de una sencillez de carácter encantadora, que conviven en armonía, se alegran del éxito ajeno, no conspiran para asegurarse la aprobación pública y se sienten complacidos cuando sus obras son bien recibidas, sin mostrarse afligidos ni enojados cuando son ignoradas.

No siempre ocurre lo mismo con los poetas o con quienes valoran lo que se llama "buena escritura". Tienden a dividirse en una especie de facciones literarias, donde cada grupo es, abiertamente o en secreto, enemigo mortal de la reputación de los demás, y recurre a toda clase de maniobras para ganarse el favor del público hacia sus propios miembros y en contra de sus rivales. En Francia, Despréaux y Racine no consideraron indigno de sí mismos encabezar una camarilla literaria para desprestigiar primero a Quinault y Perrault, luego a Fontenelle y La Motte, y hasta tratar con una especie de desdén condescendiente al bueno de La Fontaine. En Inglaterra, el afable Addison tampoco consideró impropio de su carácter gentil y modesto liderar una pequeña camarilla con el fin de frenar la creciente fama de Pope. Fontenelle, al escribir las vidas y caracteres de los miembros de la Academia de Ciencias —una sociedad de matemáticos y filósofos naturales— tuvo muchas oportunidades de elogiar la encantadora sencillez de su trato, una cualidad que, según él, era tan común entre ellos que parecía propia de toda la clase más que de algún individuo en particular. D'Alembert, al escribir sobre los miembros de la Academia Francesa —una sociedad de poetas y escritores distinguidos o considerados tales—, no encontró tantas oportunidades para hacer este tipo de observación, y en ningún momento presenta esta cualidad como característica de ese grupo de hombres de letras.

Nuestra incertidumbre sobre nuestro propio mérito y el deseo de tener una buena opinión sobre él nos llevan naturalmente a querer conocer la opinión ajena; a sentirnos especialmente exaltados cuando esta es favorable y profundamente mortificada cuando no lo es. Pero esto no debería inducirnos a buscar esa aprobación, ni a evitar el rechazo, mediante intrigas o camarillas. Cuando un hombre soborna a todos los jueces, el fallo más unánime, aunque le otorgue la victoria en el juicio, no puede asegurarle que tenía la razón. Y si su único objetivo hubiera sido confirmar que tenía la razón, jamás habría sobornado a los jueces. Pero si bien deseaba tener la razón, también quería ganar el juicio; por eso sobornó. Si el elogio no nos importara sino como prueba de nuestro verdadero mérito, jamás intentaríamos obtenerlo por medios injustos. Pero, aunque para los sabios, al menos en casos dudosos, esa prueba es lo más importante, el elogio también tiene valor por sí mismo; y por eso —aunque no podamos llamarlos sabios— personas muy por encima del común han intentado, a veces, conseguir el elogio o evitar la censura por medios poco justos.

El elogio y la censura expresan lo que los sentimientos de las personas efectivamente son; el mérito y el reproche expresan lo que, naturalmente, deberían ser. El amor al elogio es el deseo de obtener los sentimientos favorables de nuestros semejantes; el amor al mérito es el deseo de hacernos dignos de esos sentimientos. En ese sentido, ambos principios se parecen y están emparentados. La misma relación existe entre el temor a la censura y el respeto por ser dignos de ella.

El hombre que desea hacer, o efectivamente hace, una acción meritoria, puede también desear el elogio que se le debe, y quizá incluso más del que merece. En tal caso, ambos principios se mezclan. Cuánto ha influido uno u otro en su conducta puede serle desconocido incluso a él mismo, y casi siempre lo será para los demás. Quienes quieren restarle mérito a su conducta la atribuyen únicamente al deseo de elogio o a lo que llaman vanidad. Quienes la juzgan con mayor benevolencia la atribuyen principalmente al amor por el mérito, al aprecio por lo verdaderamente noble y honorable en la conducta humana, al deseo no solo de recibir la aprobación y el aplauso de sus semejantes, sino de merecerlos. La imaginación del espectador tiñe su juicio con uno u otro matiz, según sus hábitos mentales o la simpatía o antipatía que sienta hacia la persona evaluada.

Algunos filósofos amargados, al juzgar la naturaleza humana, han actuado como personas resentidas al juzgar a los demás: han atribuido al amor por el elogio, o a la vanidad, toda acción que debería atribuirse al amor por el mérito. Más adelante me ocuparé de examinar algunos de sus sistemas, y por ahora no me detendré en ello.

Muy pocos hombres se sienten satisfechos solo con la conciencia personal de haber alcanzado aquellas cualidades o realizado aquellas acciones que admiran y consideran meritorias en otros, a menos que, al mismo tiempo, haya un reconocimiento general de que poseen esas cualidades o han realizado esas acciones. Es decir, a menos que efectivamente hayan recibido el elogio que consideran merecido. En este aspecto, sin embargo, los hombres difieren mucho entre sí. Algunos parecen indiferentes al elogio cuando están plenamente convencidos de haber alcanzado el mérito. Otros parecen preocuparse mucho más por el elogio que por el mérito.

Nadie puede sentirse completamente, ni siquiera tolerablemente, satisfecho con haber evitado todo lo censurable en su conducta, a menos que también haya evitado la censura o el reproche. Un hombre sabio puede, con frecuencia, desestimar el elogio, incluso cuando lo ha merecido plenamente; pero, en asuntos de verdadera importancia, procurará cuidadosamente regular su conducta no solo para evitar lo reprochable, sino también, en la medida de lo posible, toda sospecha razonable de reproche. Nunca buscará evitar la censura haciendo algo que considere censurable, omitiendo parte de su deber o dejando pasar una oportunidad de hacer lo que juzgue verdaderamente meritorio. Pero, con esas salvedades, se esforzará con esmero por evitarla. Mostrar una excesiva preocupación por el elogio, incluso por acciones dignas de él, rara vez es señal de gran sabiduría y suele ser, más bien, muestra de cierta debilidad. Pero el afán por evitar toda sombra de censura o reproche puede no implicar debilidad, sino más bien una prudencia altamente encomiable.

"Muchas personas", dice Cicerón, "desprecian la gloria, pero se sienten profundamente mortificadas por el reproche injusto; y eso es una gran incoherencia." Sin embargo, esta aparente incoherencia parece tener su raíz en principios inalterables de la naturaleza humana.

El autor sapientísimo de la naturaleza ha enseñado así al ser humano a respetar los sentimientos y juicios de sus semejantes: a sentirse más o menos complacido cuando aprueban su conducta y más o menos herido cuando la desaprueban. Ha hecho del hombre, si puede decirse así, el juez inmediato del género humano; y en este sentido, como en muchos otros, lo ha creado a su imagen y semejanza, y lo ha constituido su representante en la Tierra para supervisar el comportamiento de sus iguales. La naturaleza ha enseñado a los hombres a reconocer esta autoridad y jurisdicción que se les ha conferido, a sentirse más o menos humillados y mortificados cuando incurren en su censura, y más o menos exaltados cuando obtienen su aprobación.

Pero, aunque el hombre haya sido constituido juez inmediato del comportamiento humano, lo es solo en primera instancia. Existe una instancia superior ante la cual puede apelarse: el tribunal de la propia conciencia, el del supuesto espectador imparcial y bien informado, el del "hombre interior", ese gran juez y árbitro de nuestra conducta. Las jurisdicciones de estos dos tribunales se basan en principios que, aunque relacionados en ciertos aspectos, son en realidad distintos y separados. La jurisdicción del "hombre exterior" se funda enteramente en el deseo de obtener elogio real y en el rechazo de la censura real. La jurisdicción del "hombre interior" se basa exclusivamente en el deseo de ser digno de elogio y en el rechazo de lo que merece censura; en el anhelo de poseer aquellas cualidades y realizar aquellas acciones que admiramos en los demás, y en el temor de caer en aquellas que despreciamos y condenamos en los otros.

Si el "hombre exterior" nos elogia por acciones que no hemos realizado o por motivos que no influyeron en nuestra conducta, el "hombre interior" puede, de inmediato, corregir ese orgullo injustificado y decirnos que, al saber que no lo merecemos, nos volvemos despreciables al aceptar tal elogio. Si, por el contrario, el "hombre exterior" nos reprocha por acciones que nunca cometimos o por motivos ajenos a nuestras verdaderas intenciones, el "hombre interior" puede corregir ese juicio erróneo y asegurarnos que no somos, en absoluto, merecedores de tal censura. Sin embargo, en estos y otros casos, el "hombre interior" a veces parece desconcertado y confundido por la vehemencia y el clamor del "hombre exterior". La violencia y el estruendo con que a veces se vierte la crítica pública parecen entorpecer y adormecer nuestro sentido natural de lo digno de alabanza o de censura. Y aunque los juicios del "hombre interior" tal vez no se vean completamente alterados o pervertidos, su firmeza y estabilidad se ven sacudidas de tal modo que su efecto natural, que es preservar la tranquilidad del alma, queda en gran parte anulado. Apenas nos atrevemos a absolvernos a nosotros mismos cuando todos nuestros semejantes nos condenan con fuerza. El supuesto espectador imparcial parece emitir su veredicto a nuestro favor con temor y vacilación, cuando el de todos los espectadores reales —aquellos cuyas miradas y desde cuyas posiciones él intenta contemplar nuestra conducta— es unánime y vehementemente contrario.

En tales circunstancias, esta especie de semidiós interior se asemeja a los semidioses de los poetas: aunque en parte tiene origen divino, también participa de una naturaleza mortal. Cuando sus juicios se guían con firmeza por el sentido de lo digno de alabanza o de censura, actúa conforme a su esencia divina; pero cuando se deja asombrar y confundir por los juicios de hombres ignorantes y débiles, revela su conexión con la humanidad y actúa más según su parte mortal que divina.

En esos casos, la única fuente de consuelo verdadero para el hombre abatido y afligido radica en una apelación a un tribunal aún más alto: el del Juez omnisciente del mundo, cuyos ojos no pueden ser engañados y cuyos juicios jamás pueden ser pervertidos. Una firme confianza en la rectitud infalible de ese supremo tribunal, ante el cual su inocencia será, a su debido tiempo, declarada, y su virtud finalmente recompensada, es lo único que puede sostenerlo frente a la debilidad y el desaliento del ánimo, ante la perturbación y el desconcierto del "hombre interior", a quien la naturaleza ha establecido como el gran guardián, en esta vida, no solo de su inocencia, sino también de su paz interior.

Nuestra felicidad en esta vida depende, en muchas ocasiones, de la humilde esperanza y expectativa de una vida futura; una esperanza profundamente arraigada en la naturaleza humana, que es la única capaz de sostener sus elevadas ideas sobre su propia dignidad, de iluminar el sombrío panorama de su inevitable mortalidad y de mantener su ánimo sereno frente a las más graves calamidades que, por los desórdenes de este mundo, pueda llegar a padecer. La creencia en un mundo venidero, donde se hará justicia plena a cada ser humano; donde cada uno será ubicado entre aquellos que realmente son sus iguales en cualidades morales e intelectuales; donde aquel que posee virtudes y talentos humildes, pero que por causa del destino no tuvo oportunidad de expresarlos en esta vida —virtudes que permanecieron ignoradas tanto por el mundo como, en ocasiones, por él mismo, al punto de que ni siquiera el "hombre interior" se atrevía a dar testimonio claro y firme de su existencia—, donde ese mérito modesto, silencioso y desconocido será situado a la par, e incluso por encima, de aquellos que en este mundo gozaron de la mayor reputación, y que, gracias a su posición, pudieron realizar las acciones más brillantes y deslumbrantes; esta doctrina es, en todos los sentidos, tan venerable, tan consoladora para la fragilidad humana y tan halagadora para su grandeza, que el hombre virtuoso que tiene la desdicha de dudar de ella, no puede evitar desear, con ansia y fervor, creer en ella.

Nunca habría sido objeto de burla por parte del escéptico si no fuera porque la forma en que algunos de sus defensores más fervientes han descrito la distribución de premios y castigos en ese mundo venidero ha estado, con demasiada frecuencia, en abierta contradicción con todos nuestros sentimientos morales.

Que el cortesano diligente sea con frecuencia más favorecido que el servidor fiel y activo; que la asistencia constante y la adulación resulten ser caminos más cortos y seguros hacia el ascenso que el mérito o el servicio; y que una campaña en Versalles o en St. James sea a menudo más valiosa que dos en Alemania o Flandes, es una queja que hemos escuchado muchas veces de labios de venerables, pero desilusionados veteranos. Pero lo que se considera el mayor reproche a la debilidad de los soberanos terrenales ha sido atribuido, como si fuera un acto de justicia, a la perfección divina. Los deberes de devoción, el culto público y privado a la divinidad, han sido presentados —incluso por hombres virtuosos y capaces— como las únicas virtudes que pueden dar derecho a una recompensa o eximir del castigo en la vida futura. Tal vez eran las virtudes más propias de su condición, y en las que ellos mismos más se destacaban; y todos estamos naturalmente inclinados a sobrevalorar las cualidades que predominan en nuestro propio carácter.

En el discurso que el elocuente y filósofo Massillon pronunció al bendecir los estandartes del regimiento de Catinat, se dirige a los oficiales con las siguientes palabras:

—"Lo más deplorable de su situación, señores, es que, en una vida dura y penosa, donde los servicios y deberes superan a veces la rigurosidad y severidad de los claustros más austeros, ustedes sufren siempre en vano, tanto para la vida futura como, con frecuencia, incluso para esta. ¡Ay! El monje solitario, en su celda, obligado a mortificar la carne y someterla al espíritu, se sostiene con la esperanza de una recompensa segura, y con la secreta unción de esa gracia que suaviza el yugo del Señor. Pero ustedes, en el lecho de muerte, ¿se atreven acaso a presentar ante Él sus fatigas y los duros trabajos diarios de su profesión? ¿Se atreven a pedirle alguna recompensa? Y en todos los esfuerzos que han hecho, en todas las violencias que se han impuesto a sí mismos, ¿qué hay que Él deba atribuir a su cuenta? Sin embargo, los mejores años de su vida han sido sacrificados a su profesión, y diez años de servicio han desgastado más sus cuerpos que toda una vida de penitencia y mortificación. ¡Ay, hermano mío! Un solo día de esos sufrimientos, consagrado al Señor, habría podido obtenerte la felicidad eterna. Una sola acción, dolorosa para la naturaleza y ofrecida a Él, habría podido asegurarte la herencia de los santos. Y todo esto lo has hecho... en vano, para este mundo."

Comparar así las mortificaciones inútiles del claustro con las nobles dificultades y riesgos de la guerra; suponer que un solo día, o incluso una sola hora, dedicada a aquellas, pueda tener a los ojos del gran Juez del mundo más mérito que toda una vida honrada dedicada a estas últimas, es sin duda contrario a todos nuestros sentimientos morales; a todos los principios que la naturaleza nos ha enseñado a seguir para regular nuestro desprecio o admiración. Sin embargo, este espíritu, que ha reservado los cielos a los monjes y frailes, o a quienes han vivido y hablado como ellos, ha condenado al infierno a todos los héroes, estadistas y legisladores; a todos los poetas y filósofos de la antigüedad; a todos los que han inventado, perfeccionado o destacado en las artes que contribuyen a la subsistencia, la comodidad o el ornamento de la vida humana; a todos los grandes protectores, instructores y benefactores de la humanidad; a todos aquellos a quienes nuestro sentido natural de lo digno de elogio nos impulsa a atribuir el mayor mérito y la virtud más elevada.

¿Podemos sorprendernos de que una aplicación tan extraña de esta doctrina —por lo demás tan respetable— la haya expuesto, en ocasiones, al desprecio y la burla? Al menos, entre quienes no tenían, quizás, gran inclinación ni afinidad por las virtudes devotas y contemplativas[6].

CAPÍTULO III: SOBRE LA INFLUENCIA Y LA AUTORIDAD DE LA CONCIENCIA

Aunque la aprobación de la propia conciencia difícilmente puede, en ciertas ocasiones extraordinarias, satisfacer la debilidad humana; aunque el testimonio del supuesto espectador imparcial —el gran habitante del pecho— no siempre basta por sí solo para sostenernos, la influencia y autoridad de este principio es, en todo momento, considerable. Solo mediante la consulta a este juez interior podemos ver lo que nos concierne con su forma y proporciones reales, o hacer una comparación adecuada entre nuestros intereses y los de los demás.

Así como, para el ojo físico, los objetos parecen grandes o pequeños no tanto por sus dimensiones reales como por la cercanía o lejanía en que se encuentran, del mismo modo ocurre con lo que podríamos llamar el ojo natural de la mente. Y corregimos los defectos de ambos órganos de manera bastante similar. Desde mi situación actual, un inmenso paisaje de prados, bosques y montañas lejanas parece no ocupar más que el pequeño marco de la ventana junto a la que escribo, y resulta desproporcionadamente menor que la habitación en la que me encuentro. No puedo comparar adecuadamente estos grandes objetos con los pequeños que me rodean sino trasladándome, al menos en la imaginación, a otro punto de vista desde el cual pueda contemplarlos a distancias más o menos iguales, y así juzgar sus proporciones reales. La costumbre y la experiencia me han enseñado a hacerlo con tanta facilidad y naturalidad que apenas soy consciente de ello; y es necesario cierto conocimiento de la filosofía de la visión para comprender plenamente cuán pequeños parecerían esos objetos lejanos al ojo si la imaginación, basándose en el conocimiento de sus verdaderas dimensiones, no los ampliara.

Del mismo modo, para las pasiones egoístas y originarias de la naturaleza humana, la pérdida o ganancia de un interés personal por mínimo que sea parece de una importancia desmesurada; provoca una alegría o tristeza mucho más intensa, un deseo o rechazo mucho más vehemente, que el asunto más grave de otra persona con la que no tenemos ningún vínculo particular. Sus

---

[6] Véase Voltaire:
> *Vous y grillez sage et docte Platón,*
> *Divin Homere, eloquente Ciceron, etc.*

intereses, mientras los observamos desde su propia posición, jamás pueden equipararse a los nuestros ni impedirnos hacer lo que consideremos ventajoso para nosotros, por más perjudicial que sea para él. Antes de poder comparar debidamente esos intereses opuestos, debemos cambiar de perspectiva. Debemos contemplarlos, no desde nuestro lugar ni desde el suyo, ni con nuestros ojos ni con los suyos, sino desde la posición y con los ojos de un tercero, sin vínculo con ninguno de los dos y capaz de juzgar con imparcialidad. También aquí, la costumbre y la experiencia nos han enseñado a hacerlo con tanta naturalidad que apenas lo advertimos; y también en este caso se requiere cierta reflexión —incluso algo de filosofía— para convencernos de cuán poco nos importarían las grandes preocupaciones de nuestro prójimo, cuán escasamente nos afectarían los asuntos que le conciernen, si el sentido de lo justo y lo apropiado no corrigiera la desigualdad natural de nuestros sentimientos.

Supongamos que el gran imperio de China, con sus innumerables habitantes, fuera repentinamente tragado por un terremoto. Consideremos cómo reaccionaría un hombre compasivo en Europa, sin ningún vínculo con esa parte del mundo, al recibir la noticia de tan terrible catástrofe. Imagino que, ante todo, expresaría con fuerza su pesar por la desgracia de aquel desafortunado pueblo, haría profundas reflexiones sobre lo precaria que es la vida humana y la vanidad de todos los esfuerzos del hombre, que pueden ser aniquilados en un instante. Quizás, si se tratara de un hombre reflexivo, formularía diversas conjeturas sobre los efectos que ese desastre podría tener en el comercio europeo y en los negocios del mundo en general. Pero una vez concluidas todas esas elucubraciones, una vez expresados todos esos sentimientos humanitarios, retomaría su trabajo o su entretenimiento, descansaría o se distraería con la misma tranquilidad que si nada hubiese ocurrido. La más insignificante desgracia personal le causaría una perturbación más real. Si supiera que mañana perderá su dedo meñique, probablemente no dormiría esta noche; pero, mientras no haya visto a aquellas personas, contemplará con absoluta serenidad la ruina de cien millones de sus semejantes, como si la destrucción de esa inmensa multitud fuera un asunto menos importante que su trivial infortunio. ¿Estaría dispuesto, entonces, un hombre compasivo a sacrificar las vidas de cien millones de personas, a quienes jamás ha visto, con tal de evitar la pérdida de su pequeño dedo? La naturaleza humana se estremece de horror ante esa idea, y ni siquiera el mundo más depravado ha producido jamás a un villano capaz de concebir tal pensamiento. Pero ¿qué marca esta diferencia? Si nuestras emociones pasivas suelen ser tan egoístas y mezquinas, ¿cómo es que nuestros principios activos pueden ser tan generosos y nobles? Si lo que nos concierne nos afecta siempre mucho más profundamente que lo que afecta a los demás, ¿qué nos impulsa —a los generosos en toda ocasión, y a los mezquinos en muchas— a sacrificar nuestros intereses por los intereses superiores de otros?

No es la suave fuerza de la humanidad, ni esa débil chispa de benevolencia que la naturaleza ha encendido en el corazón humano, la que puede contrarrestar los poderosos impulsos del amor propio. Es una fuerza más firme, un motivo más poderoso, el que se manifiesta en tales circunstancias. Es la razón, el principio, la conciencia, el habitante del pecho, el hombre interior, el gran juez y árbitro de nuestra conducta. Es él quien, cada vez que estamos por actuar de manera que afecte la felicidad de otros, nos recuerda con una voz capaz de impresionar a nuestras pasiones más atrevidas, que no somos más que uno entre muchos, sin mérito superior al de los demás; y que, al preferirnos a nosotros mismos de forma tan ciega y vergonzosa, nos volvemos merecedores de resentimiento, desprecio y condena. Solo de él aprendemos la verdadera pequeñez de nuestro ser y de todo lo que nos concierne, y únicamente el ojo de este espectador imparcial puede corregir las distorsiones del amor propio. Es él quien nos muestra lo apropiado de la generosidad y la vileza de la injusticia; lo adecuado de renunciar a nuestros mayores intereses por los aún mayores intereses de otros; y lo indigno de causar el menor daño a otro para obtener el mayor beneficio para nosotros. No es el amor al prójimo, ni el amor a la humanidad lo que, en muchas ocasiones, nos impulsa a practicar esas virtudes sublimes. Es un amor más elevado, una afección más poderosa: el amor por lo honorable y noble, por la grandeza, la dignidad y la superioridad de nuestro propio carácter.

Cuando la felicidad o la desdicha de otros depende, en algún grado, de nuestra conducta, no nos atrevemos —como el amor propio podría sugerirnos— a anteponer el interés de uno solo al de muchos. El hombre interior nos interpela de inmediato, advirtiéndonos que nos valoramos en exceso a nosotros mismos y demasiado poco a los demás, y que, al hacerlo, nos volvemos objeto legítimo del desprecio y la indignación de nuestros semejantes. Este sentimiento no es exclusivo de hombres excepcionalmente magnánimos o virtuosos. Está profundamente arraigado incluso en cualquier soldado medianamente honorable, quien sabe que se convertiría en la burla de sus compañeros si se sospechara que es capaz de rehuir el peligro o de vacilar al exponer o sacrificar su vida cuando el bien del servicio lo exige.

Ningún individuo debe anteponerse tanto a otro, ni siquiera a uno solo, como para causarle daño con el fin de obtener un beneficio propio, aunque dicho beneficio fuese mucho mayor que el perjuicio infligido. El pobre no debe engañar ni robar al rico, aunque lo obtenido le fuera inmensamente útil y la pérdida resultara apenas molesta para el otro. También en este caso, el hombre interior lo reprende, recordándole que no es mejor que su prójimo y que, al preferirse injustamente, se hace merecedor del desprecio y la indignación de la humanidad, así como del castigo que estos sentimientos naturalmente incitan, por haber violado una de esas reglas sagradas de cuya observancia depende la seguridad y paz de la sociedad. No hay persona comúnmente honesta que no tema más la vergüenza interior de una acción semejante —la mancha imborrable que dejaría en su conciencia— que la peor calamidad externa que pudiera sufrir sin culpa propia. Y no hay quien no sienta, aunque sea en su fuero interno, la verdad de aquella gran máxima estoica: que, para un hombre, despojar injustamente a otro de algo, o procurar su propio beneficio mediante la pérdida o el perjuicio ajeno, es más contrario a la naturaleza que la muerte, la pobreza, el dolor o cualquier otra desgracia que pueda afectarlo, ya sea en su cuerpo o en sus circunstancias externas.

Cuando, en cambio, la felicidad o la desdicha de otros no depende en absoluto de nuestra conducta, cuando nuestros intereses están completamente separados y desligados de los suyos, sin vínculo ni competencia entre ellos, no siempre creemos necesario refrenar nuestra natural —y tal vez impropia— preocupación por nuestros propios asuntos, ni nuestra natural —y acaso igualmente impropia— indiferencia por los ajenos. La educación más común nos enseña a actuar, en todas las ocasiones importantes, con cierto grado de imparcialidad entre nosotros y los demás; e incluso el trato habitual con el mundo puede ajustar nuestros principios activos a cierto nivel de corrección. Pero solo la educación más refinada y deliberada, se ha dicho, puede corregir las desigualdades de nuestros sentimientos pasivos; y para ello, se pretende, debemos recurrir a la filosofía más rigurosa y profunda.

Dos corrientes filosóficas han intentado enseñarnos esta lección, la más ardua de todas en la moral. Una ha buscado aumentar nuestra sensibilidad hacia los intereses ajenos; la otra, disminuir la que sentimos hacia los propios. La primera quiere que sintamos por los demás como naturalmente sentimos por nosotros mismos. La segunda, que sintamos por nosotros mismos como naturalmente sentimos por los demás. Ambas, quizás, han llevado sus doctrinas más allá de lo que la naturaleza y la sensatez permiten.

Los primeros son esos moralistas melancólicos y quejosos, que no cesan de reprocharnos nuestra felicidad mientras tantos de nuestros semejantes sufren miserias[7]. Consideran casi impía la alegría natural de la prosperidad cuando no se detiene a pensar en los muchos desgraciados que, en cada instante, padecen toda clase de calamidades: la languidez de la pobreza, la agonía de la enfermedad, los horrores de la muerte, los insultos y la opresión de sus enemigos. Según ellos, la compasión por esas miserias —aunque no las hayamos visto ni oído— y cuya existencia en grandes cantidades debemos dar por cierta, debería empañar los placeres de los afortunados y volver habitual una melancólica tristeza en todos los hombres.

---

[7] Véase *Seasons*, "Winter", de Thomson: *"¡Ah, cuán poco imaginan los orgullosos, licenciosos y alegres...!"*, y también a Pascal, quien reflexiona en términos similares sobre la insensibilidad del ser humano ante el sufrimiento ajeno

Pero, en primer lugar, esta simpatía extrema por infortunios que desconocemos resulta del todo absurda e irracional. Si se toma el mundo entero como promedio, por cada hombre que sufre dolor o miseria, encontraremos veinte que viven en prosperidad o, al menos, en circunstancias tolerables. No hay razón alguna por la cual debamos más bien llorar con el uno que alegrarnos con los veinte. Además, esa compasión artificial no solo es absurda, sino que parece del todo inalcanzable; y quienes intentan aparentar tal disposición suelen mostrar, más que un sentimiento real, una tristeza fingida y afectada, que no alcanza el corazón y que solo consigue tornar su semblante y conversación innecesariamente lúgubres y desagradables. Por último, incluso si tal disposición pudiera alcanzarse, sería completamente inútil, y solo serviría para volver miserable a quien la posea. Cualquier interés que tomemos en la suerte de quienes no conocemos, con quienes no tenemos vínculo alguno y que están completamente fuera del alcance de nuestra acción, solo puede producir ansiedad en nosotros, sin beneficio alguno para ellos. ¿De qué serviría preocuparnos por el mundo en la luna? Todos los hombres, incluso los más distantes, sin duda merecen nuestros buenos deseos, y naturalmente se los otorgamos. Pero si, a pesar de ello, sufren infortunios, angustiarnos por ello no parece formar parte de nuestro deber. Que nos interese poco el destino de quienes no podemos ayudar ni perjudicar, y que en todos los sentidos están tan alejados de nosotros, parece una sabia disposición de la Naturaleza; y aunque pudiéramos alterar esta constitución original de nuestro ser, no ganaríamos nada con el cambio.

Nunca se nos reprocha por sentir poca empatía ante la alegría del éxito. Siempre que la envidia no interfiera, nuestra inclinación hacia la prosperidad tiende más bien a ser excesiva. Los mismos moralistas que nos culpan por no tener suficiente compasión hacia los desgraciados, nos reprochan también la ligereza con la que admiramos —y casi veneramos— a los afortunados, poderosos y ricos.

Entre los moralistas que intentan corregir la desigualdad natural de nuestros sentimientos pasivos reduciendo nuestra sensibilidad hacia lo que nos afecta directamente, podemos incluir a todas las antiguas escuelas filosóficas; pero en particular, a los estoicos. Según los estoicos, el ser humano no debe considerarse como algo separado y aislado, sino como un ciudadano del mundo, un miembro de la gran comunidad de la naturaleza. En todo momento debe estar dispuesto a sacrificar su pequeño interés personal en favor del bienestar de esa vasta comunidad. Lo que le concierne personalmente no debería afectarle más que aquello que concierne a cualquier otra parte igualmente significativa de ese inmenso sistema. Deberíamos vernos a nosotros mismos no desde la perspectiva que nos imponen nuestras pasiones egoístas, sino desde la mirada que nos dirigiría cualquier otro ciudadano del mundo. Lo que nos sucede a nosotros deberíamos considerarlo como si le ocurriera a nuestro prójimo, o, lo que es lo mismo, como nuestro prójimo considera lo que nos ocurre.

"Cuando a nuestro vecino se le muere la esposa o el hijo —dice Epicteto—, todos reconocen que se trata de una calamidad humana, un hecho natural, propio del curso ordinario de las cosas; pero cuando nos ocurre a nosotros, gritamos como si hubiéramos sufrido la peor de las desgracias. Deberíamos recordar cómo nos sentimos cuando esta desgracia le sucedió a otro, y así como actuamos entonces, así deberíamos actuar ahora."

Las desgracias privadas que nos llevan a exceder los límites de la moderación son de dos tipos. Algunas nos afectan de forma indirecta, a través del sufrimiento de personas que nos son especialmente queridas, como nuestros padres, hijos, hermanos o amigos íntimos. Otras nos afectan directamente, ya sea en nuestro cuerpo, en nuestra situación económica o en nuestra reputación: el dolor, la enfermedad, la cercanía de la muerte, la pobreza, la deshonra, etc.

En las desgracias del primer tipo, nuestras emociones pueden, sin duda, ir mucho más allá de lo que la prudencia permite; pero también pueden quedarse cortas, como sucede con frecuencia. El hombre que no sintiera más por la muerte o el sufrimiento de su propio padre o hijo que por los de cualquier otro, no parecería un buen hijo ni padre. Tal indiferencia antinatural, lejos de provocarnos admiración, despertaría nuestro mayor rechazo.

De entre esas afecciones domésticas, algunas tienden más a pecar por exceso y otras por defecto. La naturaleza, con una sabiduría profunda, ha hecho que en la mayoría de los hombres —quizás en todos— el afecto de los padres hacia los hijos sea mucho más fuerte que la piedad filial. La continuidad y la preservación de la especie dependen por completo de lo primero, no de lo segundo. En condiciones normales, la existencia y supervivencia del hijo dependen totalmente del cuidado de los padres, mientras que la vida de los padres rara vez depende de los hijos. Por ello, la naturaleza ha hecho que el amor parental sea tan fuerte que, por lo general, no necesita ser estimulado, sino moderado. Los moralistas rara vez buscan enseñarnos a cultivar ese afecto, sino más bien a contenerlo: a limitar la excesiva ternura, el apego desmedido y la preferencia injusta que solemos tener hacia nuestros propios hijos frente a los de los demás.

En cambio, nos exhortan a prestar atención afectuosa a nuestros padres y a retribuirles en su vejez el cariño que nos brindaron durante nuestra infancia y juventud. En el Decálogo se nos ordena honrar a nuestros padres; no se menciona el amor hacia nuestros hijos. La naturaleza ya nos había preparado suficientemente para cumplir este último deber. Rara vez se acusa a alguien de fingir ser más afectuoso con sus hijos de lo que realmente es. En cambio, en ocasiones se sospecha que algunos exageran su piedad filial con ostentación. Por razones similares, también se ha dudado de la sinceridad del dolor que muestran algunas viudas. De hecho, deberíamos respetar —si pudiéramos creerlo sincero— incluso el exceso de esas afecciones; y aunque no lo aprobáramos por completo, no deberíamos condenarlo con severidad. El solo hecho de que se finja ese afecto demuestra que, al menos a los ojos de quien lo finge, parece digno de elogio.

Incluso el exceso de esas afecciones amables que más fácilmente pecan por exceso, aunque pueda parecer censurable, nunca resulta odioso. Reprobamos la ternura o la ansiedad excesiva de un padre, como algo que quizá termine perjudicando al hijo, y que, mientras tanto, es abrumadoramente molesto para el propio padre; pero lo perdonamos con facilidad y nunca lo vemos con odio o repulsión. En cambio, la falta de ese afecto, que normalmente es abundante, siempre nos parece especialmente detestable. El hombre que no muestra ningún afecto hacia sus propios hijos, y que los trata constantemente con dureza y severidad injustificada, parece la más repugnante de todas las bestias.

El sentido de lo apropiado, lejos de exigirnos erradicar por completo esa sensibilidad extraordinaria que sentimos naturalmente por las desgracias de nuestros vínculos más cercanos, se ofende mucho más por su ausencia que por su exceso. La apatía estoica, en tales casos, nunca resulta aceptable, y todos los sofismas metafísicos que la sustentan difícilmente sirven para algo más que para inflar la insensibilidad de un pedante hasta volverla diez veces más impertinente de lo que ya era.

Los poetas y novelistas, que mejor representan los refinamientos y las delicadezas del amor, la amistad y las demás afecciones privadas y familiares —como Racine y Voltaire, Richardson, Marivaux y Riccoboni—, son, en estos casos, mucho mejores maestros que Zenón, Crisipo o Epicteto.

Esa sensibilidad moderada ante las desgracias ajenas, que no nos incapacita para el cumplimiento de nuestros deberes —el recuerdo melancólico y afectuoso de los amigos que han partido, esa punzada de tristeza secreta, como dice Gray— no son sensaciones desagradables en sí mismas. Aunque externamente adoptan los rasgos del dolor y la pena, en su interior están marcadas por el noble sello de la virtud y de la aprobación propia.

Muy distinto es el caso de las desgracias que nos afectan de manera inmediata y directa, ya sea en nuestro cuerpo, en nuestra fortuna o en nuestra reputación. En estos casos, el sentido de lo apropiado se ofende con mayor facilidad por el exceso que por la falta de sensibilidad, y hay muy pocas situaciones en las que podamos acercarnos demasiado a la apatía estoica sin ser aprobados por ello.

Ya hemos observado que sentimos poca empatía hacia las pasiones que tienen su origen en el cuerpo. El dolor causado por una causa evidente, como un corte o una herida, es quizás la aflicción corporal que más fácilmente despierta la simpatía del espectador. La cercanía de la muerte de un vecino también suele conmovernos notablemente. Sin embargo, en ambos casos, lo que siente el espectador es tan inferior a lo que experimenta la persona afectada, que esta difícilmente podrá ofenderlo por parecer soportar el sufrimiento con demasiada facilidad.

La simple carencia de bienes, la pobreza en sí misma, despierta escasa compasión. Las quejas del pobre suelen provocar más desprecio que empatía. Despreciamos al mendigo y, aunque sus insistencias puedan arrancarnos una limosna, rara vez es objeto de una verdadera compasión. La caída de la riqueza a la pobreza, en cambio, como suele causar una aflicción profunda al que la sufre, casi siempre despierta en los demás una sincera conmiseración. Aunque en el estado actual de la sociedad esta desgracia rara vez ocurre sin alguna falta —y, generalmente, una falta considerable— del propio afectado, se le compadece tanto que casi nunca se le permite caer en la miseria absoluta. Gracias a sus amigos, y con frecuencia a la indulgencia de los mismos acreedores que podrían tener motivos para quejarse de su imprudencia, suele mantenerse en un grado aceptable de medianía, aunque modesta. A quienes sufren tales infortunios, podríamos fácilmente perdonarles cierta debilidad; sin embargo, quienes afrontan su nueva situación con mayor entereza, quienes se adaptan con naturalidad, quienes no muestran humillación alguna por el cambio, y hacen descansar su lugar en la sociedad no en su fortuna sino en su carácter y conducta, son siempre los más admirados y ganan nuestra estima más profunda y afectuosa.

De todas las desgracias externas que pueden afectar de manera directa e inmediata a una persona inocente, la pérdida inmerecida de la reputación es, sin duda, la más grave. Por ello, un grado considerable de sensibilidad ante cualquier cosa que pudiera acarrear tan gran calamidad no suele parecer impropio ni censurable. A menudo apreciamos más a un joven cuando reacciona, incluso con cierta vehemencia, ante una acusación injusta contra su carácter u honor. El sufrimiento de una joven inocente, provocado por rumores infundados sobre su conducta, nos parece con frecuencia enteramente digno de estima. Las personas mayores, cuya experiencia con la necedad y la injusticia del mundo les ha enseñado a no otorgar mayor importancia ni a sus elogios ni a sus críticas, suelen despreciar la calumnia y no consideran digno responder con resentimiento a sus autores. Esta indiferencia, basada en una firme confianza en un carácter probado y consolidado, resultaría poco apropiada en los jóvenes, quienes no pueden ni deben tener tal seguridad. En ellos, esa insensibilidad podría presagiar una futura indiferencia hacia el verdadero honor y la verdadera infamia.

En todas las demás desgracias privadas que nos afectan de manera inmediata y directa, rara vez se nos reprocha el mostrar poca afectación. Con frecuencia, recordamos con agrado y satisfacción nuestra sensibilidad ante los sufrimientos ajenos; pero rara vez recordamos la sensibilidad hacia nuestras propias penas sin sentir cierta vergüenza o humillación.

141

Si examinamos los distintos grados de debilidad y autocontrol que observamos en la vida cotidiana, nos será fácil convencernos de que este dominio de nuestros sentimientos pasivos no se adquiere mediante silogismos oscuros ni razonamientos enredados, sino a través de la gran disciplina que la naturaleza ha dispuesto para el cultivo de esta y de todas las demás virtudes: la atención a los sentimientos del espectador real o imaginado de nuestra conducta.

Un niño muy pequeño no posee autocontrol; cualquiera que sea su emoción —miedo, tristeza o enojo—, intenta siempre, con gritos intensos, captar la atención de su nodriza o sus padres. Mientras se encuentra bajo el cuidado de estos protectores parciales, su enojo es, tal vez, la primera y única pasión que aprende a moderar. Por su propio bienestar, los adultos suelen estar obligados a intimidarlo mediante amenazas o ruidos para mantenerlo en buen estado de ánimo. Así, la pasión que lo impulsa a atacar es refrenada por otra que le enseña a cuidar de sí mismo. Cuando es lo suficientemente mayor como para asistir a la escuela o relacionarse con sus iguales, pronto descubre que ellos no muestran el mismo afecto indulgente. Naturalmente desea ganar su aprecio y evitar su odio o desprecio. Incluso su instinto de autoprotección lo lleva a buscar ese favor, y pronto se da cuenta de que solo podrá lograrlo si modera no solo su ira, sino también todas sus otras pasiones, en el grado que sus compañeros puedan considerar aceptable. Así, ingresa en la gran escuela del autocontrol; comienza a esforzarse por dominarse, y empieza a ejercitar sobre sus emociones una disciplina que, incluso con la práctica de toda una vida, raramente se logra perfeccionar por completo.

En todas las desgracias privadas —en el dolor, la enfermedad, la tristeza— , incluso el hombre más débil, cuando es visitado por un amigo, y más aún por un desconocido, queda de inmediato afectado por la imagen que ellos probablemente tendrán de su situación. Esa mirada ajena desvía su atención de su propia percepción, y su ánimo se serena en cierta medida tan pronto como los tiene delante. Este efecto se produce de forma inmediata, casi mecánica; pero, en una persona débil, no dura mucho. Su visión personal del sufrimiento pronto regresa; se abandona nuevamente a los suspiros, las lágrimas y los lamentos, y, como un niño que aún no ha ido a la escuela, intenta lograr cierta armonía entre su dolor y la compasión del espectador, no moderando el primero, sino insistiendo en despertar la segunda.

En un hombre de carácter algo más firme, el efecto es más duradero. Intenta enfocar su atención en la forma en que sus visitantes probablemente perciben su situación. Siente, al mismo tiempo, la estima y aprobación que ellos experimentan al verlo conservar la calma; y aunque esté bajo el peso de una desgracia reciente y grave, aparenta sentir por sí mismo solo lo que ellos realmente sienten por él. Se aprueba y se admira a sí mismo por simpatía con su aprobación, y el placer que obtiene de ese sentimiento lo sostiene y le permite continuar más fácilmente con ese esfuerzo generoso. En la mayoría de los casos, evita mencionar su desgracia; y sus visitantes, si tienen una educación razonable, cuidan de no tocar el tema. Él intenta entretenerlos, como de costumbre, con temas indiferentes; o, si se siente lo bastante fuerte para referirse a su infortunio, procura hablar de él como cree que ellos lo harían, y sentirlo solo en la medida en que ellos son capaces de sentirlo. Sin embargo, si no ha sido entrenado en la rigurosa disciplina del autocontrol, pronto se fatiga de esa contención. Una visita prolongada lo agota, y hacia el final de esta corre el riesgo —riesgo que se vuelve certeza apenas se queda solo— de entregarse por completo a su dolor desbordado.

Las normas modernas de cortesía, que son bastante indulgentes con la debilidad humana, prohíben durante un tiempo las visitas de extraños a personas que atraviesan grandes penas familiares, y permiten únicamente las de parientes cercanos y amigos íntimos. Se considera que la presencia de estos últimos impone menos restricciones que la de los primeros; y que los afligidos pueden adaptarse más fácilmente a los sentimientos de quienes, con razón, esperan una simpatía más indulgente. Los enemigos ocultos —aquellos que creen no ser reconocidos como tales— suelen mostrarse muy ansiosos por realizar estas visitas caritativas tan pronto como los amigos más cercanos. El hombre más débil del mundo, en ese caso, procura sostener un semblante firme, y por puro desprecio e indignación hacia su malicia, se esfuerza por comportarse con la mayor alegría y naturalidad posibles.

El hombre verdaderamente constante y firme, el sabio y justo que ha sido plenamente formado en la gran escuela del dominio de sí mismo —en medio del bullicio y la actividad del mundo, expuesto, quizás, a la violencia e injusticia de las facciones y a las penurias y peligros de la guerra— mantiene ese control sobre sus emociones en toda circunstancia. Ya sea en soledad o en sociedad, conserva casi el mismo semblante y es afectado de manera casi idéntica. En el éxito o en la decepción, en la prosperidad o en la adversidad, ante amigos o enemigos, ha debido sostener, una y otra vez, esa compostura. Jamás ha osado olvidar, ni por un instante, el juicio que emitiría el espectador imparcial sobre sus sentimientos y su conducta. Nunca ha permitido que el "hombre interior" —ese juez moral en su pecho— se ausente siquiera un momento de su conciencia. Con los ojos de este gran observador ha aprendido a mirar todo lo que lo concierne. Esta práctica se ha vuelto completamente natural para él: ha estado en la constante costumbre, e incluso bajo la necesidad constante, de moldear —o al menos intentar moldear— no solo su conducta externa y su comportamiento, sino también, en la medida de lo posible, sus propios sentimientos y pensamientos, conforme a los de ese juez imponente y respetable. No finge simplemente los sentimientos del espectador imparcial; los adopta sinceramente. Casi se identifica con él, casi se convierte en ese espectador imparcial, y apenas experimenta otra emoción que la que este gran árbitro de su conducta le indica sentir.

El grado de aprobación propia con que un hombre contempla su conducta en tales circunstancias depende directamente del grado de dominio de sí mismo que haya sido necesario para merecer esa aprobación. Donde se requiere poco autocontrol, se obtiene escasa autoaprobación. El hombre que solo se ha hecho un pequeño corte en el dedo no puede felicitarse mucho, aunque inmediatamente parezca haber olvidado esa insignificante desgracia. En cambio, quien ha perdido una pierna por el disparo de un cañón y, acto seguido, habla y actúa con su habitual calma y serenidad, al ejercer un grado mucho mayor de dominio de sí, naturalmente siente una aprobación propia mucho más elevada. La mayoría de los hombres, ante un accidente así, se verían abrumados por la intensidad y viveza con que su propia visión del infortunio se impondría a su conciencia, anulando toda otra perspectiva. No sentirían nada más; no podrían atender a otra cosa que a su propio dolor y miedo. No solo el juicio del hombre ideal en su interior, sino incluso el de los espectadores reales que pudieran estar presentes, sería completamente ignorado.

La recompensa que la Naturaleza otorga a una buena conducta frente a la adversidad está en proporción exacta al grado de dicha conducta. La única compensación que puede ofrecer frente al sufrimiento y el dolor es, por tanto, proporcional, en igual medida, al grado de esa conducta virtuosa. A mayor dominio de sí mismo para vencer la sensibilidad natural, mayor es el placer y el orgullo de haberlo logrado; y este placer y orgullo son tan intensos que nadie puede sentirse completamente desdichado si los experimenta plenamente. La miseria y el abatimiento no pueden penetrar en un pecho que goza de completa satisfacción consigo mismo; y aunque tal vez sea exagerado decir, como lo hacían los estoicos, que ante una desgracia como la mencionada, la felicidad del sabio es en todo igual a la que habría experimentado en otras circunstancias, sí debe admitirse al menos que esa satisfacción consigo mismo, aunque no extinga del todo su sufrimiento, sin duda lo alivia considerablemente.

En tales crisis de aflicción —si se me permite llamarlas así—, incluso el hombre más sabio y firme necesita, para conservar su equilibrio, realizar un esfuerzo considerable, e incluso doloroso. Su percepción natural de su situación, su sentimiento instintivo del sufrimiento, lo presionan intensamente, y solo mediante un gran esfuerzo puede enfocar su atención en la perspectiva del espectador imparcial. Ambas visiones se presentan a su mente al mismo tiempo. Su sentido del honor y su aprecio por la dignidad le indican que debe concentrarse por completo en una de ellas; pero sus sentimientos naturales, no instruidos ni disciplinados, lo arrastran constantemente hacia la otra. En este caso, no se identifica por completo con el hombre ideal en su pecho; no se convierte en el espectador imparcial de su propia conducta. Las diferentes perspectivas de ambos personajes coexisten en su mente, separadas y distintas, y cada una lo impulsa a una conducta diferente de la que le sugiere la otra. Cuando sigue la perspectiva que le dictan el honor y la dignidad, la Naturaleza no lo deja sin recompensa. Disfruta de la aprobación plena de su conciencia y del aplauso de todo espectador sincero e imparcial. Sin embargo, por sus leyes inmutables, sigue sufriendo; y la recompensa que recibe, aunque significativa, no basta para compensar del todo el sufrimiento que dichas leyes le imponen. Tampoco sería correcto que así fuera. Si esa recompensa lo compensara completamente, ya no tendría motivo, por interés propio, para evitar un accidente que inevitablemente disminuiría su utilidad tanto para sí mismo como para la sociedad; y la Naturaleza, en su cuidado por ambos, quiso que evitara con empeño tales desgracias. Por ello sufre; y aunque en medio del doloroso trance mantiene no solo la compostura en su semblante, sino también la lucidez y sobriedad de juicio, necesita desplegar su máximo esfuerzo, agotador y sostenido, para lograrlo.

Sin embargo, por la propia constitución de la naturaleza humana, el dolor intenso no puede ser permanente; y si el individuo sobrevive al paroxismo, pronto vuelve, sin esfuerzo, a disfrutar de su tranquilidad habitual. Un hombre con una pierna de madera sufre, sin duda, y sabe que deberá soportar ese inconveniente el resto de su vida. No obstante, pronto llega a percibirlo tal como lo haría cualquier espectador imparcial: como una incomodidad bajo la cual puede disfrutar de todos los placeres ordinarios, tanto en soledad como en sociedad. Rápidamente se identifica con el hombre ideal en su interior; pronto se convierte él mismo en el espectador imparcial de su propia situación. Ya no llora, no se lamenta ni se aflige por ello, como podría hacerlo un hombre débil al principio. La perspectiva del espectador imparcial se vuelve tan habitual para él que, sin esfuerzo alguno, ya no contempla su desgracia bajo ninguna otra óptica.

La certeza infalible con la que todos los hombres, tarde o temprano, se adaptan a cualquier situación permanente puede llevarnos a pensar que los estoicos, al menos en esto, estaban bastante cerca de la verdad: que entre una situación permanente y otra no existe, en lo que respecta a la verdadera felicidad, una diferencia esencial. O que, si la hay, no es más que la suficiente para hacer que algunas de ellas sean objeto de simple preferencia, pero no de un deseo intenso o angustiado; y otras, de simple rechazo, como algo que conviene evitar, pero no de una aversión vehemente. La felicidad consiste en tranquilidad y disfrute. Sin tranquilidad, no puede haber disfrute; y donde hay tranquilidad perfecta, casi cualquier cosa puede resultar entretenida. En toda situación permanente, cuando no hay expectativa de cambio, la mente humana, en mayor o menor tiempo, vuelve a su estado natural y habitual de serenidad. En la prosperidad, con el tiempo, desciende a ese estado; en la adversidad, con el tiempo, se eleva hasta él. En el encierro y la soledad de la Bastilla, tras un periodo, el frívolo y mundano conde de Lauzun recuperó suficiente tranquilidad como para entretenerse alimentando una araña. Una mente mejor cultivada, quizás, habría recobrado antes su serenidad y habría encontrado, en sus propios pensamientos, un pasatiempo más digno.

La gran fuente de las miserias y desórdenes de la vida humana parece residir en sobrevalorar la diferencia entre una situación permanente y otra. La avaricia exagera la diferencia entre la pobreza y la riqueza; la ambición, entre la vida privada y la pública; la vanagloria, entre el anonimato y la fama. La persona dominada por alguna de estas pasiones desmesuradas no solo es desdichada en su situación actual, sino que, con frecuencia, está dispuesta a perturbar la paz de la sociedad para alcanzar aquello que admira tan neciamente. No obstante, la más leve observación bastaría para convencerla de que, en todas las situaciones ordinarias de la vida humana, una mente bien dispuesta puede ser igualmente serena, alegre y satisfecha. Algunas de esas situaciones pueden, sin duda, merecer ser preferidas a otras; pero ninguna merece ser perseguida con tal fervor que nos lleve a violar las reglas de la prudencia o de la justicia, ni a poner en peligro nuestra tranquilidad futura, ya sea por la vergüenza de nuestra imprudencia, o por el remordimiento de nuestra injusticia. Donde la prudencia no guía, donde la justicia no lo permite, intentar cambiar nuestra situación equivale al más desigual de los juegos de azar, en el que se arriesga todo a cambio de casi nada. Lo que el favorito del rey de Epiro dijo a su señor puede aplicarse a cualquier persona en las situaciones comunes de la vida. Cuando el rey le relató, en orden, todas las conquistas que planeaba realizar y llegó al final, el favorito le preguntó: "¿Y qué piensa hacer Su Majestad después de todo eso?"—"Disfrutar con mis amigos", respondió el rey, "y procurar ser buena compañía con una copa de vino". —"¿Y qué le impide hacerlo ahora mismo?", replicó el favorito. Incluso en la situación más brillante y elevada que nuestra fantasía pueda imaginar, los placeres de los que esperamos obtener nuestra verdadera felicidad son casi siempre los mismos que ya tenemos a nuestro alcance, incluso en una condición humilde. Exceptuando los placeres frívolos de la vanidad y la superioridad, en una posición modesta —si hay libertad personal— podemos encontrar todos los demás que las condiciones más altas pueden ofrecer; y los placeres de la vanidad y la superioridad rara vez son compatibles con la tranquilidad perfecta, que es el principio y fundamento de todo gozo real y duradero. Tampoco es seguro que, en la situación elevada que anhelamos, esos placeres auténticos puedan disfrutarse con la misma seguridad que en la humilde que tanto deseamos abandonar. Examina los registros de la historia, recuerda lo que has visto en tu propia experiencia, considera con atención la conducta de casi todos los grandes desdichados —en la vida pública o privada— que hayas leído, oído o recordado, y verás que la mayoría de sus desgracias surgieron de no saber cuándo estaban bien, cuándo era el momento de quedarse quietos y estar contentos. La inscripción en la lápida de aquel hombre que intentó mejorar una salud aceptable tomando medicamentos —"Estaba bien, quise estar mejor; aquí estoy"— puede aplicarse con mucha justicia a los tormentos de la avaricia y la ambición frustradas.

Puede parecer una observación peculiar, pero considero que es certera: en las desgracias que admiten algún remedio, la mayoría de los hombres no recuperan su tranquilidad natural con la misma rapidez o certeza que en aquellas que evidentemente no tienen solución. En estas últimas, es sobre todo durante el primer impacto, o paroxismo, que se nota una diferencia apreciable entre los sentimientos y comportamientos del sabio y los del hombre débil. Con el tiempo, ese gran consolador universal, incluso el hombre más débil alcanza la misma tranquilidad que la dignidad y hombría de ánimo llevan al sabio a adoptar desde el principio. El caso del hombre con la pierna de madera es un ejemplo evidente. En las desgracias irreparables, como la muerte de hijos, amigos o parientes, incluso un hombre sabio puede permitirse cierta tristeza moderada durante un tiempo. Una mujer afectuosa, pero débil, puede, en tales casos, perder casi por completo el control. Sin embargo, con el tiempo —más breve o prolongado— incluso la mujer más débil termina alcanzando la misma tranquilidad que el hombre más fuerte. En toda calamidad irreparable que lo afecte directamente, el hombre sabio procura, desde el principio, anticipar y disfrutar de antemano esa serenidad que sabe que el tiempo, en pocos meses o años, inevitablemente le devolverá.

En cambio, en los infortunios que parecen tener solución, pero cuyo remedio no está al alcance del que los sufre, sus intentos vanos y continuos por recuperar su situación anterior, su ansiedad constante por lograrlo, y sus repetidas decepciones, son lo que principalmente le impide recuperar su tranquilidad natural. Así, un hombre puede vivir toda su vida amargado por una desgracia menor —pero con apariencia de remedio— que no le habría perturbado más de dos semanas si fuera claramente irremediable. En la caída del favor real al desprecio, del poder a la insignificancia, de la riqueza a la pobreza, de la libertad al encierro, de la salud robusta a una enfermedad crónica e incurable, quien menos lucha y acepta con mayor facilidad su nueva condición, recobra más pronto su tranquilidad habitual. Llega a percibir las circunstancias más desagradables de su situación actual del mismo modo —o incluso con menos severidad— que el espectador más indiferente. La facción, la intriga y la conspiración perturban la calma del estadista desafortunado. Los proyectos extravagantes y las quimeras de riquezas interrumpen el sosiego del comerciante arruinado. El prisionero que trama sin cesar su fuga no puede disfrutar de la seguridad que incluso una prisión puede ofrecerle. Los medicamentos del médico son muchas veces el mayor tormento del enfermo incurable. El monje que intentó consolar a Juana de Castilla tras la muerte de su esposo Felipe contándole la leyenda de un rey resucitado catorce años después gracias a las plegarias de su esposa, difícilmente logró devolver la serenidad a la mente perturbada de esa infeliz reina. Ella intentó repetir el mismo experimento, esperanzada en obtener el mismo resultado; resistió por largo tiempo el entierro de su esposo, lo desenterró poco después, lo velaba casi constantemente, y aguardaba, con la impaciente ansiedad de una expectativa delirante, el feliz momento en que sus deseos se vieran cumplidos con la resurrección de su amado Felipe[8].

Nuestra sensibilidad ante los sentimientos de los demás, lejos de ser incompatible con la entereza del dominio de sí mismo, es precisamente el principio sobre el cual esa entereza se funda. El mismo instinto que, ante la desgracia ajena, nos impulsa a compadecernos del dolor del otro, nos impulsa, en nuestras propias desgracias, a contener las quejas miserables y abatidas de nuestro propio sufrimiento. Del mismo modo, el principio que nos lleva, ante la prosperidad de otro, a alegrarnos con su dicha, nos lleva, en nuestra propia prosperidad, a moderar la ligereza y la desmesura de nuestro júbilo. En ambos casos, la corrección de nuestros propios sentimientos parece estar en proporción directa con la intensidad con que participamos y comprendemos los sentimientos ajenos.

El hombre de virtud más perfecta —aquel a quien naturalmente amamos y veneramos con mayor intensidad— es quien une al más completo dominio de sus emociones originales y egoístas, la más fina sensibilidad hacia los sentimientos tanto originales como empáticos de los demás. El hombre que combina todas las virtudes amables, suaves y delicadas, con aquellas grandes, solemnes y respetables, es, sin duda, el objeto más natural y legítimo de nuestro más alto amor y admiración.

La persona más dotada por naturaleza para adquirir ese primer conjunto de virtudes es, necesariamente, también la más capacitada para adquirir el segundo. Quien siente más intensamente las alegrías y penas ajenas, está mejor preparado para alcanzar el más completo dominio de sus propias alegrías y penas. El hombre de humanidad más refinada es, por naturaleza, el más apto para alcanzar el grado más alto de autocontrol. Sin embargo, puede que no lo haya adquirido todavía; y muy a menudo ocurre que no lo ha hecho. Puede haber vivido demasiado tiempo en la comodidad y la tranquilidad. Tal vez nunca haya estado expuesto a la violencia de las facciones, ni a las penurias y peligros de la guerra. Puede que no haya experimentado la insolencia de sus superiores, la envidia maliciosa de sus iguales, ni la injusticia mezquina de sus subordinados. Cuando, ya en la vejez, algún cambio fortuito en su destino lo expone a todo esto, las impresiones que recibe son demasiado intensas. Posee la disposición para alcanzar el dominio de sí mismo, pero nunca ha tenido la oportunidad de desarrollarlo. Le ha faltado ejercicio y práctica; y sin ellos, ningún hábito puede establecerse de manera firme. Las dificultades, los

---

[8] Véase Robertson, Charles V, vol. II, pp. 14 y 15, 1ra ed.

peligros, las ofensas y las desgracias son los únicos maestros bajo los cuales se puede aprender esta virtud. Pero son maestros a los que nadie se somete voluntariamente.

Las circunstancias en que la suave virtud de la humanidad puede cultivarse con mayor éxito no coinciden, en absoluto, con aquellas que mejor forman la severa virtud del dominio propio. El hombre que vive en tranquilidad es quien mejor puede atender al sufrimiento de los demás. El que está expuesto a la adversidad es quien más urgentemente necesita atender y controlar sus propios sentimientos. En la serena luz del retiro filosófico y la calma sin perturbaciones, la virtud delicada de la humanidad florece con plenitud y alcanza su mayor perfección. Pero en tales condiciones, las más nobles expresiones del dominio propio tienen escaso campo de acción. Bajo el cielo tempestuoso de la guerra y la agitación política, en medio del tumulto público y la confusión, prospera la firmeza rigurosa del dominio de sí, y es allí donde puede cultivarse con mayor eficacia. Sin embargo, en estas situaciones, las más intensas expresiones de humanidad deben a menudo ser sofocadas o ignoradas; y cada vez que se las descuida, se debilita inevitablemente el principio mismo de la humanidad. Así como puede ser deber de un soldado no rendirse, también puede serlo el no conceder cuartel. La humanidad de quien ha debido cumplir varias veces con este penoso deber difícilmente puede salir ilesa. Para su propio consuelo, aprende con demasiada facilidad a restar importancia a los males que se ve obligado a causar; y las circunstancias que requieren los actos más nobles de autocontrol —al imponerle la necesidad de violar, en ocasiones, la propiedad o incluso la vida de su prójimo— tienden siempre a debilitar, y con demasiada frecuencia a extinguir por completo, el respeto sagrado por ambos, fundamento de la justicia y la humanidad. Por esta razón, encontramos con frecuencia en el mundo hombres de gran humanidad, pero con escaso dominio de sí mismos; hombres que, aunque tiernos, son indolentes e indecisos, y se desaniman fácilmente ante la dificultad o el peligro, abandonando así las empresas más honorables. Por otro lado, también hallamos hombres de autocontrol perfecto, a quienes nada desalienta ni intimida, siempre listos para las más osadas y desesperadas empresas, pero que parecen insensibles a toda noción de justicia o humanidad.

En soledad, solemos sentir con demasiada intensidad todo lo que nos afecta directamente: tendemos a sobrevalorar los favores que hemos hecho y las ofensas que hemos recibido; nos sentimos excesivamente exultantes por nuestra buena fortuna, y excesivamente abatidos por la mala. La conversación con un amigo nos conduce a un ánimo más equilibrado; la de un desconocido, a uno aún más sereno. El "hombre interior", ese espectador abstracto e ideal de nuestros sentimientos y acciones, necesita a menudo ser despertado y recordado de su deber por la presencia de un espectador real; y es precisamente de aquel que menos simpatía e indulgencia puede ofrecernos de quien más probablemente aprenderemos la lección más completa de autocontrol.

¿Estás en la adversidad? No llores en la oscuridad del aislamiento, ni ajustes tu tristeza al consuelo indulgente de tus amigos íntimos; vuelve, tan pronto como puedas, a la luz del mundo y de la sociedad. Convive con desconocidos, con quienes no saben ni se preocupan por tu desgracia; no evites siquiera la compañía de tus enemigos: obtén el placer de mortificar su alegría maliciosa, haciéndoles sentir cuán poco te afecta tu calamidad, y cuán por encima de ella te encuentras.

¿Estás en la prosperidad? No limites el disfrute de tu buena fortuna al ámbito de tu hogar ni a la compañía de tus amigos, quizás incluso de aduladores, de aquellos que edifican sus esperanzas de mejora sobre tu éxito. Frecuenta a quienes son independientes de ti, que solo pueden valorarte por tu carácter y conducta, y no por tu riqueza. No busques ni rehúyas, no te impongas ni te apartes de la compañía de aquellos que alguna vez fueron tus superiores y que podrían sentirse heridos al encontrarte ahora como su igual, o incluso como su superior. La impertinencia de su orgullo puede, quizás, hacer su compañía desagradable; pero si no es así, ten por seguro que es la mejor compañía que podrías tener. Y si, mediante la sencillez de un comportamiento modesto, logras ganarte su aprecio, puedes estar tranquilo: eres suficientemente humilde y tu fortuna no ha alterado tu juicio.

La corrección de nuestros juicios morales es más proclive a corromperse cuando el espectador indulgente y parcial está cerca, y el indiferente e imparcial se halla lejos.

En cuanto a la conducta de una nación independiente hacia otra, las naciones neutrales son los únicos espectadores verdaderamente imparciales. Pero están tan distantes que casi no se las ve. Cuando dos naciones están en conflicto, el ciudadano de cada una presta escasa atención a las opiniones que puedan tener otras naciones sobre su comportamiento. Su única ambición es obtener la aprobación de sus conciudadanos; y como todos comparten las mismas pasiones hostiles, nunca puede agradarles tanto como cuando irrita y ofende a sus enemigos. El espectador parcial está cerca; el imparcial, muy lejos. Por eso, tanto en la guerra como en la diplomacia, las leyes de la justicia rara vez se respetan. La verdad y el trato justo son casi completamente ignorados. Se violan tratados, y si de ello se obtiene alguna ventaja, tal violación apenas mancha la reputación del infractor. El embajador que engaña al ministro de una nación extranjera es admirado y celebrado. El hombre justo, que rehúsa tanto aprovecharse como perjudicar, y que incluso consideraría menos deshonroso ser engañado que engañar, quien en los asuntos privados sería el más estimado y querido, en estos asuntos públicos es visto como un necio, como alguien que no entiende su oficio, y se gana siempre el desprecio y, a veces, hasta el odio de sus conciudadanos. En la guerra, no solo se violan con frecuencia las llamadas leyes de las naciones sin que ello cause deshonra —al menos entre quienes comparten sus juicios—, sino que muchas de esas leyes se han establecido sin prestar atención a las más evidentes reglas de justicia. Que los inocentes, aunque tengan alguna conexión o dependencia con los culpables (algo que quizás no pueden evitar), no deban por ello sufrir ni ser castigados, es una de las reglas de justicia más claras. Sin embargo, en las guerras más injustas, los verdaderos culpables suelen ser los gobernantes. Los súbditos casi siempre son completamente inocentes. Pero, cuando conviene al enemigo, los bienes de ciudadanos pacíficos son confiscados, sus tierras arrasadas, sus casas incendiadas, y ellos mismos —si osan resistirse— son asesinados o llevados al cautiverio; todo esto en perfecta conformidad con lo que se llama el derecho de gentes.

La animosidad de las facciones hostiles, ya sean civiles o religiosas, suele ser aún más feroz que la de las naciones enemigas, y su conducta, más atroz. Lo que puede llamarse "leyes de la facción" ha sido formulado por autores serios con incluso menos respeto por las reglas de justicia que las llamadas leyes de las naciones. El patriota más feroz nunca se ha detenido a preguntar seriamente si debe guardarse la fe con los enemigos públicos. Pero si debe guardarse con los rebeldes o con los herejes son cuestiones que han sido objeto de encendidos debates entre distinguidos doctores, tanto civiles como eclesiásticos. Cabe señalar —aunque parezca innecesario— que tanto los rebeldes como los herejes son, en general, aquellos desafortunados que, en tiempos de violencia, tienen la desventura de pertenecer al bando más débil. En una nación dividida por la facción, siempre hay unos pocos —aunque muy escasos— que conservan su juicio sin contaminarse con la locura general. Rara vez son más que individuos solitarios, sin influencia, excluidos de la confianza de ambos bandos por su imparcialidad, y que, aunque puedan ser de los más sabios, se vuelven, por esa misma razón, los más insignificantes dentro de la sociedad. Estos son comúnmente objeto de desprecio, burla e incluso odio por parte de los fanáticos de ambos lados. Un verdadero partidario detesta la imparcialidad; y no hay defecto que lo incapacite más para ese papel que precisamente esa única virtud. El verdadero y venerable espectador imparcial, por tanto, nunca está tan ausente como en medio de la furia de partidos enfrentados. En su mundo, podría decirse que ese espectador apenas existe. Incluso al gran Juez del universo suelen atribuirle sus propios prejuicios, y lo imaginan animado por sus mismas pasiones vengativas e implacables. Por todo esto, la facción y el fanatismo han sido, sin duda, los más grandes corruptores de los sentimientos morales.

En cuanto al dominio de sí mismo, solo agregaré que nuestra admiración por el hombre que, ante las más graves e inesperadas desgracias, se comporta con firmeza y entereza, siempre supone que su sensibilidad ante esas desgracias es muy grande, y que, por tanto, ha debido realizar un esfuerzo inmenso para dominarlas. El hombre que fuera completamente insensible al dolor físico no podría recibir elogio alguno por soportar la tortura con paciencia y ecuanimidad. Aquel que hubiera nacido sin el temor natural a la muerte no merecería mérito alguno por mantener la calma ante los peligros más terribles. Es uno de los excesos de Séneca afirmar que el sabio estoico es, en este sentido, superior incluso a un dios: que la seguridad del dios es un beneficio de la naturaleza, que lo ha eximido del sufrimiento; mientras que la del sabio es mérito propio, fruto exclusivamente de su esfuerzo personal.

Sin embargo, la sensibilidad de algunos hombres ante ciertos acontecimientos que los afectan directamente es tan intensa, que hace imposible todo dominio de sí. Ningún sentido del honor puede controlar el miedo de aquel que es tan débil como para desmayarse o convulsionar ante el peligro. Si esta debilidad —conocida como nerviosismo— puede corregirse mediante disciplina y ejercicio gradual, puede ser motivo de duda. Lo que sí parece claro es que nunca debe confiarse en ella ni encomendarle ninguna responsabilidad.

CAPÍTULO IV: SOBRE LA NATURALEZA DEL AUTOENGAÑO Y EL ORIGEN Y USO DE LAS REGLAS GENERALES

Para corromper la rectitud de nuestros propios juicios sobre la corrección de nuestra conducta, no siempre es necesario que el espectador real e imparcial esté muy distante. Aun cuando está presente, la violencia e injusticia de nuestras pasiones egoístas a veces bastan para inducir al "hombre interior" a emitir un juicio muy distinto del que las circunstancias reales podrían autorizar.

Existen dos momentos en los que examinamos nuestra conducta e intentamos verla como lo haría el espectador imparcial: primero, antes de actuar; y segundo, después de haber actuado. Nuestra visión tiende a ser parcial en ambos casos, pero lo es aún más cuando resulta más importante que no lo sea.

Cuando estamos a punto de actuar, la intensidad de la pasión rara vez nos permite considerar lo que hacemos con la imparcialidad de un observador desinteresado. Las emociones intensas que nos agitan en ese momento distorsionan nuestra percepción, incluso cuando intentamos ponernos en el lugar de otro y ver los objetos que nos afectan desde la perspectiva que naturalmente tendría él. La fuerza de nuestras propias pasiones constantemente nos arrastra de nuevo a nuestro punto de vista, donde todo aparece magnificado y distorsionado por el amor propio. Apenas logramos vislumbrar —si se me permite la expresión— cómo vería esos objetos otra persona; y esos destellos son breves y, aun en su brevedad, no del todo justos. Ni siquiera por un momento podemos despojarnos completamente del ardor que nos inspira nuestra situación particular, ni considerar lo que estamos por hacer con la imparcialidad plena de un juez equitativo. Por eso, como decía el padre Malebranche, todas las pasiones tienden a justificarse a sí mismas, y mientras las sentimos, parecen razonables y proporcionales a su objeto.

Una vez realizada la acción, cuando las pasiones que la motivaron se han calmado, podemos adoptar con más serenidad la perspectiva del espectador imparcial. Aquello que antes nos afectaba ahora nos resulta casi tan indiferente como siempre lo fue para él, y podemos examinar nuestra conducta con su imparcialidad y ecuanimidad. El hombre de hoy ya no está agitado por las pasiones que turbaban al hombre de ayer; y cuando el paroxismo emocional —como el del sufrimiento— ha pasado, podemos identificarnos, por así decirlo, con el "hombre ideal en nuestro pecho", y contemplar —así como en un caso nuestra situación, en el otro nuestra conducta— con la severidad del espectador más imparcial. Pero estos juicios, ahora más justos, suelen tener menos importancia que los anteriores, y a menudo solo producen un arrepentimiento estéril, sin garantizar que no volvamos a incurrir en los mismos errores. Sin embargo, rara vez son del todo imparciales, incluso en este momento. La opinión que tenemos de nuestro carácter depende enteramente de nuestro juicio sobre nuestras acciones pasadas. Pensar mal de nosotros mismos nos resulta tan desagradable, que a menudo evitamos deliberadamente considerar aquellos aspectos que podrían llevarnos a emitir un juicio desfavorable. Se dice que es un cirujano valiente aquel cuya mano no tiembla al operar sobre su propio cuerpo; y del mismo modo, es igualmente valiente quien no vacila en arrancarse el velo del autoengaño que le impide ver la fealdad de su conducta. En lugar de contemplar nuestro comportamiento bajo una luz tan desagradable, con demasiada frecuencia —neciamente y con debilidad— intentamos reavivar las pasiones injustas que antes nos llevaron al error; buscamos, mediante artificios, despertar antiguos odios y avivar resentimientos casi olvidados. Nos esforzamos activamente con este fin lamentable, y así persistimos en la injusticia solo porque alguna vez fuimos injustos, y porque nos avergüenza y nos asusta admitirlo.

Tan parciales son los juicios de los seres humanos respecto a la corrección de su propia conducta, tanto en el momento de actuar como después, y tan difícil les resulta verla como lo haría cualquier espectador imparcial. Pero si el juicio sobre nuestra conducta proviniera de una facultad especial —como se supone que es el sentido moral—, si estuviéramos dotados de un poder particular de percepción que distinguiera la belleza o fealdad de nuestras pasiones y afectos, entonces, al estar nuestras propias pasiones más expuestas ante esa facultad, su juicio sobre ellas sería más preciso que sobre las de los demás, que solo podría contemplar desde lejos.

Este autoengaño, esta trágica debilidad humana, es la fuente de gran parte de los desórdenes de la vida. Si pudiéramos vernos como nos ven los demás, o como nos verían si supieran todo, la reforma sería, en general, inevitable. De otro modo, no podríamos soportar el espectáculo de nosotros mismos.

Sin embargo, la naturaleza no ha dejado sin remedio esta debilidad tan relevante, ni nos ha abandonado por completo a las ilusiones del amor propio. Nuestra constante observación de la conducta ajena nos lleva, casi sin darnos cuenta, a formular ciertas reglas generales sobre lo que es adecuado hacer o evitar. Algunas acciones nos repelen profundamente. Escuchamos a todos a nuestro alrededor expresar el mismo rechazo. Esto refuerza y agudiza aún más nuestro sentido natural de su fealdad. Nos confirma que las juzgamos correctamente, al ver que otros las juzgan igual. Decidimos no incurrir nunca en algo semejante, ni bajo ningún pretexto convertirnos en objeto de semejante reprobación universal. Así, naturalmente, establecemos para nosotros una regla general: evitar todas aquellas acciones que tienden a volvernos odiosos, despreciables o castigables—objetos de todos esos sentimientos que instintivamente tememos y detestamos. Otras acciones, por el contrario, nos inspiran aprobación, y escuchamos que todos a nuestro alrededor las elogian. Todos están deseosos de honrarlas y recompensarlas. Despiertan aquellos sentimientos por los que, por naturaleza, sentimos el más fuerte deseo: el amor, la gratitud, la admiración de nuestros semejantes. Aspiramos a realizar acciones semejantes, y así, de manera natural, formulamos para nosotros otra regla: buscar cuidadosamente toda oportunidad de actuar de esa manera.

Así es como se forman las reglas generales de la moral. En última instancia, se fundan en la experiencia de lo que, en casos particulares, nuestras facultades morales —nuestro sentido natural del mérito y de lo apropiado— aprueban o desaprueban. No aprobamos ni condenamos originalmente una acción particular porque, tras examinarla, nos parezca conforme o contraria a cierta regla general. Por el contrario, la regla general se forma al constatar, por experiencia, que todas las acciones de cierto tipo, o realizadas en determinadas circunstancias, tienden a ser aprobadas o desaprobadas.

A quien presenciara por primera vez un asesinato cruel, cometido por avaricia, envidia o resentimiento injusto —y cometido, además, contra alguien que amaba y confiaba en su asesino—; quien viera los últimos momentos del moribundo, y escuchara cómo, con su último aliento, se lamentaba más de la traición y la ingratitud de su falso amigo que de la violencia sufrida, no le haría falta reflexionar que existe una de las reglas más sagradas de conducta que prohíbe quitar la vida a un inocente, ni concluir que tal acción viola claramente esa regla, y por lo tanto debe considerarse condenable. Su repulsión ante ese crimen surgiría de inmediato y de forma natural, incluso antes de que se hubiera formado regla general alguna en su mente. La regla general que tal vez formase después se fundaría precisamente en esa repulsión espontánea que siente ante esa acción, y ante cualquier otra de la misma clase.

Cuando leemos en la historia o en la literatura relatos de actos de generosidad o de vileza, la admiración que sentimos por los primeros y el desprecio que sentimos por los segundos no nacen de la reflexión sobre ciertas reglas generales que dictan que todas las acciones de un tipo son admirables y todas las del otro despreciables. Al contrario, esas reglas se derivan de nuestra experiencia previa sobre los efectos que acciones de distintos tipos naturalmente producen en nosotros.

Una acción amable, una acción respetable, una acción horrible son todas ellas aquellas que despiertan —respectivamente— el amor, el respeto o el horror del espectador hacia quien las realiza. Las reglas generales que determinan qué acciones son o no objeto de tales sentimientos no pueden formarse sino observando qué acciones despiertan efectivamente esos sentimientos.

Una vez formadas estas reglas generales, y reconocidas y aceptadas universalmente por la opinión común de la humanidad, solemos invocarlas como normas de juicio cuando debatimos el grado de aprobación o censura que merecen ciertas acciones complejas o ambiguas. En estas ocasiones se las cita con frecuencia como fundamentos últimos de lo justo y lo injusto en la conducta humana. Esta costumbre ha llevado a algunos autores eminentes a construir sus sistemas como si creyeran que los juicios morales originales de la humanidad sobre el bien y el mal se formularan como decisiones judiciales: primero considerando la regla general, y luego verificando si la acción particular encaja o no dentro de ella.

Estas reglas generales de conducta, cuando se fijan en nuestra mente por medio de la reflexión habitual, son de gran utilidad para corregir las distorsiones del amor propio acerca de lo que es apropiado hacer en nuestra situación particular. Un hombre dominado por un violento resentimiento podría, si se dejara llevar por esa pasión, considerar que la muerte de su enemigo es una compensación justa por el agravio que cree haber recibido —aunque este no sea más que una leve provocación—. Pero la observación de la conducta ajena le ha enseñado cuán horribles resultan tales venganzas sangrientas. Salvo que su educación haya sido muy excepcional, ha adoptado como regla inviolable abstenerse de ellas bajo toda circunstancia. Esa regla conserva su autoridad sobre él y le impide cometer semejante violencia. Sin embargo, la vehemencia de su carácter podría ser tal que, si se enfrentara por primera vez a una acción así, sin guía previa, probablemente la juzgaría como completamente justa y apropiada, digna de aprobación por parte de cualquier espectador imparcial. Pero el respeto por la regla, inculcado por la experiencia pasada, frena el ímpetu de su pasión y le ayuda a corregir las visiones parciales que el amor propio le sugiere sobre lo que corresponde hacer.

Si llegara a dejarse arrastrar por la pasión hasta el punto de violar esa regla, aun en ese caso no podría deshacerse por completo del temor reverente con que ha aprendido a verla. En el mismo momento de actuar, cuando su pasión alcanza su punto máximo, duda y tiembla ante lo que está por hacer. Es consciente, en secreto, de que está quebrantando principios que, en sus momentos de calma, había resuelto nunca transgredir, principios que jamás vio transgredir sin sentir la más profunda desaprobación, y cuya violación su conciencia le advierte que lo convertirá en objeto de esos mismos sentimientos. Antes de tomar la resolución final, lo atormentan las dudas y la incertidumbre; se siente aterrorizado ante la idea de violar una regla tan sagrada, y al mismo tiempo es impulsado y acosado por la furia de sus deseos. Cambia de propósito a cada instante: a veces decide mantenerse fiel a sus principios y no entregarse a una pasión que podría corromper el resto de su vida con la vergüenza y el arrepentimiento; y experimenta un instante de calma, al contemplar la seguridad y la serenidad que le traerá mantenerse firme. Pero enseguida la pasión resurge con renovada fuerza y lo empuja nuevamente a hacer aquello que un momento antes había resuelto evitar.

Agotado y desbordado por esta lucha interna, termina, por desesperación, dando el paso fatal e irreversible; pero lo hace con el mismo terror y espanto con que alguien, huyendo de un enemigo, se arroja por un precipicio, donde la destrucción es más cierta que el peligro que le amenaza desde atrás. Tales son sus sentimientos incluso al momento de actuar; aunque, sin duda, en ese instante es menos consciente de lo impropio de su conducta que después, cuando la pasión se ha aplacado y empieza a considerar lo que ha hecho bajo la misma luz en que los demás suelen verlo. Entonces comienza a sentir —con plena fuerza— lo que antes solo presentía de manera imperfecta: las punzadas del remordimiento y del arrepentimiento lo agitan y lo atormentan.

CAPÍTULO V: SOBRE LA INFLUENCIA Y AUTORIDAD DE LAS REGLAS GENERALES DE LA MORAL

(Y POR QUÉ SON JUSTAMENTE CONSIDERADAS COMO LEYES DE LA DIVINIDAD).

El respeto por las reglas generales de conducta es lo que propiamente se llama sentido del deber, un principio de suma importancia en la vida humana, y el único por medio del cual la mayoría de las personas puede orientar sus acciones. Muchos hombres se comportan de manera bastante decorosa y, a lo largo de su vida, evitan incurrir en faltas notorias, aunque quizás nunca hayan sentido el sentimiento moral que justifica nuestra aprobación hacia su conducta. Actúan, simplemente, por respeto a las reglas establecidas de comportamiento.

Un hombre que ha recibido grandes beneficios de otra persona puede, por frialdad natural de temperamento, experimentar solo un débil sentimiento de gratitud. Sin embargo, si ha recibido una educación virtuosa, habrá aprendido a observar cuán detestables resultan aquellas acciones que revelan falta de gratitud, y cuán amables parecen las que la expresan. Aunque su corazón no esté colmado de afecto agradecido, procurará actuar como si lo estuviera, esforzándose por demostrar todas las atenciones y consideraciones que la más viva gratitud podría inspirar. Lo visitará con regularidad, lo tratará con respeto, hablará de él siempre con la más alta estima y con reconocimiento por los favores recibidos. Y más aún, buscará con esmero toda oportunidad de hacer una justa retribución por los servicios pasados.

Todo esto puede hacerlo sin hipocresía ni engaño, sin intenciones egoístas de obtener nuevos favores, y sin ánimo de engañar ni a su benefactor ni al público. El motivo de su conducta puede ser simplemente la veneración por la regla establecida del deber, y un sincero deseo de actuar, en todos los aspectos, conforme a la ley de la gratitud.

Una esposa, del mismo modo, puede no sentir en ciertos momentos el afecto tierno hacia su marido que correspondería a la relación entre ambos. Sin embargo, si ha sido educada con virtud, se esforzará por actuar como si lo sintiera: será atenta, servicial, fiel y sincera, sin descuidar ninguna de las atenciones que el amor conyugal podría haberle inspirado.

Tanto ese amigo como esa esposa no son, sin duda, los mejores en su género; y aunque ambos tengan el más sincero deseo de cumplir con su deber, fallarán en muchos aspectos delicados y sutiles. Perderán ocasiones de agradar que jamás hubieran pasado por alto si realmente sintieran el afecto propio de su situación. Pero, aunque no sean los mejores, tal vez sean los segundos mejores; y si el respeto por las reglas generales de conducta está profundamente arraigado en ellos, ninguno fallará en los aspectos verdaderamente esenciales de su deber. Solo aquellos dotados de un carácter excepcional pueden adecuar con exactitud sus sentimientos y comportamientos a las más mínimas variaciones de situación, y actuar en todo momento con la delicadeza y precisión más estrictas. El barro común del que está hecho la mayoría de los hombres no admite esa perfección. Sin embargo, casi cualquier persona, mediante la disciplina, la educación y el ejemplo, puede desarrollar un respeto tan firme por las reglas generales que actúe con decencia en casi toda ocasión, y que, a lo largo de su vida, evite incurrir en faltas graves.

Sin este respeto sagrado por las reglas generales, no hay conducta humana que merezca verdadera confianza. Este respeto es lo que marca la diferencia más profunda entre un hombre de principios y honor y un sujeto indigno. El primero se adhiere firmemente a sus máximas en toda circunstancia y mantiene, durante toda su vida, una conducta constante. El segundo actúa de manera variable y caprichosa, según predominen en él el humor, la inclinación o el interés. Tan inestables son los estados de ánimo a los que todos los hombres están sujetos, que, sin este principio, incluso aquel que en sus momentos serenos tiene el sentido más delicado de lo correcto, podría actuar absurdamente ante las más triviales circunstancias, sin que se le pueda atribuir un motivo serio para su comportamiento.

Tu amigo te hace una visita en un momento en que tu ánimo te hace desagradable recibirlo; en ese estado de humor, su cortesía puede parecerte una intrusión impertinente, y si te dejas llevar por esa impresión, aun siendo normalmente amable, podrías tratarlo con frialdad o desprecio. Lo único que te impide caer en esa grosería es el respeto por las reglas generales de la cortesía y la hospitalidad, que la prohíben. Esa reverencia habitual que tu experiencia previa te ha inculcado por dichas reglas te permite comportarte, en toda ocasión, con una corrección bastante constante, y evita que las fluctuaciones de ánimo influyan notablemente en tu conducta.

Pero si incluso en los deberes de urbanidad —tan fáciles de observar y con tan pocos motivos reales para quebrantarlos— seríamos tan propensos a fallar sin este respeto por las reglas, ¿qué ocurriría entonces con los deberes de justicia, de veracidad, de castidad, de fidelidad, que son con frecuencia mucho más difíciles de cumplir, y respecto a los cuales pueden existir motivos poderosos para transgredirlos? De la observancia razonable de estos deberes depende la existencia misma de la sociedad humana, que se desintegraría si la mayoría de las personas no estuviera fuertemente impregnada de respeto por estas reglas fundamentales de conducta.

Este respeto se ve aún más reforzado por una creencia que, primero inculcada por la naturaleza, luego es confirmada por la razón y la filosofía: la idea de que esas importantes reglas morales son mandamientos y leyes de la Divinidad, quien finalmente recompensará a los obedientes y castigará a los transgresores del deber.

Esta opinión o creencia, como decía, parece ser impresa por la naturaleza desde el principio. Los seres humanos tienden de forma natural a atribuir a aquellos seres misteriosos —sean cuales sean— que, en cada cultura, son objeto de temor religioso, sus propios sentimientos y pasiones. No tienen otros referentes, ni pueden concebir otros distintos, para atribuirles. Aquellas inteligencias desconocidas que imaginan, pero no ven deben, necesariamente, tener alguna semejanza con las inteligencias que conocen. Durante la ignorancia y oscuridad de la superstición pagana, la humanidad parece haber formado la idea de sus divinidades con tan poca delicadeza, que les atribuía, sin distinción, todas las pasiones humanas, incluso aquellas que menos honran a nuestra especie, como la lujuria, el hambre, la avaricia, la envidia o la venganza. No podían dejar de atribuir también a esos seres —a quienes seguían admirando profundamente— aquellos sentimientos y cualidades que constituyen las mayores virtudes del ser humano, y que parecen acercarlo a la perfección divina: el amor por la virtud y la beneficencia, y la repulsión hacia el vicio y la injusticia.

El hombre que sufría una injusticia invocaba a Júpiter como testigo del agravio, y no dudaba de que ese ser divino lo contemplaría con la misma indignación que sentiría el más humilde de los hombres al presenciar una injusticia. A su vez, quien cometía el daño se sabía objeto legítimo del desprecio y la condena de la humanidad; y su temor natural lo llevaba a atribuir esos mismos sentimientos a los seres supremos cuya presencia no podía evitar, y cuyo poder no podía resistir. Estas esperanzas, temores y sospechas naturales se propagaban por simpatía, y se reforzaban mediante la educación; y los dioses eran universalmente representados y creídos como galardonadores de la humanidad y la clemencia, y vengadores de la traición y la injusticia.

Así, incluso en su forma más primitiva, la religión dio respaldo a las reglas de la moralidad, mucho antes del surgimiento del razonamiento elaborado y de la filosofía. Que los temores religiosos reforzaran el sentido natural del deber era demasiado importante para la felicidad de la humanidad como para que la naturaleza lo dejara depender de la lentitud y la incertidumbre de las investigaciones filosóficas.

Estas investigaciones, sin embargo, cuando comenzaron a desarrollarse, confirmaron esas intuiciones originales de la naturaleza. Sean cuales sean los fundamentos de nuestras facultades morales —si se basan en una forma particular de la razón, en un instinto original llamado sentido moral, o en algún otro principio de nuestra naturaleza—, no cabe duda de que nos fueron dadas para guiar nuestra conducta en esta vida. Llevan consigo las marcas más claras de su autoridad: fueron establecidas en nosotros para ser los jueces supremos de todas nuestras acciones, para supervisar nuestros sentidos, pasiones y apetitos, y decidir hasta qué punto cada uno de ellos debe ser satisfecho o reprimido.

Nuestras facultades morales no están, como algunos han sostenido, al mismo nivel que las demás facultades y apetitos de nuestra naturaleza, sin mayor derecho a controlarlos que estos a ellas. Ninguna otra facultad o principio de acción juzga a las demás. El amor no juzga al resentimiento, ni el resentimiento al amor. Estas pasiones pueden oponerse entre sí, pero no pueden, con propiedad, aprobarse o condenarse mutuamente. Es la función exclusiva de las facultades morales juzgar, censurar o aplaudir todos los otros principios de nuestra naturaleza. Pueden considerarse como una especie de sentidos, y sus objetos son los demás principios.

Cada sentido es soberano respecto a sus propios objetos. No hay apelación contra la vista en lo que respecta a la belleza de los colores, ni contra el oído en lo que concierne a la armonía de los sonidos, ni contra el gusto en lo referente al placer de los sabores. Cada uno de esos sentidos juzga, en última instancia, sus propios objetos. Lo que agrada al gusto es dulce; lo que complace a la vista es bello; lo que deleita al oído es armonioso. La esencia misma de esas cualidades consiste en estar hechas para agradar al sentido al que se dirigen.

Del mismo modo, corresponde a nuestras facultades morales determinar cuándo el oído debe ser complacido, cuándo la vista puede ser satisfecha, cuándo el gusto debe ser gratificado, y cuándo y en qué medida deben ser restringidos los demás principios de nuestra naturaleza. Lo que resulta agradable a nuestras facultades morales es lo correcto, lo apropiado, lo debido; lo contrario es incorrecto, inadecuado, impropio. Los sentimientos que estas facultades aprueban son nobles y dignos; los que desaprueban, innobles e indignos. Las mismas palabras *correcto*, *incorrecto*, *apropiado*, *impropio*, *digno*, *indigno* significan simplemente aquello que agrada o desagrada a estas facultades.

Puesto que estas facultades fueron evidentemente destinadas a ser los principios rectores de la naturaleza humana, las reglas que prescriben deben considerarse como los mandamientos y leyes de la Divinidad, promulgadas por aquellos delegados que Él ha establecido en nuestro interior. Toda regla general suele denominarse *ley*; así, las reglas que rigen el movimiento de los cuerpos se llaman *leyes del movimiento*. Pero con mucha más justicia pueden llamarse leyes aquellas reglas generales que nuestras facultades morales observan al aprobar o condenar los sentimientos o acciones sometidos a su juicio. Estas se asemejan mucho más a lo que propiamente llamamos leyes: aquellas reglas generales que el soberano establece para dirigir la conducta de sus súbditos.

Al igual que ellas, las reglas morales están destinadas a guiar las acciones libres de los hombres. Son impuestas, sin duda, por un superior legítimo, y vienen acompañadas de la sanción de premios y castigos. Los delegados de Dios en nuestro interior nunca dejan de castigar la violación de estas reglas con tormentos de vergüenza y autodesprecio; y, por el contrario, siempre recompensan su cumplimiento con tranquilidad, satisfacción y paz interior.

Existen innumerables otras razones que confirman esta misma conclusión. La felicidad de la humanidad, así como la de todas las criaturas racionales, parece haber sido el propósito original del Autor de la Naturaleza al darles existencia. Ningún otro fin parece digno de la sabiduría suprema y la benevolencia divina que necesariamente le atribuimos. Esta opinión, que surge de considerar sus perfecciones infinitas, se ve aún más reforzada al examinar las obras de la naturaleza, que parecen todas orientadas a promover la felicidad y prevenir el sufrimiento.

Pero, al actuar conforme a los dictados de nuestras facultades morales, necesariamente seguimos los medios más eficaces para promover la felicidad de la humanidad; y así, puede decirse que cooperamos, en cierto sentido, con la Divinidad, y contribuimos, en la medida de nuestras fuerzas, al cumplimiento del plan de la providencia. Por el contrario, al actuar en contra de ellas, parecemos obstaculizar, en alguna medida, el proyecto que el Autor de la Naturaleza ha establecido para la felicidad y perfección del mundo, y nos declaramos, por así decirlo, enemigos de Dios. Por eso, es natural que esperemos su favor y recompensa en el primer caso, y que temamos su castigo y venganza en el segundo.

Existen, además, muchas otras razones y principios naturales que tienden a confirmar y fortalecer esta saludable doctrina. Si consideramos las reglas generales por las que la prosperidad o la adversidad externa suelen distribuirse en esta vida, veremos que, a pesar del aparente desorden del mundo, incluso aquí, toda virtud tiende naturalmente a encontrar su recompensa adecuada, aquella que mejor contribuye a estimularla y promoverla; y esto con tal regularidad, que se requiere una combinación muy extraordinaria de circunstancias para frustrarla por completo.

¿Cuál es la recompensa más adecuada para fomentar la laboriosidad, la prudencia y la cautela? El éxito en todo tipo de empresa. ¿Y es posible que, a lo largo de toda una vida, estas virtudes no logren alcanzarlo? La riqueza y los honores externos son su recompensa natural, y rara vez dejan de obtenerla.

¿Qué recompensa es más apropiada para promover la verdad, la justicia y la humanidad? La confianza, el aprecio y el afecto de quienes nos rodean. La humanidad no aspira a la grandeza, sino a ser amada. La verdad y la justicia no buscan la riqueza, sino ser creídas y confiables—recompensas que, casi siempre, alcanzan.

Es cierto que, por alguna circunstancia muy desafortunada, un hombre íntegro puede ser acusado de un crimen que jamás habría cometido, y verse, por ello, injustamente condenado al desprecio y rechazo del mundo durante el resto de su vida. Puede decirse que en ese caso lo ha perdido todo, a pesar de su integridad, del mismo modo que un hombre precavido puede verse arruinado por un terremoto o una inundación. No obstante, los accidentes del primer tipo son quizás más raros y contrarios al curso común de las cosas que los del segundo. Sigue siendo cierto que la práctica constante de la verdad, la justicia y la humanidad es un medio casi infalible para alcanzar lo que esas virtudes buscan principalmente: la confianza y el afecto de quienes conviven con nosotros.

Una persona puede ser malinterpretada en relación con una acción concreta, pero difícilmente lo será en lo que respecta al conjunto de su conducta. Un inocente puede ser creído culpable en un caso aislado —aunque esto ocurre rara vez—; mientras que la buena reputación que le acompaña llevará a menudo a absolverlo incluso cuando haya fallado realmente. Del mismo modo, un bribón puede evitar el castigo, o incluso ser aplaudido por un acto de vileza cuya verdadera naturaleza no se ha comprendido. Pero nadie fue habitualmente perverso sin que llegara a ser casi universalmente reconocido como tal, ni sin ser frecuentemente sospechoso de culpa incluso cuando era completamente inocente. Así, en la medida en que el vicio y la virtud puedan ser castigados o recompensados por los juicios y opiniones de la humanidad, ambos reciben en este mundo algo más que una justicia imparcial y exacta.

Sin embargo, aunque las reglas generales que rigen la distribución de la prosperidad y la adversidad, vistas desde una perspectiva serena y filosófica, parecen adecuadas a la condición humana, no siempre se ajustan a ciertos sentimientos naturales. Nuestra admiración por algunas virtudes es tal, que desearíamos colmarlas de todos los honores y recompensas, incluso de aquellos que sabemos que corresponden a otras cualidades con las que no siempre van acompañadas. Del mismo modo, nuestra aversión por algunos vicios es tan profunda, que quisiéramos imponerles toda clase de desgracias, incluso aquellas que son consecuencias naturales de cualidades completamente distintas.

La magnanimidad, la generosidad y la justicia despiertan una admiración tan intensa que deseamos verlas coronadas con riqueza, poder y honores —

recompensas naturales de la prudencia, el esfuerzo y la dedicación—, aunque estas virtudes no estén necesariamente unidas a esas cualidades. Por el contrario, el fraude, la mentira, la brutalidad y la violencia provocan en todos nosotros tal desprecio y repulsión, que nos indigna verlas en posesión de ventajas que, en cierto sentido, pueden haber merecido por la diligencia y empeño con que a veces se manifiestan. El bribón laborioso cultiva la tierra; el buen hombre indolente la deja sin labrar. ¿Quién debe cosechar? ¿Quién pasar hambre, y quién vivir en abundancia?

El curso natural de las cosas favorece al bribón; los sentimientos humanos, al virtuoso. El juicio del hombre le dice que las cualidades del primero están más que sobre recompensadas por las ventajas que le procuran, y que las omisiones del segundo son castigadas con excesiva dureza por las privaciones que conllevan. Las leyes humanas —expresión de esos sentimientos— privan de su vida y bienes al traidor diligente y precavido, y recompensan con premios extraordinarios la lealtad y el espíritu público del buen ciudadano descuidado o imprudente. Así, el ser humano está naturalmente inclinado a corregir, en parte, la distribución que la naturaleza misma habría establecido. Las reglas que esta le inspira seguir son distintas de las que ella misma observa.

La naturaleza otorga a cada virtud y a cada vicio la recompensa o castigo más adecuado para fomentar la una o disuadir del otro. Se guía únicamente por esta finalidad y presta poca atención a los distintos grados de mérito o demérito que los sentimientos humanos puedan atribuirles. El ser humano, en cambio, se preocupa solo por esos sentimientos y busca que cada virtud reciba una recompensa proporcional al amor y estima que le inspira, y cada vicio una sanción proporcional al desprecio que le provoca. Las reglas que sigue la naturaleza son apropiadas para ella; las que sigue el hombre, para él. Pero ambas están orientadas hacia el mismo fin: el orden del mundo y la perfección y felicidad de la naturaleza humana.

Ahora bien, aunque el ser humano se esfuerce en modificar la distribución que los acontecimientos naturales producirían si se dejaran por sí solos, aunque —como los dioses de los poetas— intervenga constantemente, por medios extraordinarios, a favor de la virtud y en contra del vicio, tratando de desviar la flecha que amenaza al justo y de acelerar el golpe que debe caer sobre el impío, no puede conseguir que la fortuna de ambos se ajuste plenamente a sus sentimientos y deseos. El curso natural de los hechos no puede ser dominado del todo por los frágiles esfuerzos del hombre: la corriente es demasiado fuerte y veloz para que la detenga. Y aunque las reglas que la rigen parezcan establecidas con la mayor sabiduría, a veces producen efectos que contradicen violentamente nuestros sentimientos más naturales.

Que una gran coalición de hombres venza a una pequeña; que quienes emprenden una empresa con previsión y preparación derroten a quienes los enfrentan sin recursos; que cada objetivo se alcance solo por los medios que la naturaleza ha establecido para ello: todo esto parece no solo inevitable y necesario, sino útil y apropiado para estimular la industria y la atención humanas. Pero cuando, como resultado de estas reglas, la violencia y el engaño triunfan sobre la sinceridad y la justicia, ¿qué indignación no se enciende en el corazón de cada espectador? ¿Qué tristeza y compasión por el inocente, y qué ira contra el éxito del opresor? Nos duele y nos enfurece el mal cometido, pero a menudo no encontramos medio alguno para remediarlo.

Cuando perdemos toda esperanza de hallar en la tierra una fuerza capaz de detener el triunfo de la injusticia, acudimos naturalmente al cielo, y esperamos que el gran Autor de nuestra naturaleza lleve a cabo, en un tiempo futuro, aquello que todos los principios que Él mismo ha puesto en nosotros nos impulsan a intentar ya en esta vida: que Él complete el plan que nos enseñó a iniciar, y que, en una vida venidera, retribuya a cada uno según las obras que haya realizado en este mundo.

Así, llegamos a creer en una vida futura no solo por nuestras debilidades, esperanzas y temores, sino también por los principios más nobles y elevados de nuestra naturaleza: por el amor a la virtud y por la repulsión al vicio y a la injusticia.

"¿Conviene a la grandeza de Dios —dice el elocuente y filosófico obispo de Clermont, con esa fuerza imaginativa apasionada y exagerada que a veces parece sobrepasar los límites del decoro— permitir que el mundo que ha creado permanezca en tan universal desorden? ¿Ver al malvado triunfar casi siempre sobre el justo; al inocente derrocado por el usurpador; al padre convertido en víctima de la ambición de un hijo desnaturalizado; al esposo expirar bajo el golpe de una esposa bárbara y traicionera? ¿Debe contemplar Dios, desde lo alto de su grandeza, estos tristes sucesos como un espectáculo fantasioso, sin tomar parte en ellos? ¿Por ser grande ha de ser débil, injusto o cruel? ¿Porque los hombres son pequeños, han de quedar impunes en su desenfreno o sin recompensa en su virtud? ¡Oh, Dios! Si esta es la imagen que corresponde a tu ser supremo; si es a ti a quien adoramos bajo ideas tan terribles, ya no puedo reconocerte como mi padre, mi protector, el consuelo en mi tristeza, el sostén en mi debilidad, el dador de mi fidelidad. Serías entonces solo un tirano indolente y caprichoso, que sacrifica a la humanidad por su vanidad insolente, y que la ha creado de la nada solo para convertirla en juguete de su ocio y su antojo."

Cuando las reglas generales que determinan el mérito o demérito de las acciones pasan a considerarse leyes de un ser todopoderoso, que vela por nuestra conducta y que, en una vida futura, recompensará su cumplimiento y castigará su violación, adquieren de inmediato una nueva y más profunda sacralidad. Nadie que crea en la existencia de Dios puede dudar de que su voluntad debe ser la regla suprema de nuestra conducta. La sola idea de desobedecerla implica una impropiedad profundamente escandalosa. ¡Qué vano y absurdo sería que el ser humano se opusiera o desatendiera los mandatos dictados por la sabiduría y el poder infinitos! ¡Qué antinatural, qué impíamente ingrato sería no reverenciar los preceptos establecidos por la infinita bondad del Creador, incluso si no existiera castigo alguno por violarlos!

Además, el sentido de lo apropiado se ve aquí fortalecido por los más poderosos motivos del interés personal. La idea de que, aunque podamos eludir la mirada de los hombres o quedar fuera del alcance de sus castigos, seguimos actuando siempre bajo la observación de Dios, y expuestos a su juicio como supremo vengador de la injusticia, es un motivo capaz de contener incluso las pasiones más descontroladas, al menos en quienes han incorporado esta conciencia mediante la reflexión constante.

Así es como la religión refuerza el sentido natural del deber. Por esta razón, la humanidad tiende, en general, a depositar gran confianza en la integridad de quienes parecen estar profundamente influidos por sentimientos religiosos. Se supone que estas personas están sujetas a una obligación adicional, más allá de las que regulan la conducta de los demás. El respeto por lo moralmente correcto, así como por la reputación; el deseo de aprobación tanto propia como ajena, son motivos que se cree influyen tanto en el hombre religioso como en el mundano. Pero el primero se somete a una restricción superior: nunca actúa deliberadamente sin sentirse bajo la mirada de ese gran Ser Supremo que, en última instancia, lo recompensará según sus obras. Por ello, se confía más en la regularidad y rectitud de su conducta.

Y siempre que los principios naturales de la religión no hayan sido corrompidos por el celo faccioso de alguna camarilla indigna; siempre que el primer deber que imponga sea el cumplimiento de todas las obligaciones morales; siempre que no se enseñe a los hombres a considerar como deberes religiosos más urgentes las observancias triviales que los actos de justicia y beneficencia; y siempre que no se los induzca a pensar que mediante sacrificios, ceremonias o súplicas vanas pueden negociar con la Divinidad el perdón de fraudes, traiciones o violencias, entonces, sin duda, el juicio del mundo es acertado al depositar una doble confianza en la rectitud del comportamiento del verdadero hombre religioso.

CAPÍTULO VI: EN QUÉ CASOS EL SENTIDO DEL DEBER DEBE SER EL ÚNICO PRINCIPIO DE NUESTRA CONDUCTA

(Y EN CUÁLES DEBE CONCURRIR CON OTROS MOTIVOS).

La religión ofrece motivos tan poderosos para la práctica de la virtud, y establece restricciones tan eficaces frente a las tentaciones del vicio, que muchos han llegado a suponer que los principios religiosos deben ser los únicos móviles loables de la acción humana. "No deberíamos —dicen— recompensar por gratitud, ni castigar por resentimiento; no deberíamos proteger la indefensión de nuestros hijos, ni apoyar las debilidades de nuestros padres, por afecto natural. Todo apego a objetos particulares debe extinguirse en nuestro interior, y una sola gran afección debe sustituir a todas las demás: el amor a la Divinidad, el deseo de agradarle, y de orientar nuestra conducta en todos sus aspectos conforme a su voluntad. No debemos ser agradecidos por gratitud, ni caritativos por humanidad, ni patriotas por amor a la patria, ni generosos y justos por amor a la humanidad. El único principio y motivo de nuestra conducta en el cumplimiento de todos esos deberes debe ser el sentido de que Dios nos ha ordenado realizarlos".

No me detendré ahora a examinar en detalle esta opinión; solo señalaré que no esperaríamos encontrarla en ninguna secta que se declarara seguidora de una religión cuyo primer precepto es amar al Señor nuestro Dios con todo el corazón, con toda el alma y con todas nuestras fuerzas, y cuyo segundo es amar al prójimo como a uno mismo; y nos amamos, sin duda, por nosotros mismos, no meramente porque se nos ordena hacerlo. Que el sentido del deber deba ser el único principio de nuestra conducta no es, en ninguna parte, un precepto del cristianismo; sí lo es, en cambio, que sea el principio rector y predominante, como lo indica la filosofía y, en verdad, el sentido común.

La pregunta es, entonces, en qué casos nuestras acciones deben surgir principalmente —o exclusivamente— del sentido del deber o del respeto por reglas generales, y en qué casos puede o debe concurrir otro sentimiento o afecto como motivo principal.

La respuesta a esta cuestión —que quizá no admita una precisión absoluta— dependerá de dos factores: primero, de lo agradable o detestable que sea, por naturaleza, el sentimiento o afecto que nos impulse a actuar, independientemente de toda consideración de reglas generales; y segundo, del grado de precisión o ambigüedad de dichas reglas.

En primer lugar, dependerá de cuán naturalmente noble o censurable sea el afecto en sí mismo el que nuestras acciones deban surgir de él, o proceder exclusivamente de una consideración del deber.

Todas aquellas acciones admirables y nobles a las que nos llevan los afectos benevolentes deben proceder tanto de las pasiones mismas como del respeto a las reglas generales de conducta. Un benefactor se sentirá mal recompensado si la persona que ha recibido su ayuda responde solo con un frío sentido del deber, sin ningún afecto personal hacia él. Un esposo se sentirá insatisfecho con la más obediente de las esposas si cree que su conducta se guía únicamente por el cumplimiento de los deberes que impone su rol. Aunque un hijo cumpla todas las obligaciones de la piedad filial, si carece de esa reverencia afectuosa que tan bien le corresponde, el padre podrá justamente quejarse de su indiferencia. Y, a la inversa, un hijo tampoco estaría del todo satisfecho con un padre que, aunque cumpliera formalmente sus deberes, careciera de ese cariño paternal que naturalmente se espera.

En todos estos casos de afectos sociales y benevolentes, es deseable que el sentido del deber actúe más bien como freno que como estímulo: que limite y modere, más que incitar. Nos agrada ver a un padre que debe contener su ternura, a un amigo que establece límites a su generosidad natural, o a alguien que ha recibido un favor y debe moderar el exceso de gratitud que le inspira su temperamento.

La lógica contraria se aplica a las pasiones malévolas y antisociales. Debemos recompensar movidos por la gratitud y la generosidad de nuestro corazón, sin vacilación ni necesidad de justificar la acción con argumentos morales. Pero siempre debemos castigar con reluctancia, y más por un sentido del deber que por un impulso de venganza. Nada resulta más noble que el comportamiento de quien castiga una grave ofensa movido no por la furia del resentimiento, sino por el convencimiento de que esa acción merece ser castigada. Como un juez, considera solo la regla general que determina la sanción debida a cada falta, y al aplicarla, siente más por el sufrimiento que infligirá al culpable que por el daño que él mismo ha sufrido. Aunque se vea obligado a castigar, recuerda la misericordia, e interpreta la norma de la manera más suave y comprensiva que la razón y la humanidad puedan permitir.

Como se ha observado antes, las pasiones egoístas ocupan un lugar intermedio entre las sociales y las antisociales, y así ocurre también en este caso. La búsqueda de intereses privados, en situaciones comunes y ordinarias, debe guiarse más bien por el respeto a reglas generales que por pasión directa por los objetos deseados. Pero en ocasiones importantes o extraordinarias, pareceríamos torpes y sin carácter si no mostráramos cierto grado de entusiasmo real por esos fines.

Ser excesivamente meticuloso o conspirar por obtener o ahorrar una suma insignificante haría despreciable incluso al comerciante más humilde ante sus vecinos. Por más modestos que sean sus medios, no debe dar señales de preocuparse por cosas pequeñas en cuanto tales. Su situación puede exigir la mayor economía y diligencia, pero cada acción concreta debe surgir no tanto del deseo del ahorro particular, sino del respeto a una regla general que le impone, con severidad, ese estilo de vida. Su frugalidad no debe nacer del deseo de ahorrar unos pocos centavos, ni su presencia en la tienda de una pasión por los pequeños ingresos que eso le genere, sino de la regla general que prescribe, con rigor inquebrantable, ese modo de vida a quienes están en su situación. En eso consiste la diferencia entre el avaro y el hombre económico y aplicado: el primero se obsesiona por pequeñas cosas por su valor intrínseco; el segundo solo les presta atención como parte de un plan de vida que él mismo ha adoptado.

Muy distinto es el caso cuando se trata de intereses más grandes y extraordinarios. Una persona que no los persigue con cierto entusiasmo parece carecer de espíritu. Nos parecería despreciable un príncipe que no se preocupara por conquistar o defender una provincia. Tendríamos poca estima por un caballero que no se esforzara en obtener una herencia o un cargo importante, si pudiera hacerlo sin injusticia ni bajeza. Un parlamentario que no muestra interés por su propia elección pierde el apoyo de sus amigos, que lo juzgan indigno de su respaldo. Incluso entre comerciantes, aquel que no se apresura por conseguir un gran encargo o una oportunidad inusual es tenido por pusilánime.

Este espíritu y entusiasmo marcan la diferencia entre el hombre emprendedor y el de mera regularidad. Los grandes objetos del interés personal —cuya obtención o pérdida cambia la posición social de una persona— son los que mueven la pasión llamada ambición. Esta, cuando se mantiene dentro de los límites de la prudencia y la justicia, es siempre admirada en el mundo. Incluso cuando los sobrepasa, y se vuelve injusta y desmedida, conserva a veces una grandeza irregular que deslumbra la imaginación. De ahí la admiración general por los héroes y conquistadores, y aun por ciertos estadistas cuyas empresas fueron audaces y vastas, aunque enteramente desprovistas de justicia —como los cardenales Richelieu y Retz. Los objetos de la avaricia y los de la ambición se distinguen solo por su escala: un avaro se enloquece por un centavo, como un ambicioso por un reino.

En segundo lugar, la medida en que nuestra conducta deba guiarse por el respeto a las reglas generales dependerá también del grado de precisión o ambigüedad de dichas reglas.

Las reglas generales de casi todas las virtudes —las que determinan los deberes de la prudencia, la caridad, la generosidad, la gratitud o la amistad— son, en muchos aspectos, vagas e imprecisas. Admiten numerosas excepciones y requieren tantas modificaciones que resulta casi imposible regular nuestra conducta exclusivamente en función de ellas. Los proverbios comunes sobre la prudencia, fundados en la experiencia universal, son quizá las mejores reglas generales que pueden ofrecerse al respecto. Sin embargo, aferrarse a ellos con un apego estricto y literal sería, evidentemente, una pedantería absurda y ridícula.

Entre todas las virtudes mencionadas, la gratitud es, quizá, aquella cuyas reglas son más precisas y admiten menos excepciones. Que debemos corresponder lo antes posible con una retribución de valor igual o superior a los servicios recibidos parece una norma clara y casi sin excepciones. No obstante, incluso con un examen superficial, esta regla se revela profundamente imprecisa y sujeta a incontables excepciones. Si tu benefactor te cuidó durante una enfermedad, ¿estás obligado a hacer lo mismo si él cae enfermo? ¿Puedes cumplir con la gratitud mediante un acto diferente? Si debes asistirlo, ¿por cuánto tiempo? ¿El mismo que él te asistió? ¿Más tiempo? ¿Cuánto más?

Si un amigo te prestó dinero en un momento de necesidad, ¿estás obligado a hacer lo mismo por él? ¿Cuánto deberías prestarle? ¿Cuándo? ¿Ahora, mañana, el mes próximo? ¿Y por cuánto tiempo? Es evidente que no puede establecerse ninguna regla general que proporcione una respuesta precisa a todas estas preguntas. La diferencia entre su carácter y el tuyo, entre sus circunstancias y las tuyas, puede ser tal que actúes con perfecta gratitud incluso al negarte a prestarle una mínima cantidad; o, por el contrario, podrías estar dispuesto a prestarle —o incluso regalarle— una suma diez veces mayor que la que él te prestó, y aun así ser acusado con justicia de una ingratitud imperdonable, por no haber cumplido ni una fracción del deber que tenías.

Si bien los deberes de la gratitud son quizás los más sagrados entre los que prescriben las virtudes benefactoras, las reglas generales que los determinan son, como ya se ha dicho, de las más precisas. Las que rigen la amistad, la humanidad, la hospitalidad o la generosidad son aún más vagas e indeterminadas.

Hay, sin embargo, una virtud cuyas reglas generales determinan con la mayor exactitud todas las acciones externas que exige. Esa virtud es la justicia. Las reglas de la justicia son sumamente precisas y no admiten excepciones ni modificaciones que no puedan determinarse con igual exactitud, y que, por lo general, derivan de los mismos principios que las reglas mismas.

Si debo diez libras a alguien, la justicia exige que le pague exactamente diez libras, ya sea en la fecha acordada o cuando él las reclame. Qué debo cumplir, cuánto debo cumplir, cuándo y dónde debo hacerlo: todos los aspectos de la acción están claramente definidos. Aunque resulte rígido o pedante aferrarse con excesiva fidelidad a las reglas comunes de la prudencia o la generosidad, no hay pedantería alguna en seguir fielmente las reglas de la justicia. Por el contrario, a ellas se les debe la más sagrada consideración, y las acciones que esta virtud exige no se cumplen tan correctamente como cuando se ejecutan por respeto reverente y profundo hacia esas reglas generales que las ordenan.

En la práctica de otras virtudes, nuestra conducta debería guiarse más bien por una noción de lo apropiado, por un cierto gusto o sensibilidad hacia un modo de actuar particular, más que por la adhesión a una máxima o regla precisa; y deberíamos considerar el espíritu y fundamento de la regla más que la regla misma. Pero con la justicia ocurre lo contrario: el hombre que menos refina en ella, y que se aferra con mayor firmeza y obstinación a sus reglas generales, es el más digno de elogio y en quien más puede confiarse.

Aunque el fin último de las reglas de justicia sea impedir que causemos daño al prójimo, romperlas puede ser un crimen, incluso si pretendemos —con algún pretexto razonable— que tal infracción no causará daño alguno. Un hombre se convierte en villano desde el momento en que comienza, siquiera en su interior, a razonar de esta forma. En cuanto se permite apartarse del cumplimiento más estricto de lo que dictan esos preceptos inviolables, deja de ser digno de confianza, y nadie puede prever hasta qué punto de culpa puede llegar. El ladrón cree que no hace mal alguno al robar a los ricos aquello que —según imagina— no necesitan y quizá ni siquiera noten que ha sido sustraído. El adúltero piensa que no comete ninguna falta al corromper a la esposa de su amigo, siempre que mantenga el secreto y no altere la paz del hogar. Una vez que empezamos a tolerar semejantes "refinamientos", no hay crimen, por monstruoso que sea, del que no podamos volvernos capaces.

Las reglas de la justicia pueden compararse con las reglas de la gramática; las de las demás virtudes, con las que los críticos establecen para alcanzar la sublimidad o la elegancia en la composición. Las primeras son precisas, exactas e indispensables; las segundas, vagas, generales e imprecisas. Nos ofrecen más bien una idea de la perfección que debemos perseguir, que instrucciones seguras e infalibles para alcanzarla. Un hombre puede aprender a escribir correctamente según la gramática con absoluta certeza; y del mismo modo, puede aprender a actuar con justicia. Pero no existen reglas cuya observancia garantice, de forma infalible, alcanzar la elegancia o la sublimidad al escribir, aunque algunas puedan ayudarnos a corregir y precisar las nociones imprecisas que de otro modo tendríamos de esas perfecciones. Tampoco hay reglas cuyo conocimiento nos enseñe, con absoluta certeza, a actuar siempre con prudencia, con justa magnanimidad o con beneficencia adecuada; aunque algunas pueden orientarnos y ayudarnos a perfeccionar nuestras ideas incompletas sobre esas virtudes.

Puede ocurrir, en ocasiones, que incluso con el deseo más serio y sincero de actuar de manera digna de aprobación, equivoquemos las reglas correctas de conducta y seamos así desviados por el mismo principio que debería guiarnos. En tal caso, es en vano esperar que la humanidad apruebe por completo nuestro comportamiento. No pueden identificarse con esa idea equivocada del deber que nos ha influenciado, ni compartir las acciones que de ella se derivan. Sin embargo, hay algo respetable en el carácter y la conducta de quien ha sido así arrastrado al vicio por un sentido equivocado del deber, o lo que suele llamarse una conciencia errónea. Por muy fatal que haya sido el error, sigue siendo, para los generosos y compasivos, más objeto de lástima que de odio o resentimiento. Lamentan la debilidad de la naturaleza humana, que nos expone a estas dolorosas ilusiones incluso cuando nos esforzamos sinceramente por alcanzar la perfección y actuar conforme al principio más elevado que podamos concebir.

Las falsas nociones religiosas son casi las únicas que pueden provocar una perversión tan grave de nuestros sentimientos naturales; y es ese mismo principio que otorga mayor autoridad a las reglas del deber el que, en ciertos casos, puede también distorsionarlas profundamente. En todos los demás aspectos, el sentido común basta para guiarnos—si no hacia la más exquisita corrección en la conducta, al menos hacia algo no muy distante de ella. Y mientras actuemos con el sincero deseo de obrar bien, nuestra conducta será, en general, digna de elogio.

Que obedecer la voluntad de Dios es la primera regla del deber es algo en lo que todos coinciden. Pero respecto a los mandamientos concretos que esa voluntad impone, las opiniones difieren ampliamente. Por tanto, aquí se impone la mayor tolerancia y comprensión mutua; y aunque la defensa de la sociedad exige que los crímenes sean castigados, cualquiera que sea su motivación, un hombre de bien siempre lo hará con reluctancia cuando dichos crímenes provengan claramente de nociones religiosas equivocadas. No sentirá hacia quienes los cometen la misma indignación que contra otros criminales, sino que, por el contrario, sentirá por ellos compasión, e incluso, en ocasiones, admiración por su infortunada firmeza y magnanimidad, aun cuando se vea obligado a castigarlos.

En la tragedia *Mahomet*, una de las mejores de Voltaire, se representa con gran acierto cuáles deberían ser nuestros sentimientos ante los crímenes que proceden de tales motivos. En ella, dos jóvenes de distinto sexo, de disposición inocente y virtuosa, y sin otro defecto que el mutuo afecto que los hace aún más entrañables, son inducidos, por los más poderosos impulsos de una fe equivocada, a cometer un horrible asesinato que ofende todos los principios de la naturaleza humana. Un anciano venerable, que había mostrado el más tierno afecto por ambos, por quien—pese a ser enemigo declarado de su religión—sentían profunda estima y respeto, y que era en realidad su padre, aunque ellos lo ignoraban, es señalado como un sacrificio que Dios exige expresamente de sus manos. Se les ordena matarlo. Mientras están por cometer el crimen, son atormentados por la lucha entre el sentido del deber religioso, por un lado, y la compasión, la gratitud, la reverencia por la edad, y el amor por la bondad y humanidad de la víctima, por el otro.

Esta escena constituye uno de los espectáculos más conmovedores y, quizás, más instructivos que jamás se hayan presentado en un teatro. El sentido del deber, sin embargo, acaba por imponerse sobre todas las amables debilidades de la naturaleza humana. Cometen el crimen que creen impuesto por Dios, pero de inmediato descubren el engaño del que han sido víctimas y se hunden en el horror, el remordimiento y la desesperación. Los sentimientos que despiertan los infortunados Seid y Palmira son los mismos que deberíamos experimentar hacia toda persona desviada por la religión—cuando estamos seguros de que ha sido verdaderamente la religión la que lo ha llevado al error, y no una mera pretensión que encubre las más viles pasiones humanas.

Así como alguien puede actuar mal siguiendo un sentido equivocado del deber, también puede ocurrir que la naturaleza prevalezca sobre él y lo lleve a obrar bien en contra de su propia convicción. En tal caso, no nos molesta que haya triunfado el motivo que consideramos correcto, aunque la persona no lo reconozca como tal. Sin embargo, como su acción nace de la debilidad y no del principio, no le atribuimos un grado pleno de aprobación. Un católico romano fanático que, durante la masacre de San Bartolomé, se haya dejado vencer por la compasión y salvara a algunos protestantes que creía su deber eliminar, no parecería merecer la misma admiración que le brindaríamos si hubiera obrado con igual generosidad, pero con plena aprobación de su conciencia. Podríamos apreciar la humanidad de su temperamento, pero lo miraríamos con una especie de lástima incompatible con la admiración reservada a la virtud perfecta.

Lo mismo ocurre con todas las demás pasiones. No nos desagrada verlas manifestarse correctamente, incluso cuando una noción errónea del deber lleve a la persona a reprimirlas. Un cuáquero muy devoto que, al ser abofeteado, en lugar de ofrecer la otra mejilla, olvide su interpretación literal del precepto de Cristo y se desquite con firmeza del agresor, no nos resultaría antipático. Nos haría reír, nos entretendría su carácter, y hasta nos resultaría más simpático por ello. Pero de ningún modo lo miraríamos con el respeto y la estima que merecería quien, en una situación semejante, hubiera actuado con corrección movido por un justo sentido de lo que debía hacerse. Ninguna acción puede considerarse verdaderamente virtuosa si no va acompañada del sentimiento de aprobación de uno mismo.

CUARTA PARTE: SOBRE EL EFECTO DE LA UTILIDAD EN EL SENTIMIENTO DE APROBACIÓN

(Compuesta de una sola sección)

CAPÍTULO I: SOBRE LA BELLEZA QUE LA APARIENCIA DE UTILIDAD CONFIERE AL ARTE

Que la utilidad es una de las principales fuentes de belleza ha sido observado por todos quienes han reflexionado con atención sobre la naturaleza de lo bello. La funcionalidad de una casa resulta tan agradable al espectador como su simetría; y se siente igualmente incómodo al notar la ausencia de esta cualidad, como cuando observa ventanas desiguales o una puerta mal colocada. Que la aptitud de cualquier sistema o máquina para cumplir el fin al que fue destinado le otorga cierta propiedad y belleza al conjunto —y hace placentera incluso su mera contemplación— es algo tan evidente que nadie lo ha pasado por alto.

Recientemente, un filósofo ingenioso y elocuente —que combina gran profundidad de pensamiento con una notable claridad y elegancia en la expresión— ha ofrecido una explicación de por qué la utilidad nos agrada. Según él, la utilidad de un objeto complace a su dueño porque le recuerda constantemente el placer o la comodidad que dicho objeto está diseñado para proporcionar. Cada vez que lo observa, evoca esa satisfacción, y así se convierte en una fuente de goce permanente. El espectador, mediante la simpatía, participa de los sentimientos del dueño y percibe el objeto con la misma perspectiva agradable. Cuando visitamos los palacios de los poderosos, no podemos evitar imaginar la satisfacción que sentiríamos si fuéramos sus propietarios, y si dispusiéramos de tantas comodidades, dispuestas con arte e ingenio. Una explicación similar se da para entender por qué la apariencia de inconveniencia genera desagrado, tanto en el propietario como en quien observa.

Pero que esta adecuación o ingenioso diseño de una obra de arte sea, con frecuencia, más valorado que el fin mismo al que se dirige, y que la precisa disposición de los medios para lograr cierta comodidad o placer sea más apreciada que dicha comodidad o placer, es algo que —hasta donde sé— nadie ha señalado aún. Sin embargo, esto ocurre con frecuencia, tanto en los asuntos más triviales como en los más importantes de la vida humana.

Cuando alguien entra en su habitación y encuentra todas las sillas amontonadas en el centro, se irrita con su sirviente, y tal vez, para evitar que permanezcan en desorden, se toma la molestia de colocarlas él mismo con el respaldo contra la pared. La propiedad de esa nueva disposición radica en su mayor conveniencia, al dejar libre el espacio del suelo. Para lograr esta comodidad, se impone más esfuerzo del que habría sufrido soportando su ausencia, pues nada le impedía simplemente sentarse en una de las sillas, como probablemente hará una vez concluido el ordenamiento. Lo que buscaba, por tanto, no era tanto la comodidad, sino el arreglo que la facilita. Y, sin embargo, es esa comodidad la que justifica y embellece dicho orden.

Lo mismo ocurre con un reloj que atrasa más de dos minutos al día: es despreciado por quien es meticuloso con estos instrumentos. Tal vez lo venda por un par de guineas y adquiera otro por cincuenta, que no pierda más de un minuto en quince días. Pero el único propósito del reloj es indicarnos la hora y evitar que, por ignorarla, rompamos algún compromiso o suframos alguna incomodidad. Sin embargo, el individuo exigente con esta máquina no se caracteriza necesariamente por una puntualidad más estricta, ni por un mayor interés en conocer con precisión la hora. Lo que le atrae no es tanto ese conocimiento, sino la perfección del artefacto que lo proporciona.

¿Cuántas personas arruinan sus finanzas por gastar en baratijas de utilidad dudosa? Lo que complace a estos amantes de los "juguetes" no es la utilidad en sí, sino el ingenio del mecanismo que la promueve. Llevan los bolsillos repletos de pequeños artefactos prácticos. Incluso diseñan nuevos bolsillos para poder portar más. Caminan cargados de artilugios que, por peso o valor, no son inferiores a una caja de joyas, muchos de los cuales pueden tener alguna utilidad ocasional, pero que en conjunto resultan perfectamente prescindibles. Su utilidad, en cualquier caso, no compensa la molestia de transportarlos.

Y no solo en lo trivial actúa este principio: también es el motor oculto de muchas de las más serias e importantes empresas de la vida privada y pública.

El hijo del pobre —a quien el cielo, en su ira, ha contagiado de ambición— cuando empieza a observar el mundo, envidia la condición del rico. El hogar de su padre le parece estrecho y sueña con vivir más cómodamente en un palacio. Detesta caminar a pie o soportar el cansancio de montar a caballo, mientras ve a sus superiores transportarse en lujosos carruajes, imaginando que en ellos viajaría sin esfuerzo. Desea una numerosa servidumbre que le evite toda labor. Cree que, si tuviera todo eso, viviría tranquilo, disfrutando de la felicidad de su situación. Se enamora de la idea de esa dicha lejana, que imagina como la vida de un ser de orden superior, y se consagra a la búsqueda de la riqueza y el poder. Para obtener las comodidades que cree que estos le brindarán, desde los primeros meses de su esfuerzo se somete a mayores fatigas corporales y angustias mentales que las que habría padecido en toda su vida por carecer de ellas.

Se esfuerza por destacar en una profesión ardua. Trabaja sin descanso día y noche para adquirir talentos superiores a los de sus competidores. Luego busca dar a conocer sus habilidades, y solicita con la misma tenacidad toda oportunidad de empleo. Para ello, adula a todos: sirve a quienes detesta y se muestra servil con quienes desprecia. Persigue durante toda su vida una idea de reposo elegante y artificial, que quizá jamás alcance, por la cual sacrifica una tranquilidad real que siempre estuvo a su alcance. Y si al fin de sus días llegase a conseguirla, descubrirá que no es en absoluto superior a la humilde seguridad y el contento que abandonó.

Es entonces, en los últimos restos de la vida —con el cuerpo debilitado por el esfuerzo y las enfermedades, y la mente agitada por el recuerdo de mil agravios y desilusiones, atribuidos a enemigos injustos o a la ingratitud de los amigos— cuando comprende que la riqueza y la grandeza no son más que baratijas de dudosa utilidad, tan poco capaces de proporcionar bienestar y serenidad como el estuche de tijeras del aficionado a los artilugios. Y, al igual que estos, más engorrosas de llevar que provechosas. La única diferencia entre ambos es que la utilidad de unos resulta más evidente que la de los otros. Los palacios, jardines, carruajes y séquitos de los poderosos son objetos cuya utilidad salta a la vista. No necesitan que sus dueños nos expliquen su valor: lo comprendemos por nuestra cuenta, y por simpatía compartimos —y por ello aprobamos— el gozo que están hechos para brindarles.

En cambio, el encanto de un mondadientes, de un limpiador de oídos o de cualquier otra minucia es menos evidente. Su utilidad puede ser igual, pero no tan notoria. No conectamos tan fácilmente con la satisfacción de quien los posee. Por eso, son un motivo de vanidad menos razonable que el esplendor de la riqueza y el poder. Y ahí reside la única ventaja de estos últimos: satisfacen con mayor eficacia el deseo humano de distinción. Para alguien que viviera solo en una isla desierta, quizá sería discutible si un palacio o una colección de pequeñas comodidades como las de un estuche de aseo contribuiría más a su felicidad. Pero en sociedad, no hay comparación posible, pues en todos los casos tendemos a valorar más los juicios del espectador que los del protagonista, y consideramos más cómo su situación será percibida por otros que cómo la percibe él mismo.

Si analizamos por qué el espectador admira tanto la condición del rico y del poderoso, veremos que no es tanto por el placer que imaginamos que disfrutan, sino por la innumerable variedad de medios elegantes y sofisticados con los que buscan alcanzarlo. Ni siquiera creemos que sean realmente más felices, pero sí suponemos que disponen de más medios para serlo. Y es el ingenioso diseño de esos medios lo que despierta nuestra admiración.

Pero en la languidez de la enfermedad y el desgaste de la vejez, los placeres de las distinciones vanas y vacías desaparecen. En tal estado, ya no pueden justificar aquellas arduas búsquedas que antes inspiraban. Interiormente, maldice la ambición y lamenta, ya sin remedio, la placidez de la juventud perdida, los placeres que abandonó por algo que, al alcanzarlo, no le brinda satisfacción alguna.

En esta forma miserable se revela la grandeza a quien se ve obligado —por la enfermedad o el desencanto— a observar su propia situación y a considerar qué es realmente necesario para su felicidad. El poder y la riqueza se presentan entonces como lo que son: enormes y complicadas máquinas diseñadas para obtener algunas comodidades menores del cuerpo, compuestas por mecanismos delicadísimos que requieren constante atención y que, pese a todos los cuidados, están siempre a punto de romperse y sepultar en sus ruinas a su desafortunado poseedor. Son estructuras inmensas que demandan el trabajo de toda una vida para levantarse, que amenazan con aplastar a quien las habita, y que, mientras se mantienen en pie, pueden resguardar de algunas incomodidades menores, pero no protegen de las inclemencias más severas. Detienen la lluvia de verano, pero no la tormenta invernal, y dejan al hombre tan expuesto —o más aún— al temor, la tristeza, la enfermedad, el peligro y la muerte.

Sin embargo, aunque esta filosofía melancólica —familiar a todos los hombres en momentos de enfermedad o abatimiento— desprecie completamente esos grandes objetos del deseo humano, cuando gozamos de buena salud y mejor ánimo, no dejamos de contemplarlos con una mirada más favorable. Nuestra imaginación, que en el dolor y la tristeza parece recluida en nuestra propia persona, se expande en tiempos de bienestar y prosperidad hacia todo lo que nos rodea. Entonces nos fascina la belleza del orden que reina en los palacios y en la economía de los poderosos; admiramos cómo todo está dispuesto para promover su comodidad, prevenir sus necesidades, satisfacer sus deseos y entretener incluso sus caprichos más triviales.

Si consideramos la satisfacción real que todas estas cosas pueden proporcionar, por sí solas y separadas de la belleza de esa disposición que está diseñada para alcanzarlas, nos parecerán siempre sumamente triviales y despreciables. Pero rara vez las miramos desde esa perspectiva abstracta y filosófica. Naturalmente, las confundimos en nuestra imaginación con el orden, el movimiento regular y armonioso del sistema, de la máquina o de la economía que las produce. Los placeres de la riqueza y la grandeza, considerados bajo esta visión compleja, impresionan la imaginación como algo grandioso, bello y noble, cuya obtención bien justifica todo el esfuerzo y la ansiedad que solemos invertir en ella.

Y es afortunado que la naturaleza nos engañe de esta manera. Es este autoengaño el que despierta y mantiene en constante movimiento la industria humana. Fue esto lo que primero impulsó a los hombres a cultivar la tierra, construir casas, fundar ciudades y repúblicas, e inventar y perfeccionar todas las ciencias y artes que ennoblecen y embellecen la vida humana; que han transformado por completo la faz del planeta, convirtiendo los bosques salvajes de la naturaleza en llanuras fértiles y agradables, y el océano vasto e inhóspito en una nueva fuente de sustento y en la gran vía de comunicación entre las naciones del mundo. La tierra, gracias a estos esfuerzos, se ha visto obligada a multiplicar su fertilidad natural y a sostener a una población mucho mayor.

De nada sirve que el orgulloso e insensible terrateniente contemple sus vastos campos e imagine consumir él solo toda la cosecha. El viejo y sencillo proverbio, "el ojo es más grande que el estómago", nunca se ha verificado con más claridad que en su caso. La capacidad de su cuerpo no guarda proporción con la inmensidad de sus deseos, y no recibe más alimento que el más humilde campesino. El resto debe ser distribuido entre quienes preparan con esmero lo poco que él realmente consume, entre quienes acondicionan el palacio donde ha de hacerlo, y entre quienes fabrican y mantienen en orden todos los adornos y aparatos empleados en su economía. Todos ellos obtienen de su lujo y capricho esa porción de lo necesario para vivir que jamás habrían recibido de su humanidad o de su justicia.

El producto del suelo sostiene siempre, aproximadamente, al número de personas que puede mantener. Los ricos solo escogen del conjunto lo más fino y placentero. Consumen poco más que los pobres; y a pesar de su egoísmo natural y su avidez, aunque solo buscan su propia comodidad, y aunque el fin último de las labores de todos los que emplean sea satisfacer sus deseos vanos e insaciables, comparten con los pobres el fruto de todas sus mejoras. Son guiados por una **mano invisible** a realizar casi la misma distribución de los bienes esenciales que habría tenido lugar si la tierra se hubiera dividido en partes iguales entre todos sus habitantes. Y así, sin quererlo, sin saberlo, promueven el interés de la sociedad y contribuyen a la multiplicación de la especie. Cuando la providencia repartió la tierra entre unos pocos señores, no olvidó ni abandonó a aquellos que parecían haber quedado fuera de la repartición. Ellos también disfrutan de una parte de todo lo que esta produce. En lo que constituye la verdadera felicidad de la vida humana, no son en absoluto inferiores a quienes aparentan estar muy por encima. En tranquilidad del cuerpo y paz del espíritu, todos los estratos de la vida se hallan casi al mismo nivel, y el mendigo que se calienta al sol junto al camino posee esa seguridad por la cual los reyes luchan.

El mismo principio, ese amor por el orden y la belleza del sistema, del arte y del diseño, suele también inspirar aprecio por aquellas instituciones que tienden al bien común. Cuando un patriota se esfuerza por mejorar algún aspecto del gobierno, no siempre lo hace por pura simpatía hacia la felicidad de quienes se beneficiarán. No suele ser por compasión hacia carreteros y arrieros que un hombre público promueve la mejora de los caminos. Cuando el legislador establece premios o incentivos para fomentar la industria textil, rara vez lo hace por simpatía con quienes vestirán la ropa o con los fabricantes que la producen. La perfección de la administración pública, la expansión del comercio y la industria son objetos nobles y sublimes. Contemplarlos nos agrada, y nos interesa todo lo que pueda contribuir a su progreso. Son parte del gran sistema del gobierno, y sus engranajes parecen moverse con mayor armonía y fluidez gracias a ellos. Nos complace contemplar la perfección de un sistema tan bello y grandioso, y nos inquietamos al detectar cualquier obstáculo que pueda perturbar o dificultar la regularidad de su funcionamiento.

Todos los sistemas de gobierno, sin embargo, solo se valoran en la medida en que promueven la felicidad de quienes viven bajo su protección. Este es su único fin y justificación. Pero por cierto espíritu de sistema, por amor al diseño y al orden, a veces parece que valoramos más los medios que el fin, y que deseamos promover la felicidad de nuestros semejantes más para perfeccionar y embellecer un sistema que por auténtica compasión hacia lo que sufren o disfrutan. Ha habido hombres de gran espíritu público, no particularmente sensibles al sufrimiento humano; y otros de inmensa humanidad, completamente desprovistos de preocupación por el interés general. Todos conocemos ejemplos de ambos tipos.

¿Quién tuvo menos humanidad, o más espíritu público, que el célebre legislador de Moscovia? El sociable y bonachón Jacobo I de Inglaterra, en cambio, parece haber carecido por completo de interés por la gloria o el bienestar de su reino.

Si se desea despertar la ambición de quien parece insensible a ella, será inútil describirle la felicidad de los ricos y poderosos: decirle que rara vez sienten hambre o frío, o que apenas padecen fatiga o necesidad. Las exhortaciones más elocuentes en este sentido no surtirán efecto. Para conmoverlo, habrá que describirle la comodidad y la disposición de los espacios en sus palacios; explicarle la idoneidad de sus carruajes, el número, orden y funciones de sus sirvientes. Si algo puede influir en él, será eso. Y, sin embargo, todas esas cosas no son sino medios para librarse del calor y la lluvia, del hambre y el frío, del cansancio y la necesidad.

Del mismo modo, si se busca fomentar la virtud cívica en quien se muestra indiferente al destino de su país, será inútil enumerar las ventajas materiales que disfrutan los ciudadanos de un Estado bien gobernado. Decirles que están mejor vestidos, mejor alimentados o alojados rara vez le impresionará. Pero si se le describe el gran sistema de administración pública que permite esas ventajas —si se le explican las conexiones y jerarquías de sus partes, su coordinación y su orientación hacia la felicidad común; si se le muestra cómo podría implantarse tal sistema en su propio país, qué obstáculos lo impiden actualmente, y cómo podrían removerse para que los engranajes del gobierno se muevan con más armonía y eficacia—, difícilmente podrá resistirse al estímulo del patriotismo. Al menos por un momento, sentirá el deseo de remover esos obstáculos y poner en marcha una maquinaria tan bella y ordenada.

Nada fomenta tanto el espíritu público como el estudio de la política: de los distintos sistemas de gobierno civil, sus ventajas y defectos; de la constitución del propio país, su posición e intereses ante las demás naciones, su comercio, su defensa, las desventajas que enfrenta, los peligros a los que está expuesto, y los medios para superar unos y prevenir los otros. Por ello, las investigaciones políticas —si son justas, razonables y aplicables— son las más útiles de todas las especulaciones teóricas. Incluso las más débiles o erradas tienen algún valor: al menos sirven para animar las pasiones cívicas y motivar la búsqueda de medios para promover el bienestar de la sociedad.

CAPÍTULO II: SOBRE LA BELLEZA QUE CONFIERE LA APARIENCIA DE UTILIDAD AL CARÁCTER Y A LAS ACCIONES HUMANAS

Así como los productos del arte o las instituciones del gobierno civil pueden estar diseñados para fomentar o perturbar la felicidad tanto del individuo como de la sociedad, también ocurre lo mismo con los caracteres humanos. El carácter prudente, equitativo, activo, decidido y sobrio promete prosperidad y satisfacción, tanto para quien lo posee como para quienes lo rodean. En cambio, el carácter temerario, insolente, perezoso, afeminado y entregado al placer presagia la ruina del individuo y la desgracia de todos aquellos que se relacionen con él. El primer tipo de carácter posee, al menos, toda la belleza que pueda atribuirse a la máquina más perfecta jamás concebida para alcanzar un propósito placentero; el segundo, en cambio, exhibe toda la torpeza y fealdad del más burdo y desprolijo artificio.

¿Qué institución de gobierno podría promover tanto la felicidad de la humanidad como la difusión general de la sabiduría y la virtud? Todo gobierno no es más que un remedio imperfecto para suplir la carencia de estas. Por tanto, cualquiera que sea la belleza que podamos atribuir al gobierno civil en razón de su utilidad, esta pertenece en grado mucho mayor al carácter virtuoso. Y, en contraposición, ningún sistema político puede ser tan destructivo como lo son los vicios de los hombres. Los efectos nefastos de un mal gobierno derivan

183

simplemente de que no logra protegernos de los males que ocasiona la maldad humana.

Esta belleza o fealdad que atribuimos al carácter humano en función de su utilidad o perjuicio tiende a impactar de manera especial a quienes observan la conducta desde una perspectiva filosófica y abstracta. El filósofo, al reflexionar por qué aprobamos la humanidad o condenamos la crueldad, no siempre se representa con claridad una acción específica de humanidad o crueldad. A menudo se conforma con una noción vaga e imprecisa sugerida por los nombres generales de estas cualidades. Sin embargo, solo en los casos particulares resulta evidente y discernible la propiedad o impropiedad, el mérito o el demérito de las acciones. Solo cuando se presentan ejemplos concretos sentimos de forma clara la concordancia o el desacuerdo entre nuestras propias emociones y las del agente, surgiendo en nosotros, en un caso, una gratitud social, o en el otro, una indignación empática.

Al considerar la virtud y el vicio de forma general y abstracta, las cualidades que despiertan esas emociones tienden a desvanecerse, y las emociones mismas se hacen menos visibles y definidas. Por el contrario, los efectos benéficos de la virtud y las consecuencias funestas del vicio se destacan con más claridad, como si emergieran y se hicieran visibles por encima de las demás cualidades implicadas.

El mismo autor ingenioso y elocuente que explicó por qué la utilidad nos agrada, se ha sentido tan impresionado por esta visión que ha llegado a reducir toda nuestra aprobación moral a una percepción de la belleza que surge de la apariencia de utilidad. Según él, ninguna cualidad de la mente es considerada virtuosa si no es útil o agradable, ya sea para quien la posee o para los demás; y ninguna se considera viciosa si no posee una tendencia opuesta. Y, en efecto, la naturaleza parece haber ajustado nuestras emociones de aprobación y desaprobación de forma tan adecuada a la conveniencia tanto individual como social, que incluso tras el análisis más riguroso, esto parece cumplirse universalmente.

Sin embargo, sostengo que no es la percepción de esa utilidad o perjuicio lo que constituye la fuente primera o principal de nuestra aprobación o desaprobación. Estas emociones, sin duda, se ven reforzadas y animadas por la belleza o fealdad que resulta de dicha percepción, pero son original y esencialmente distintas de ella.

En primer lugar, parece imposible que la aprobación de la virtud sea del mismo tipo que la admiración que sentimos por un edificio bien diseñado o por una cómoda. No puede ser que la razón por la que elogiamos a un hombre sea la misma por la que aplaudimos un mueble funcional.

Y, en segundo lugar, al analizarlo más a fondo, notaremos que la utilidad de una disposición del carácter rara vez constituye el primer motivo de nuestra aprobación; y que esta aprobación siempre implica un sentido de *propiedad* o *adecuación* moral que es totalmente distinto de la percepción de utilidad.

Esto se observa tanto en aquellas cualidades que se valoran por ser útiles para uno mismo, como en las que se aprecian por ser útiles para los demás. Las cualidades más útiles para el individuo son, en primer lugar, la inteligencia y el buen juicio, que permiten prever las consecuencias de nuestras acciones y anticipar las ventajas o desventajas que puedan derivarse de ellas; y en segundo lugar, el dominio de sí mismo, que nos capacita para abstenernos de un placer inmediato o soportar un dolor presente, con el fin de alcanzar un placer mayor o evitar un mal más grave en el futuro. La virtud de la prudencia, la más útil de todas para el individuo, consiste en la unión de estas dos cualidades.

Con respecto a la primera de estas cualidades, ya se ha observado anteriormente que la razón superior y la comprensión no son valoradas inicialmente solo por su utilidad o ventaja, sino como justas, correctas y precisas en sí mismas. Es en las ciencias más abstractas, especialmente en las ramas más elevadas de las matemáticas, donde se han mostrado los mayores y más admirados logros del entendimiento humano. Sin embargo, la utilidad de estas ciencias —tanto para el individuo como para la sociedad— no es inmediatamente evidente, y demostrarla requiere una discusión que no siempre es fácil de comprender. Por lo tanto, no fue su utilidad lo que primero las hizo admirables ante el público. Esta cualidad solo comenzó a destacarse cuando fue necesario responder a las críticas de quienes, sin ningún gusto por estos descubrimientos sublimes, intentaban despreciarlos como inútiles.

De manera similar, el dominio de uno mismo —que nos permite reprimir los apetitos presentes para satisfacerlos más plenamente en otra ocasión— se valora tanto por su propiedad como por su utilidad. Cuando actuamos de este modo, los sentimientos que nos guían parecen coincidir exactamente con los del espectador imparcial. Este no siente la urgencia de nuestros deseos inmediatos. Para él, el placer que disfrutaremos dentro de una semana o un año es tan relevante como el que podríamos tener ahora. Por eso, cuando sacrificamos el futuro por el presente, nuestra conducta le parece absurda y desproporcionada, y no puede compartir los principios que la motivan. En cambio, cuando renunciamos a un placer inmediato para asegurar uno mayor en el futuro; cuando actuamos como si ese bien distante nos importara tanto como el que tenemos al alcance, entonces nuestras emociones coinciden con las suyas, y no puede evitar aprobar nuestro comportamiento. Y, como sabe por experiencia cuán pocas personas logran ejercer este autocontrol, contempla esa conducta con admiración y respeto.

De ahí surge la alta estima con que todos valoramos la perseverancia en la frugalidad, la laboriosidad y la constancia, incluso cuando están orientadas simplemente a la acumulación de riqueza. La firmeza con que una persona actúa de esta manera, renunciando a los placeres inmediatos y soportando grandes esfuerzos físicos y mentales por un beneficio lejano, merece naturalmente nuestra aprobación. La imagen que esa persona tiene de su propio bienestar coincide plenamente con la que nosotros formamos al respecto. Hay una correspondencia perfecta entre sus sentimientos y los nuestros y, al mismo tiempo, dado que esa coincidencia supera nuestras expectativas sobre la debilidad humana, no solo aprobamos su conducta, sino que la admiramos. Es la conciencia de esta aprobación merecida lo que sostiene al agente en esa línea de acción. El placer que disfrutaremos dentro de diez años nos interesa muy poco en comparación con el que podemos gozar hoy; el primero despierta en nosotros una pasión débil, mientras que el segundo provoca una emoción intensa. Por sí sola, la expectativa del placer futuro nunca podría equilibrar el atractivo del placer inmediato, a menos que se viera reforzada por el sentido de propiedad moral, por la conciencia de que, actuando así, merecemos la estima de los demás, y que, en caso contrario, seríamos objeto de desprecio y burla.

Las cualidades más útiles para los demás son la humanidad, la justicia, la generosidad y el espíritu público. Ya se ha explicado antes en qué consiste la propiedad de la humanidad y la justicia, y cómo nuestra estima hacia estas virtudes depende de la armonía entre las emociones del agente y las del espectador.

La propiedad de la generosidad y el espíritu público se funda en el mismo principio que la justicia. Pero la generosidad no es lo mismo que la humanidad. Aunque parezcan similares, estas cualidades no siempre se encuentran en la misma persona. La humanidad es la virtud característica de la mujer; la generosidad, del hombre. El sexo femenino, generalmente más tierno, rara vez destaca por su generosidad. El derecho civil incluso observa que las mujeres raramente hacen donaciones significativas.

La humanidad consiste, esencialmente, en la profunda empatía del espectador con los sentimientos de los directamente implicados: compasión ante su sufrimiento, indignación ante sus agravios, y alegría ante su fortuna. Los actos más humanos no requieren sacrificio personal ni dominio de uno mismo: basta con seguir el impulso natural de esa simpatía. Pero la generosidad es diferente. Solo somos generosos cuando preferimos, en algún aspecto, a otra persona por encima de nosotros mismos, sacrificando un interés propio importante por otro igual, pero ajeno.

El hombre que renuncia a su aspiración a un cargo, porque considera que otro tiene más méritos; el que arriesga su vida para salvar la de su amigo, porque la juzga más valiosa, no actúan por humanidad. No es que sientan con mayor intensidad los intereses del otro que los propios. Consideran esos intereses desde la perspectiva del espectador imparcial. Para cualquier observador, el beneficio del otro puede parecer más relevante que el propio, aunque no lo sea desde el punto de vista del agente. Al actuar según esta perspectiva, se adaptan a los sentimientos del espectador y, con un esfuerzo de magnanimidad, actúan según lo que saben que cualquier tercero consideraría justo y adecuado.

Lo mismo ocurre con las manifestaciones más elevadas del espíritu público. Cuando un joven oficial arriesga su vida por conquistar un pequeño territorio para su soberano, no lo hace porque valore ese terreno más que su propia vida. Para él, su vida vale mucho más. Pero al comparar ambos objetos, no lo hace desde su perspectiva personal, sino desde la de la nación a la que sirve. Para la nación, el éxito militar es vital, y su vida, irrelevante. Cuando adopta esa perspectiva, siente que no puede derramar demasiada sangre si eso contribuye a tan noble fin. En contrariar así la inclinación más natural —la del amor a la vida— por sentido del deber, consiste el heroísmo. Hay muchos hombres honestos que, en su vida privada, lamentarían más perder una moneda que la caída de una colonia, y que, sin embargo, hubieran sacrificado mil veces su vida antes que entregarla al enemigo, si de ellos hubiera dependido su defensa.

Cuando el primer Bruto llevó a sus propios hijos al castigo capital por haber conspirado contra la naciente libertad de Roma, sacrificó, en su corazón, el afecto más fuerte por el más débil. Bruto, como padre, debía haber sentido mucho más por la muerte de sus hijos que por cualquier pérdida que Roma pudiera haber sufrido sin ese ejemplo. Pero los vio, no como padre, sino como ciudadano romano. Se identificó tan completamente con este último carácter, que ignoró todo lazo familiar; y para un ciudadano romano, incluso los hijos de Bruto eran insignificantes comparados con el más mínimo interés de Roma.

En todos estos casos, nuestra admiración se basa menos en la utilidad que en la inesperada y, por ello, grandiosa y noble adecuación moral de esas acciones. La utilidad, cuando la consideramos, les añade belleza y refuerza nuestra aprobación. Pero esta belleza solo es plenamente percibida por los hombres reflexivos; no es lo que primero conmueve los sentimientos naturales de la mayoría.

Cabe destacar que, en la medida en que la aprobación moral surge de la percepción de esta belleza de la utilidad, no guarda relación alguna con los sentimientos de los demás. Si una persona creciera hasta la adultez sin contacto alguno con la sociedad, sus acciones podrían resultarle agradables o desagradables según contribuyeran o no a su bienestar. Podría apreciar la belleza de la prudencia, la templanza y la buena conducta, y ver fealdad en lo opuesto. Vería su carácter como una máquina bien diseñada, o, por el contrario, como una construcción torpe y mal hecha. Sin embargo, estas percepciones, al ser meras cuestiones de gusto, compartirían la debilidad y delicadeza propias de ese tipo de juicio estético, y difícilmente captarían su atención en una condición tan solitaria y miserable. Incluso si llegara a tenerlas, no tendrían en él el mismo efecto que sí tendrían una vez integrado a la vida en sociedad. No sentiría vergüenza ni humillación ante esa fealdad moral, ni experimentaría el triunfo íntimo que brota del reconocimiento de la virtud. No sentiría que merece recompensa, ni temería ser castigado. Tales emociones suponen la idea de otro ser que actúe como juez natural de su conducta; y solo mediante la simpatía con el juicio de ese espectador puede surgir la exaltación del aplauso interno o el dolor de la auto desaprobación.

QUINTA PARTE: SOBRE LA INFLUENCIA DE LA COSTUMBRE Y LA MODA EN LOS SENTIMIENTOS DE APROBACIÓN Y DESAPROBACIÓN MORAL

(Compuesta de una sola sección)

CAPÍTULO I: SOBRE LA INFLUENCIA DE LA COSTUMBRE Y LA MODA EN NUESTRAS NOCIONES DE LO BELLO Y LO DEFORMADO

Existen otros principios, además de los ya mencionados, que ejercen una influencia considerable sobre los sentimientos morales de la humanidad, y que son las principales causas de las múltiples opiniones irregulares y contradictorias que prevalecen en distintas épocas y naciones acerca de lo que es digno de censura o de elogio. Estos principios son la costumbre y la moda, los cuales extienden su dominio sobre nuestros juicios respecto a todo tipo de belleza.

Cuando dos objetos han sido vistos con frecuencia juntos, la imaginación adquiere el hábito de pasar fácilmente de uno al otro. Si aparece el primero, esperamos que el segundo lo siga. Por sí mismos, tienden a evocarse mutuamente, y la atención fluye con naturalidad entre ambos. Aunque, independientemente de la costumbre, no exista ninguna belleza real en su unión, una vez que esta conexión se ha establecido, sentimos cierta impropiedad en su separación. Consideramos que uno de ellos resulta torpe o fuera de lugar cuando aparece sin su habitual compañero. Echamos en falta algo que esperábamos encontrar, y el orden habitual de nuestras ideas se ve perturbado por esa decepción. Un traje, por ejemplo, parece incompleto si le falta el más insignificante de los adornos que usualmente lo acompañan, y nos produce una impresión de pobreza o torpeza la ausencia, incluso, de un simple botón. Cuando hay una adecuación natural en la unión, la costumbre intensifica nuestra percepción de ella, y hace que un arreglo distinto resulte aún más desagradable. Aquellos habituados a ver las cosas dispuestas con buen gusto, sienten mayor repulsión hacia lo que es burdo o desordenado. Por el contrario, cuando la unión es impropia, la costumbre disminuye —o incluso elimina por completo— nuestra percepción de dicha impropiedad. Quienes están acostumbrados al desaliño pierden toda sensibilidad hacia la limpieza o la elegancia. Los estilos de mobiliario o vestimenta que a los forasteros les resultan ridículos, no ofenden a quienes están acostumbrados a ellos.

La moda es distinta de la costumbre, o más bien, es una especie particular de esta última. No está de moda lo que todos visten, sino lo que visten quienes ocupan un rango o posición social elevada. Los modales elegantes, relajados y dominantes de las clases altas, combinados con la habitual riqueza y magnificencia de su vestimenta, confieren gracia a la forma que adoptan.

Mientras continúen usándola, esta forma se asocia en nuestra imaginación con algo refinado y majestuoso, y aunque en sí misma sea indiferente, nos parece que posee también algo de esa distinción. Tan pronto como la abandonan, pierde toda la gracia que antes parecía tener, y al ser adoptada únicamente por las clases inferiores, adquiere algo de su tosquedad y mezquindad.

Se admite universalmente que el vestuario y el mobiliario están completamente bajo el dominio de la costumbre y la moda. Sin embargo, la influencia de estos principios no se limita a un ámbito tan estrecho, sino que se extiende a todo aquello que pueda ser objeto del gusto: la música, la poesía, la arquitectura. Los estilos de vestir y decorar cambian constantemente; y dado que la moda que hoy resulta ridícula fue admirada hace apenas cinco años, tenemos prueba directa de que su aceptación se debió principalmente, si no exclusivamente, a la costumbre y la moda. La ropa y el mobiliario no suelen ser muy duraderos. Un abrigo bien diseñado se gasta en un año, y no puede seguir imponiendo, como moda, la forma en la que fue confeccionado. El mobiliario cambia con menor rapidez que la vestimenta, debido a su mayor durabilidad. No obstante, en cinco o seis años suele sufrir una transformación completa, y cada uno de nosotros ha visto cambiar múltiples veces el estilo en este ámbito a lo largo de su vida.

Los productos de las otras artes son mucho más duraderos, y cuando están bien concebidos, pueden continuar propagando la moda de su forma durante mucho más tiempo. Un edificio bien diseñado puede perdurar durante siglos; una melodía hermosa puede transmitirse de generación en generación; un poema bien escrito puede durar tanto como el mundo mismo; y todos ellos seguir influyendo por siglos en el estilo y el gusto que los inspiraron. Son pocos los hombres que pueden ver en vida un cambio significativo de estilo en cualquiera de estas artes. Son también pocos los que tienen suficiente experiencia y familiaridad con las modas de épocas y lugares remotos como para juzgarlas imparcialmente frente a las de su propio tiempo y país. Por ello, pocos están dispuestos a admitir que la costumbre y la moda influyen en sus juicios sobre lo que consideran bello o feo en estas artes. Imaginan que todas las reglas que creen deben observarse están fundadas en la razón y la naturaleza, y no en el hábito o el prejuicio. Sin embargo, basta un poco de atención para convencerse de lo contrario, y para comprender que la influencia de la costumbre y la moda sobre la arquitectura, la poesía y la música es tan absoluta como sobre el mobiliario y la vestimenta.

¿Puede darse, por ejemplo, alguna razón por la cual el capitel dórico deba asignarse a una columna cuya altura sea igual a ocho diámetros; la voluta jónica a una de nueve; y el follaje corintio a una de diez? La adecuación de cada una de estas asignaciones no puede fundarse en otra cosa que en el hábito y la costumbre. El ojo, acostumbrado a ver una determinada proporción asociada a un ornamento particular, se sentiría ofendido si estos no se presentaran juntos. Cada uno de los cinco órdenes arquitectónicos tiene sus ornamentos peculiares, los cuales no pueden ser sustituidos por otros sin provocar rechazo entre quienes conocen las reglas de la arquitectura. Según algunos arquitectos, en efecto, tal es el juicio exquisito con que los antiguos asignaron a cada orden sus adornos propios, que no podrían encontrarse otros más adecuados. Sin embargo, parece difícil concebir que estas formas —aunque sin duda muy agradables— sean las únicas que puedan armonizar con tales proporciones, o que no existan quinientas más que, antes de haberse establecido la costumbre, habrían sido igualmente apropiadas. Cuando la costumbre ha establecido ciertas reglas de construcción, mientras no sean absolutamente irracionales, resulta absurdo cambiarlas por otras que solo sean igual de buenas, o incluso por otras que, en términos de elegancia y belleza, tengan alguna leve ventaja sobre ellas. Sería ridículo que un hombre se presentara en público con un traje completamente distinto al que se acostumbra, aunque en sí mismo fuese muy elegante o práctico. Y parece haber un absurdo del mismo tipo en decorar una casa de manera muy distinta a la que la costumbre y la moda han prescrito, aunque los nuevos ornamentos fueran algo superiores a los comunes.

Según los antiguos retóricos, a cada tipo de escrito le correspondía por naturaleza un metro o verso particular, como expresión natural del carácter, sentimiento o pasión que debía predominar en él. Un verso, decían, era apropiado para obras graves, y otro para las alegres, y no podían, según ellos, intercambiarse sin caer en una gran impropiedad. Sin embargo, la experiencia moderna parece contradecir este principio, aunque en sí mismo parezca muy plausible. El verso burlesco en inglés es el verso heroico en francés. Las tragedias de Racine y *La Henriada* de Voltaire están escritas, más o menos, en el mismo verso que: "Let me have your advice in a weighty affair." (Dame tu consejo en un asunto de peso.)

El verso burlesco en francés, por el contrario, se parece bastante al verso heroico de diez sílabas del inglés. La costumbre ha hecho que una nación asocie ideas de gravedad, sublimidad y seriedad al mismo metro que otra nación ha vinculado con todo lo que es alegre, frívolo y ridículo. Nada parecería más absurdo en inglés que una tragedia escrita en versos alejandrinos franceses; o en francés, una obra del mismo tipo compuesta en versos de diez sílabas.

Un artista eminente puede provocar un cambio considerable en los estilos establecidos de cualquiera de estas artes, e introducir una nueva moda en la escritura, la música o la arquitectura. Así como el atuendo de un hombre agradable y de alto rango se impone y, por excéntrico que sea, termina siendo admirado e imitado, de igual modo las virtudes de un maestro eminente recomiendan sus peculiaridades, y su estilo se convierte en el modelo de moda en la disciplina que practica. El gusto de los italianos en música y arquitectura ha cambiado significativamente en los últimos cincuenta años, debido a la imitación de las peculiaridades de algunos maestros destacados en ambas artes. A Séneca lo acusa Quintiliano de haber corrompido el gusto de los romanos, introduciendo una gracia frívola en lugar de la majestuosa razón y la elocuencia viril. A Salustio y Tácito se les ha hecho la misma acusación, aunque de una manera diferente. Se dice que dieron fama a un estilo que, aunque sumamente conciso, elegante, expresivo e incluso poético, carecía de sencillez, naturalidad y fluidez, y era evidentemente fruto de un esfuerzo demasiado elaborado y artificioso. ¡Cuántas grandes cualidades debe poseer un escritor para hacer que incluso sus defectos resulten agradables! Después del elogio de haber refinado el gusto de una nación, quizá el mayor halago que puede hacerse a un autor es decir que lo corrompió.

En nuestra propia lengua, Mr. Pope y Dr. Swift introdujeron cada uno un estilo diferente al que se practicaba antes en todas las obras escritas en verso: el uno en versos largos, el otro en versos breves. La afectación de Butler ha sido reemplazada por la sencillez de Swift. La libertad desordenada de Dryden, y la corrección —pero a menudo tediosa y prosaica— de Addison, han dejado de ser modelos para imitar. Hoy, todos los versos largos se escriben siguiendo el estilo de la precisión vigorosa de Mr. Pope.

Tampoco es únicamente sobre las producciones del arte donde la costumbre y la moda ejercen su dominio. Estas influyen de igual manera en nuestros juicios respecto a la belleza de los objetos naturales. ¡Qué formas tan diversas y opuestas se consideran bellas en las distintas especies de cosas! Las proporciones que se admiran en un animal son completamente diferentes de las que se estiman en otro. Cada clase de cosas tiene su propia conformación peculiar, la cual es aprobada y posee una belleza particular, distinta de la de cualquier otra especie.

Es por esta razón que un erudito jesuita, el padre Buffier, sostuvo que la belleza de todo objeto consiste en aquella forma y color que son más comunes entre las cosas del tipo particular al que pertenece. Así, en la forma humana, la belleza de cada rasgo se encuentra en un cierto punto medio, igualmente alejado de una variedad de otras formas que resultan feas. Una nariz hermosa, por ejemplo, es aquella que no es ni muy larga ni muy corta, ni muy recta ni muy curva, sino un tipo de forma intermedia entre todos esos extremos, y menos diferente de cualquiera de ellos que lo que ellos son entre sí. Es la forma que la naturaleza parece haber intentado alcanzar en todos, de la cual, sin embargo, se desvía de muchas maneras, y que rara vez logra exactamente; pero a la cual todas esas desviaciones guardan todavía una fuerte semejanza.

Cuando se realizan varios dibujos a partir de un mismo modelo, aunque todos se alejen de él en algún aspecto, todos se parecerán más a ese modelo que entre sí. El carácter general del patrón se reflejará en todos ellos; los más singulares y extraños serán aquellos que más se alejen de él; y aunque pocos lo copien exactamente, las representaciones más precisas se parecerán más a las más descuidadas, que estas entre sí. De igual manera, en cada especie de criaturas, lo que es más bello muestra los caracteres más marcados de la estructura general de la especie, y la mayor semejanza con la mayoría de los individuos que la componen. Los monstruos, por el contrario, o lo que es completamente deforme, son siempre los más singulares y extraños, y los que menos se asemejan a la generalidad de esa especie a la que pertenecen.

Así, la belleza de cada especie, aunque en un sentido es lo más raro —porque pocos individuos logran esa forma intermedia exactamente—, es también, en otro sentido, lo más común, ya que todas las desviaciones de esa forma se le parecen más que lo que se parecen entre sí. La forma más habitual, por tanto, es, en cada especie de cosas, según él, la más bella. Y de ahí que se requiera cierta práctica y experiencia al contemplar cada especie de objeto antes de poder juzgar su belleza o conocer en qué consiste la forma media y más común. El juicio más fino sobre la belleza de la especie humana no nos ayudará a juzgar la de las flores, o la de los caballos, o la de cualquier otra especie. Por la misma razón, en distintos climas y donde prevalecen diferentes costumbres y formas de vida, dado que la mayoría de los individuos de cualquier especie recibe una conformación distinta debido a tales circunstancias, también prevalecen ideas diferentes sobre su belleza.

La belleza de un caballo moro no es exactamente la misma que la de un caballo inglés. ¡Y qué ideas tan diferentes se forman en distintas naciones sobre la belleza de la forma y el rostro humanos! Un cutis claro es una horrenda deformidad en la costa de Guinea. Los labios gruesos y la nariz chata son considerados bellos. En algunas naciones, las orejas largas que cuelgan hasta los hombros son objeto de admiración universal. En China, si el pie de una dama es lo bastante grande como para caminar, se la considera un monstruo de fealdad. Algunas de las naciones salvajes de América del Norte atan cuatro tablas alrededor de la cabeza de sus hijos, y así las comprimen, mientras los huesos son aún tiernos y cartilaginosos, hasta que toman una forma casi perfectamente cuadrada. Los europeos se horrorizan ante la absurda barbarie de esta práctica, a la cual algunos misioneros han atribuido la singular estupidez de aquellas naciones donde predomina. Pero cuando condenan a estos salvajes, no reflexionan que las damas en Europa, hasta hace muy pocos años, venían intentando durante cerca de un siglo comprimir la hermosa redondez de su figura natural en una forma cuadrada del mismo tipo. Y que, a pesar de las muchas deformaciones y enfermedades que esta práctica se sabía que provocaba, la costumbre la había vuelto aceptable entre algunas de las naciones más civilizadas que el mundo haya conocido.

Tal es el sistema de este erudito e ingenioso padre sobre la naturaleza de la belleza, cuya esencia, según él, parecería surgir del hecho de coincidir con los hábitos que la costumbre ha impreso en la imaginación con respecto a los objetos de cada tipo en particular.

Sin embargo, no puedo convencerme de que nuestro sentido, incluso respecto a la belleza externa, se base enteramente en la costumbre. La utilidad de una forma, su adecuación a los fines útiles para los que fue concebida, la recomienda evidentemente y la hace agradable para nosotros, independientemente de la costumbre. Algunos colores son más agradables que otros y ofrecen mayor deleite a la vista desde la primera vez que los contemplamos. Una superficie lisa es más agradable que una rugosa. La variedad resulta más placentera que una monótona uniformidad sin contrastes. La variedad conectada, en la que cada nueva aparición parece introducida por lo que la precede, y en la que todas las partes adyacentes parecen tener alguna relación natural entre sí, es más agradable que una composición desarticulada y desordenada de objetos inconexos.

Pero aunque no puedo admitir que la costumbre sea el único principio de la belleza, sí puedo conceder, en parte, la validez de este ingenioso sistema, al reconocer que casi ninguna forma externa es tan bella como para agradar si es completamente contraria a la costumbre, y diferente de todo lo que estamos acostumbrados a ver en esa especie particular de cosas; ni tan deforme como para no ser aceptable, si la costumbre la respalda constantemente y nos habitúa a verla en cada individuo de su tipo.

CAPÍTULO II: SOBRE LA INFLUENCIA DE LA COSTUMBRE Y LA MODA EN LOS SENTIMIENTOS MORALES

Dado que nuestros sentimientos acerca de la belleza en todas sus formas están profundamente influidos por la costumbre y la moda, no puede esperarse que los juicios sobre la belleza de la conducta estén completamente exentos del dominio de esos mismos principios. Sin embargo, su influencia en este ámbito parece ser mucho menor que en cualquier otro. No hay forma externa, por absurda o fantasiosa que sea, a la que la costumbre no pueda acostumbrarnos, ni que la moda no pueda incluso volver agradable. Pero los caracteres y conductas de un Nerón o un Claudio son cosas a las que ninguna costumbre logrará reconciliarnos, ni que ninguna moda hará jamás aceptables: el uno será siempre objeto de temor y odio; el otro, de desprecio y burla. Los principios de la imaginación de los que depende nuestro sentido de la belleza son sutiles y delicados, y pueden ser fácilmente modificados por el hábito y la educación; pero los sentimientos de aprobación y desaprobación moral se fundan en las pasiones más fuertes y vigorosas de la naturaleza humana, y aunque puedan torcerse, no pueden ser completamente pervertidos.

No obstante, aunque la influencia de la costumbre y la moda en los sentimientos morales no sea tan poderosa, actúa de manera similar a como lo hace en otros ámbitos. Cuando la costumbre y la moda coinciden con los principios naturales del bien y del mal, afinan la sensibilidad de nuestros juicios y aumentan nuestra repulsión hacia todo lo que se aparta de la virtud. Aquellos que han sido educados en una verdadera buena compañía—no en la llamada buena sociedad, sino entre personas cuya conducta ha estado marcada por la justicia, la modestia, la humanidad y el orden—se escandalizan más fácilmente ante cualquier cosa que parezca contradecir las normas de estas virtudes. En cambio, quienes han crecido entre la violencia, la disolución, la mentira y la injusticia, aunque no pierden por completo el sentido de lo impropio, sí pierden la percepción de su verdadera gravedad y del castigo que merece. Desde la infancia han estado familiarizados con tales conductas; la costumbre las ha vuelto normales para ellos, y tienden a verlas como "el modo en que funciona el mundo", como prácticas necesarias para no ser víctimas de la propia integridad.

La moda, por su parte, también puede dar reputación a ciertos grados de desorden y desacreditar cualidades que en verdad merecen estima. En el reinado de Carlos II, por ejemplo, un cierto grado de libertinaje era considerado propio de una educación liberal. Tal conducta, según la idea de la época, estaba asociada a la generosidad, la sinceridad, la lealtad, la magnanimidad y demostraba que quien la practicaba era un caballero y no un puritano. La severidad de modales y la conducta regular, por el contrario, eran vistas como signos de hipocresía, bajeza y afectación. Para las mentes superficiales, los vicios de los grandes siempre parecen aceptables: los vinculan no solo con el esplendor de su posición, sino con virtudes superiores que creen ver en sus superiores: libertad de espíritu, independencia, franqueza, generosidad, humanidad y cortesía. En cambio, las virtudes de los estratos humildes—su frugalidad, su laboriosidad, su adhesión estricta a las reglas—les parecen mezquinas y desagradables, asociadas además con vicios como la cobardía, la malicia, la mentira y el hurto.

Los objetos con los que interactúan los hombres en sus diversas profesiones y estados de vida son muy distintos, y los acostumbran a pasiones igualmente

197

diferentes, conformando en ellos caracteres y modales variados. Esperamos de cada clase y profesión una cierta forma de comportarse, conforme a la experiencia que hemos tenido de cada una. Pero, así como en cada especie de objeto nos agrada más la forma media, aquella que se aproxima al modelo general que la naturaleza parece haber establecido, también esperamos que cada persona se acerque a la justa medida del carácter propio de su estado. Decimos que un hombre debe parecerse a su oficio; pero la pedantería profesional es desagradable. Las distintas etapas de la vida, por la misma razón, tienen también sus propias formas de ser. Esperamos en la vejez la gravedad y sobriedad que parecen naturales y respetables dadas sus dolencias, su experiencia y su sensibilidad agotada; y esperamos en la juventud la sensibilidad, la alegría y la vivacidad propias de las impresiones frescas que el mundo produce en una mente aún no endurecida. Pero tanto una como otra pueden excederse en sus peculiaridades: la frivolidad coqueta de la juventud y la insensibilidad imperturbable de la vejez resultan igualmente desagradables. Se dice comúnmente que los jóvenes agradan más cuando muestran algo de madurez, y los ancianos, cuando conservan algo de la jovialidad juvenil. Sin embargo, ambos pueden adoptar demasiado los modales del otro. La frialdad y formalidad que se toleran en la vejez vuelven ridículo al joven; la ligereza, el descuido y la vanidad que se excusan en la juventud vuelven despreciable al anciano.

El carácter y los modales peculiares que la costumbre nos lleva a asociar a cada rango y profesión, tienen a veces una propiedad que es independiente de esa costumbre, y que aprobaríamos por sí misma si consideráramos todas las circunstancias que naturalmente afectan a quienes se hallan en cada una de esas situaciones. La corrección de la conducta de una persona no depende de que esta sea adecuada a una sola de las circunstancias de su situación, sino a todas aquellas que, al ponernos en su lugar, sentimos que deberían ocupar su atención. Si parece estar tan absorbido por una sola de ellas que descuida por completo las demás, desaprobamos su conducta, pues no logramos identificarnos del todo con ella: sentimos que no está debidamente ajustada a su situación completa. Sin embargo, es posible que la emoción que manifiesta hacia aquello que lo afecta especialmente no exceda lo que aprobaríamos plenamente en alguien cuya atención no estuviera reclamada por otros deberes.

Un padre en la vida privada podría, ante la pérdida de su único hijo, expresar sin culpa un grado de dolor y ternura que sería imperdonable en un general al mando de un ejército, cuando la gloria y la seguridad pública requieren su atención prioritaria. Así como diferentes objetos deben ocupar la atención de personas de diferentes profesiones, también distintas pasiones deberían volverse habituales en ellos. Cuando nos ponemos en su lugar, sentimos que cada acontecimiento debería afectarlos más o menos según que la emoción que despierte coincida o no con la disposición habitual de su carácter. No esperamos la misma sensibilidad hacia los placeres y diversiones de la vida en un clérigo que en un oficial militar. Aquel cuya ocupación es recordar al mundo el porvenir que les espera, anunciar las consecuencias de cada desviación del deber y dar ejemplo de la mayor rectitud, parece ser un mensajero de asuntos tan solemnes que no podrían, con propiedad, transmitirse con ligereza o indiferencia. Su mente se supone constantemente ocupada por lo que es demasiado grave y trascendente como para dejar espacio a las impresiones de aquellos objetos frívolos que llenan la atención de los espíritus disolutos. Por eso sentimos, incluso al margen de la costumbre, que hay una propiedad en los modales que se le atribuyen a este oficio; nada parece más adecuado al carácter de un clérigo que esa gravedad, esa austeridad y recogida severidad que estamos habituados a esperar de él. Estas reflexiones son tan obvias que casi no hay persona, por poco reflexiva que sea, que no las haya hecho alguna vez.

En otras profesiones, la base del carácter habitual no resulta tan evidente, y nuestra aprobación se apoya enteramente en la costumbre, sin que reflexiones como las anteriores la confirmen. Por ejemplo, solemos asociar la alegría, la ligereza y una cierta libertad de espíritu—e incluso cierto grado de disipación— al carácter del militar. Pero si nos preguntáramos qué temperamento sería más adecuado a esa situación, tal vez llegaríamos a la conclusión de que una disposición más seria y reflexiva sería la más conveniente para quienes viven expuestos a peligros extraordinarios y deberían, por tanto, tener más presente la muerte y sus consecuencias. Sin embargo, esta misma circunstancia probablemente sea la causa de que predomine en ellos el carácter contrario. Se requiere un gran esfuerzo para dominar el temor a la muerte cuando se la contempla con atención; por eso, quienes están expuestos a ella constantemente encuentran más fácil desviar su pensamiento por completo, envolverse en una despreocupada seguridad e indiferencia, y entregarse a toda clase de placeres y distracciones. Un campamento no es el ambiente natural de un hombre melancólico o reflexivo. Es verdad que personas con ese carácter pueden ser extremadamente decididas y afrontar la muerte con entereza; pero vivir expuestos a un peligro continuo, aunque no extremo, exige un esfuerzo constante que agota el ánimo e impide disfrutar de cualquier dicha. En cambio, el espíritu alegre y despreocupado, que no hace esfuerzo alguno, que decide no mirar hacia adelante y perderse en placeres continuos, es el que mejor soporta ese modo de vida. Siempre que las circunstancias de un oficial no lo expongan a un peligro real, tiende a perder esa ligereza característica de su profesión. El capitán de la guardia de una ciudad suele ser tan sobrio, cuidadoso y ahorrativo como cualquier otro ciudadano. Una paz prolongada tiende también a borrar la diferencia entre el carácter civil y el militar. Sin embargo, la situación ordinaria del soldado vuelve la alegría y cierta disolución una parte tan usual de su carácter, y la costumbre asocia de tal manera esa conducta a su estado de vida, que solemos despreciar a quien, por temperamento o circunstancia, no logra adquirirla. Nos causan risa los rostros serios de la guardia urbana, que tan poco se asemejan al de su profesión; ellos mismos, avergonzados de su regularidad, se esfuerzan por adoptar aquella ligereza que no les es natural, solo por no desentonar. Cualquier comportamiento que estemos acostumbrados a ver en una clase respetada se convierte en parte de la imagen que esperamos de ella. Cuando no lo encontramos, sentimos que falta algo y no sabemos cómo dirigirnos a quien, a todas luces, pretende diferenciarse del modelo que esperábamos.

Del mismo modo, las distintas épocas y países tienden a formar diferentes caracteres en sus habitantes, y sus juicios sobre lo que merece alabanza o censura varían conforme al grado de cada cualidad que es habitual en su tiempo y lugar. El nivel de cortesía que en Rusia se consideraría adulación afeminada, se tomaría por grosería y barbarie en la corte de Francia. El orden y frugalidad que parecerían mezquinos en un noble polaco, serían vistos como derroche en un ciudadano de Ámsterdam. Cada época y nación considera como el punto medio virtuoso el grado de una cualidad que suele encontrarse en aquellos a quienes admira. Y como esto varía según sus circunstancias, varía también su juicio sobre la conducta apropiada.

Entre las naciones civilizadas, las virtudes basadas en la humanidad se cultivan más que aquellas fundadas en la negación de uno mismo y en el dominio de las pasiones. En los pueblos bárbaros ocurre lo contrario: se valoran más las virtudes del dominio propio que las de la compasión. La seguridad general y la felicidad de las épocas civilizadas ofrecen poco espacio al desprecio del peligro, a la paciencia frente al hambre y al dolor. La pobreza puede evitarse con facilidad y, por tanto, el desprecio hacia ella casi deja de ser una virtud. La abstinencia se vuelve menos necesaria, y la mente puede relajarse e inclinarse libremente hacia sus inclinaciones naturales.

Entre los salvajes sucede lo contrario. Cada uno de ellos pasa por una suerte de disciplina espartana y se ve obligado, por su situación, a soportar toda clase de penurias. Vive en constante peligro, muchas veces al borde del hambre, y con frecuencia muere por pura necesidad. No solo está habituado al sufrimiento, sino que aprende a no ceder a las pasiones que este suele despertar. No espera compasión de su comunidad y, por eso mismo, se niega a dejarse vencer por la más mínima debilidad. Sus pasiones, por violentas que sean, nunca deben alterar la serenidad de su rostro ni la compostura de su conducta.

Se dice que los indígenas de América del Norte muestran siempre la mayor indiferencia, y que se considerarían degradados si llegasen a dejarse dominar por el amor, el dolor o la ira. Su grandeza de ánimo y su dominio de sí mismos resultan casi inconcebibles para los europeos. En un país donde todos son iguales en rango y fortuna, podría pensarse que los matrimonios se deciden solo por afecto mutuo. Sin embargo, es allí donde todos los matrimonios son arreglados por los padres, y donde un joven se sentiría deshonrado si mostrara preferencia por una mujer o si se interesara por el momento o por la persona con la que habría de casarse. El amor, indulgente en las épocas refinadas, es visto por los salvajes como la más imperdonable de las debilidades. Incluso tras casarse, los esposos se avergüenzan de un vínculo tan vulgar. No viven juntos, se ven a escondidas y continúan en las casas de sus respectivos padres; la convivencia abierta, tolerada en todos los países, allí se considera la más grosera sensualidad.

Pero no solo dominan esta pasión placentera. A menudo soportan, ante la vista de toda su comunidad, injurias, insultos y ultrajes con total serenidad, sin mostrar el menor signo de resentimiento. Cuando un salvaje es capturado en guerra y condenado a muerte, escucha la sentencia sin inmutarse y se somete después a los más horribles tormentos sin quejarse, mostrando solo desprecio por sus verdugos. Mientras lo suspenden sobre un fuego lento, se burla de ellos y les relata cómo torturó con más habilidad a sus enemigos. Tras ser quemado y lacerado durante horas, a veces le conceden una tregua para prolongar su dolor. Entonces habla de asuntos triviales, pregunta por noticias del país, y solo parece indiferente respecto a su propia suerte. Los espectadores, igualmente insensibles, apenas lo miran salvo para infligirle tormento. Fuman, conversan y se distraen como si nada ocurriera. Cada salvaje se prepara desde joven para ese final, componiendo su "canto de muerte", que entonará cuando caiga prisionero y sea torturado. Es una canción de insultos y desafío, muestra de su desprecio hacia el dolor y la muerte. La entona en la guerra, en combate o en cualquier ocasión en que desee mostrar que se ha familiarizado con la desdicha, y que nada en este mundo puede quebrantar su resolución. Este desprecio por la muerte y el sufrimiento es común a todos los pueblos salvajes. No hay esclavo africano que no posea una magnanimidad que su ruin amo rara vez puede comprender. Nunca la fortuna fue más cruel que al someter esas naciones de héroes al desecho de las cárceles de Europa: hombres sin las virtudes de los países de los que vienen ni de aquellos a los que van, cuya liviandad, brutalidad y vileza justifican plenamente el desprecio de los vencidos.

Esa firmeza heroica e inquebrantable que la costumbre y la educación de su país exigen de todo salvaje, no se requiere de quienes han sido criados para vivir en sociedades civilizadas. Si estos últimos se quejan al sentir dolor, si

201

expresan su tristeza ante la adversidad, si se dejan llevar por el amor o se alteran por la ira, fácilmente se les perdona. Tales debilidades no se consideran como algo que afecte las partes esenciales de su carácter. Mientras no se dejen arrastrar a hacer algo contrario a la justicia o a la humanidad, su reputación no sufre gran daño, aunque la serenidad de su rostro o la compostura de su discurso y comportamiento se vean algo alteradas. Un pueblo humano y refinado, con mayor sensibilidad hacia las pasiones ajenas, puede identificarse más fácilmente con un comportamiento animado y apasionado, y es más indulgente ante ciertos excesos. La persona directamente involucrada es consciente de esto; y, confiando en la equidad de sus jueces, se permite expresar con mayor fuerza sus emociones, sin temer tanto exponerse al desprecio por la violencia de sus sentimientos.

Podemos permitirnos expresar más emoción ante un amigo que ante un desconocido, porque esperamos mayor indulgencia del primero que del segundo. Del mismo modo, las normas del decoro en las naciones civilizadas permiten una conducta más apasionada que la aprobada entre los pueblos bárbaros. Los primeros se comunican con la apertura propia de los amigos; los segundos, con la reserva de los extraños. La emotividad y viveza con que franceses e italianos —las dos naciones más refinadas del continente— se expresan ante cualquier suceso mínimamente interesante, sorprende a los extranjeros que viajan entre ellos, especialmente si han sido educados entre personas de sensibilidad más apagada, incapaces de comprender ese comportamiento apasionado que nunca han presenciado en su propio país. Un joven noble francés puede llorar ante toda la corte si se le niega un regimiento. Un italiano, según el abate Du Bos, muestra más emoción al ser multado con veinte chelines que un inglés al recibir la sentencia de muerte.

Cicerón, en los tiempos de máxima refinación de Roma, podía, sin deshonra alguna, llorar con amargura ante todo el senado y el pueblo, como claramente lo hizo al final de casi todos sus discursos. Los oradores de las épocas más antiguas y rudas de Roma probablemente no habrían podido expresarse con tanta emotividad sin contradecir las costumbres de su tiempo. Sería visto, supongo, como una falta contra la naturaleza y la decencia, si los Escipiones, los Lelios o el viejo Catón hubieran mostrado tanta ternura en público. Aquellos antiguos guerreros podían hablar con orden, gravedad y buen juicio, pero se dice que desconocían esa elocuencia sublime y apasionada que, no muchos años antes del nacimiento de Cicerón, fue introducida en Roma por los dos Gracos, Craso y Sulpicio. Esa elocuencia vibrante, practicada con mayor o menor éxito tanto en Francia como en Italia, apenas comienza a ser introducida en Inglaterra. Tan grande es la diferencia entre los grados de dominio propio exigidos por las naciones civilizadas y las bárbaras, y tan distintos son los criterios con que juzgan la corrección del comportamiento.

Esta diferencia da lugar a muchas otras igualmente esenciales. Un pueblo refinado, acostumbrado a ceder en cierta medida a los impulsos naturales, se vuelve franco, abierto y sincero. Los bárbaros, en cambio, obligados a reprimir y ocultar toda apariencia de emoción, adquieren inevitablemente hábitos de falsedad y disimulo. Todos los que han convivido con pueblos salvajes, ya sea en Asia, África o América, coinciden en que todos ellos son igualmente impenetrables, y que cuando desean ocultar algo, ningún interrogatorio logra arrancarles la verdad. No pueden ser engañados ni con las preguntas más astutas. Ni siquiera la tortura los hace confesar lo que no desean revelar.

Las pasiones de un salvaje, aunque nunca se expresan abiertamente y permanecen ocultas en su interior, se encuentran, sin embargo, llevadas al extremo. Aunque rara vez muestran signos de ira, cuando finalmente dan rienda suelta a su venganza, esta es sangrienta y terrible. El más mínimo agravio puede llevarlos a la desesperación. Su rostro y sus palabras pueden reflejar serenidad y compostura, pero sus acciones suelen ser furiosas y violentas. Entre los indígenas de América del Norte, no es raro que personas de la edad más tierna, e incluso del sexo más temeroso, se quiten la vida tras una simple reprimenda materna, sin mostrar ninguna emoción ni decir otra cosa que: "Ya no tendrás hija".

En las naciones civilizadas, las pasiones rara vez son tan violentas o desesperadas. Suelen ser ruidosas y teatrales, pero no muy dañinas, y parecen buscar más que nada convencer al espectador de que están justificadas y obtener así su simpatía y aprobación.

Por tanto, no es en el estilo general de conducta o comportamiento donde la costumbre autoriza los mayores desvíos respecto de lo que sería la propiedad natural de la acción. Es más bien en ciertas prácticas particulares donde su influencia puede resultar mucho más destructiva para la moral, al punto de llegar a establecer como legítimos e irreprochables actos que ofenden los principios más evidentes del bien y del mal.

¿Puede haber mayor barbarie, por ejemplo, que hacer daño a un recién nacido? Su indefensión, su inocencia, su ternura despiertan compasión incluso en un enemigo; y no perdonar a una criatura tan frágil se considera como el acto más brutal de un conquistador enfurecido. ¿Qué podríamos pensar entonces del corazón de un padre o una madre capaz de herir a ese ser tan vulnerable, a quien ni siquiera el enemigo más cruel se atrevería a dañar?

Sin embargo, la exposición —es decir, el abandono, y en efecto el asesinato, de niños recién nacidos— era una práctica permitida en casi todos los estados de Grecia, incluso entre los educados y civilizados atenienses.

Siempre que las circunstancias del progenitor hacían inconveniente la crianza del niño, se lo dejaba expuesto al hambre o a las fieras, y esto se consideraba perfectamente aceptable, sin reproche ni condena alguna. Probablemente esta práctica se originó en tiempos de extrema barbarie. En aquella etapa temprana de la sociedad, la imaginación de las personas ya se había familiarizado con semejante atrocidad, y la permanencia ininterrumpida de la costumbre impidió que se percibiera su gravedad moral.

Hoy en día, todavía encontramos que esta práctica persiste entre todos los pueblos salvajes; y, en ese estado primitivo y rudimentario de la sociedad, sin duda es más comprensible que en cualquier otro. La indigencia extrema del salvaje es tal que él mismo a menudo enfrenta una carencia total de alimentos; no es raro que muera de hambre, y muchas veces le resulta imposible mantenerse a sí mismo y a su hijo al mismo tiempo. No sorprende, por tanto, que en tales condiciones lo abandone. Alguien que huye de un enemigo imposible de resistir, y que debe soltar a su hijo porque retrasa su escape, sería ciertamente excusable; pues al intentar salvarlo, solo lograría compartir con él una muerte segura.

Así pues, en esa fase de la humanidad, que a un padre se le permitiera decidir si podía o no criar a su hijo no debería escandalizarnos tanto. Pero en las épocas más tardías de Grecia, la misma práctica fue tolerada por razones de conveniencia o interés distante, razones que en modo alguno justificaban tal conducta. La costumbre, ya profundamente arraigada, había terminado por legitimar por completo esa práctica. No solo las máximas laxas del mundo la aceptaban como un derecho natural de los padres, sino que incluso las doctrinas de los filósofos —que debían ser más justas y precisas— se dejaron arrastrar por la costumbre, y en lugar de censurar este horror, lo defendieron mediante elaboradas argumentaciones sobre su presunta utilidad pública.

Aristóteles habla de esta práctica como algo que el magistrado debería, en ciertos casos, fomentar. Incluso el humano y sensible Platón comparte esa opinión y, a pesar del amor por la humanidad que parece inspirar todos sus escritos, nunca expresa desaprobación alguna hacia dicha práctica. Si la costumbre puede legitimar una transgresión tan atroz contra la humanidad, podemos suponer con razón que no existe práctica, por grotesca que sea, que no pueda justificar.

A diario oímos a personas decir: "Eso se hace comúnmente", y parecen considerar que este hecho basta como excusa para lo que, en sí mismo, constituye una conducta profundamente injusta e irracional.

Existe una razón evidente por la cual la costumbre nunca logra pervertir nuestros sentimientos respecto al carácter general de la conducta y el comportamiento humano con la misma intensidad con que lo hace respecto a la legitimidad o ilicitud de ciertas prácticas particulares. Y es que jamás podría existir una costumbre que afecte todo el conjunto de la conducta humana cotidiana en el mismo grado que una práctica específica como la que acabamos de mencionar. Ninguna sociedad podría sobrevivir ni un instante si el comportamiento habitual de sus miembros estuviese al nivel de semejante atrocidad.

PARTE SEXTA: SOBRE EL CARÁCTER DE LA VIRTUD

(Cuando consideramos el carácter de una persona, naturalmente lo hacemos desde dos perspectivas distintas: primero, en cuanto a cómo afecta su propia felicidad; y segundo, en cuanto a cómo afecta la felicidad de los demás).

INTRODUCCIÓN

Cuando consideramos el carácter de una persona, naturalmente lo hacemos desde dos perspectivas distintas: primero, en cuanto a cómo afecta su propia felicidad; y segundo, en cuanto a cómo afecta la felicidad de los demás).

SECCIÓN I: SOBRE EL CARÁCTER DEL INDIVIDUO, EN TANTO AFECTA SU PROPIA FELICIDAD; O SOBRE LA PRUDENCIA

CAPÍTULO I. CARACTERÍSTICAS DEL HOMBRE PRUDENTE

La conservación y el buen estado del cuerpo parecen ser los primeros objetos que la naturaleza encomienda al cuidado de cada individuo. Los apetitos de hambre y sed, las sensaciones agradables o desagradables de placer y dolor, de calor y frío, etc., pueden considerarse como lecciones impartidas por la propia voz de la naturaleza, indicándonos lo que debemos buscar y lo que debemos evitar para preservar la salud y la vida. Las primeras enseñanzas que recibe un niño, de parte de quienes cuidan de su infancia, tienden en su mayor parte al mismo fin: enseñarle a mantenerse alejado del peligro.

A medida que crece, pronto aprende que es necesario cierto grado de previsión para proveerse de los medios con que satisfacer esos apetitos naturales, obtener placer y evitar el dolor, o encontrar una temperatura confortable que lo libre del calor o del frío extremos. Dirigir adecuadamente esta previsión constituye el arte de conservar y mejorar lo que se llama su fortuna externa.

Aunque originalmente se buscan los beneficios de la fortuna externa para atender las necesidades del cuerpo, no tarda uno en advertir que el respeto de sus semejantes, su crédito y su posición en la sociedad dependen, en gran medida, del grado en que posee —o aparenta poseer— dichos bienes. El deseo de merecer y obtener este respeto, de alcanzar una posición digna entre sus iguales, tal vez sea el más fuerte de todos los deseos humanos; y es este anhelo, más que la necesidad de satisfacer las exigencias del cuerpo, lo que impulsa con mayor fuerza nuestro afán por los bienes materiales.

Nuestra posición y crédito social dependen también, y tal vez más justificadamente, de algo que un hombre virtuoso desearía que fuese su único fundamento: nuestro carácter y conducta, es decir, de la confianza, estima y buena voluntad que ellos naturalmente inspiran.

El cuidado de la salud, la fortuna, la posición y la reputación —elementos en los que parece fundarse principalmente el bienestar en esta vida— constituye el campo propio de esa virtud que comúnmente llamamos prudencia.

Como ya se ha observado, sufrimos más al caer de una buena posición a una peor que el placer que obtenemos al ascender en sentido contrario. La seguridad, por tanto, es el primer y principal objetivo de la prudencia. Esta evita arriesgar la salud, los bienes, la reputación o el estatus. Es más cautelosa que atrevida, y más ansiosa por preservar lo que ya se posee que por lanzarse a la conquista de nuevas ventajas. Los métodos que recomienda para mejorar la fortuna personal son aquellos que no implican riesgos: el conocimiento real y la competencia en el oficio propio, la diligencia y constancia en su ejercicio, la frugalidad, y hasta cierto grado de ahorro estricto en los gastos.

El hombre prudente se esfuerza por comprender con seriedad y sinceridad aquello que profesa entender, no solo por aparentarlo. Sus talentos pueden no ser brillantes, pero siempre son auténticos. No recurre a los trucos de un impostor, ni a la arrogancia de un pedante, ni a las afirmaciones atrevidas de un charlatán. Incluso los talentos que realmente posee no los exhibe con ostentación. Su conversación es sencilla y modesta, y rechaza los artificios que otros usan para buscar notoriedad o fama. En lo que respecta a su reputación profesional, prefiere confiar en la solidez de su saber que, en la adulación de pequeños círculos o camarillas, las cuales, en las artes y ciencias superiores, muchas veces se erigen en árbitros supremos del mérito, celebrándose entre sí y despreciando cualquier competencia externa. Si llega a participar en alguna de estas asociaciones, es más por defensa que por ambición: no para engañar al público, sino para impedir que este sea engañado en su perjuicio.

El hombre prudente siempre es sincero, y siente horror ante la posibilidad de exponerse a la vergüenza que acompaña al descubrimiento de una mentira. Pero, aunque siempre diga la verdad, no necesariamente es franco o expansivo; no considera que deba revelar todo lo que sabe, a menos que se le exija de forma adecuada. Así como es cauteloso en sus actos, también lo es en sus palabras: nunca da opiniones a la ligera ni sin necesidad.

Aunque tal vez no posea una sensibilidad exquisita, el prudente es perfectamente capaz de cultivar la amistad. Pero su amistad no es ese afecto apasionado y efímero que tanto encanta a la generosidad de la juventud inexperta, sino una devoción serena, firme y leal por unos pocos amigos probados y elegidos con cuidado. No se deja llevar por la admiración superficial de talentos deslumbrantes, sino por la estima sobria hacia la modestia, la discreción y la buena conducta. Y aunque es capaz de establecer lazos afectuosos, no siempre es propenso a una vida social amplia. Rara vez frecuenta —y aún más rara vez se destaca en— aquellas reuniones marcadas por la algarabía o el ingenio brillante. Semejantes formas de sociabilidad podrían interferir con la regularidad de su templanza, la constancia de su trabajo, o la firmeza de su economía.

Sin embargo, aunque su conversación pueda no ser muy animada o divertida, nunca es ofensiva. Detesta la idea de incurrir en groserías o impertinencias. Nunca se impone a nadie con arrogancia, y, en las situaciones comunes, prefiere ubicarse por debajo antes que por encima de sus iguales.

Tanto en su conducta como en su forma de hablar es un observador escrupuloso del decoro, y respeta —con una devoción casi religiosa— todas las formas y ceremonias que la sociedad ha establecido. Y en este aspecto, da un ejemplo mucho más edificante que el de muchos hombres de mayores talentos y virtudes, quienes, desde la época de Sócrates y Aristipo hasta la de Swift o Voltaire, y desde la de Filipo y Alejandro Magno hasta la del gran zar Pedro de Rusia, con frecuencia se han distinguido por su desprecio insolente hacia las normas ordinarias de decencia en la vida y en la conversación. Con ello han dado un ejemplo pernicioso a quienes buscan imitarlos y que, a menudo, se conforman con imitar sus defectos sin intentar alcanzar sus virtudes.

En la constancia de su laboriosidad y frugalidad, en su disposición constante a sacrificar la comodidad y el disfrute del momento presente por la expectativa razonable de una mayor comodidad y goce en un período más distante, pero también más duradero, el hombre prudente siempre cuenta con el apoyo y la recompensa de la total aprobación del espectador imparcial y de su representante interior: el hombre dentro del pecho. El espectador imparcial no siente el desgaste del esfuerzo presente de aquellos cuya conducta observa, ni se ve urgido por los apremios de sus apetitos inmediatos. Para él, la situación presente y la futura de estos individuos son casi idénticas: las ve con la misma distancia y se siente afectado por ellas de manera semejante. Sin embargo, comprende que para las personas directamente implicadas estas situaciones son muy distintas y que las experimentan de modo muy desigual. Por ello, no puede sino aprobar, e incluso aplaudir, ese correcto ejercicio del dominio propio que les permite actuar como si su situación actual y su situación futura les afectaran de igual modo que a él.

El hombre que vive dentro de sus posibilidades está naturalmente satisfecho con su situación, la cual, mediante acumulaciones pequeñas pero constantes, mejora día tras día. Poco a poco puede relajar tanto el rigor de su ahorro como la severidad de su dedicación al trabajo, y disfruta con doble satisfacción de este aumento gradual en la comodidad y el placer, pues recuerda con claridad las privaciones que padeció antes. No siente ansiedad por cambiar una condición tan agradable, y no se lanza en busca de nuevas empresas o aventuras que podrían poner en peligro —aunque no necesariamente mejorar— la tranquila seguridad que goza. Si emprende algún nuevo proyecto, es probable que esté bien planeado y preparado. Nunca se ve forzado o apresurado a ello por necesidad, sino que siempre dispone del tiempo y la serenidad para deliberar con calma sobre las posibles consecuencias.

El hombre prudente no se somete voluntariamente a ninguna responsabilidad que no le imponga el deber. No es un entrometido en asuntos ajenos; no es un consejero profesional que impone sus opiniones sin que nadie

215

las haya solicitado. Se limita, tanto como su deber se lo permite, a sus propios asuntos y no busca esa importancia absurda que muchos desean obtener aparentando influencia sobre los asuntos de otros. Es reacio a participar en disputas partidistas, detesta la facción y no se muestra especialmente inclinado siquiera a seguir la llamada de una ambición noble y elevada. Cuando es convocado con claridad, no rehuye el servicio a su país; pero no conspira para imponerse en él, y preferiría con mucho que los asuntos públicos fueran bien gestionados por otra persona antes que cargar él mismo con el trabajo y la responsabilidad. En el fondo, valora más el disfrute sereno de una tranquilidad segura que todo el vano esplendor de una ambición exitosa, e incluso más que la auténtica y sólida gloria de realizar las acciones más grandes y magnánimas.

La prudencia, en resumen, cuando se limita al cuidado de la salud, la fortuna, el estatus y la reputación del individuo, aunque se considera una cualidad sumamente respetable —e incluso en cierto modo amable y agradable—, rara vez se percibe como una de las virtudes más entrañables o elevadas. Inspira una estima fría, pero no merece un amor ardiente ni una admiración profunda.

La conducta sabia y juiciosa, cuando se orienta hacia fines más elevados y nobles que el cuidado de los intereses personales, se denomina con frecuencia, y con razón, prudencia. Hablamos de la prudencia del gran general, del gran estadista, del gran legislador. En todos estos casos, la prudencia se combina con otras virtudes aún mayores y más brillantes: con el valor, con una benevolencia amplia y firme, con un respeto sagrado por las normas de la justicia, todo ello sustentado por un adecuado grado de autocontrol. Esta prudencia superior, cuando alcanza su grado más alto de perfección, implica necesariamente la capacidad, el talento y la disposición de actuar con la más perfecta corrección en toda circunstancia posible. Supone, por tanto, la máxima perfección tanto de las virtudes intelectuales como de las morales. Es la mejor cabeza unida al mejor corazón. Es la sabiduría más plena combinada con la virtud más completa. Representa casi perfectamente el carácter del sabio de la escuela Académica o Peripatética, del mismo modo que la prudencia inferior representa al del epicúreo.

La mera imprudencia, o la simple incapacidad de cuidar de uno mismo, es objeto de compasión entre los generosos y humanitarios; de indiferencia, o como mucho de desprecio, entre aquellos de sentimientos menos delicados, pero nunca de odio o indignación. Sin embargo, cuando se combina con otros vicios, agrava en grado sumo la infamia y el desprestigio que ya acompañan a estos. El bribón astuto, cuya destreza y habilidad lo libran —aunque no de fuertes sospechas— al menos del castigo o de una acusación clara, suele ser recibido en el mundo con una indulgencia que en absoluto merece. El torpe e ingenuo, que por carecer de esta astucia es condenado y castigado, se convierte en objeto universal de odio, desprecio y burla. En países donde los grandes crímenes suelen quedar impunes, estos actos atroces se vuelven casi familiares y dejan de provocar ese horror universal que despiertan en países donde se administra la justicia con rigor. La injusticia es la misma en ambos contextos, pero la imprudencia es muy distinta. En el segundo caso, los grandes crímenes son evidentemente también grandes estupideces. En el primero, no siempre se los considera así.

En Italia, durante buena parte del siglo XVI, los asesinatos, incluso los perpetrados bajo engaño, parecían casi comunes entre las clases altas. César Borgia, por ejemplo, invitó a cuatro príncipes vecinos —cada uno con su pequeño ejército— a una reunión amistosa en Senigallia, donde los mandó matar al llegar. Esta acción infame, aunque ciertamente no fue aprobada ni siquiera en esa época de crímenes, parece haber tenido escaso efecto sobre la reputación del autor, y en absoluto fue la causa de su ruina, que ocurrió años después por motivos totalmente distintos. Maquiavelo —no precisamente un modelo de moralidad ni siquiera para su tiempo— estaba allí como embajador de Florencia cuando ocurrió este hecho. Relata los detalles con esa prosa pura, elegante y sobria que caracteriza su obra: narra los hechos con frialdad, elogia la astucia de César Borgia, desprecia la ingenuidad de las víctimas, pero no muestra compasión por su destino ni indignación por la crueldad y el engaño del asesino.

La violencia y la injusticia de los grandes conquistadores suelen ser contempladas con admiración y asombro; en cambio, las de simples ladrones y asesinos provocan, en todo momento, desprecio, odio y horror. Aunque los primeros causan mil veces más daño, si tienen éxito, sus actos son celebrados como muestras de magnanimidad heroica. Los segundos, en cambio, son siempre vistos como los crímenes y las torpezas de los más miserables entre los hombres. La injusticia es igual en ambos casos; pero la necedad y la imprudencia de los pequeños criminales son mucho más evidentes. Un hombre malvado y sin valor, pero con inteligencia suele ganarse en el mundo más crédito del que merece. En cambio, un malvado necio es siempre el más despreciable y odioso de los mortales. Así como la prudencia, unida a otras virtudes, constituye el carácter más noble, la imprudencia, combinada con otros vicios, constituye el más vil de todos los caracteres.

SECCIÓN II: DEL CARÁCTER DEL INDIVIDUO, EN LA MEDIDA EN QUE PUEDE AFECTAR LA FELICIDAD DE OTRAS PERSONAS

INTRODUCCIÓN

El carácter de toda persona, en la medida en que puede influir en la felicidad de los demás, lo hace por su disposición a perjudicarlos o beneficiarlos.

El único motivo que, a juicio del espectador imparcial, puede justificar que dañemos o alteremos de alguna manera la felicidad del prójimo, es un justo resentimiento ante una injusticia, ya sea intentada o cometida. Cualquier otro motivo constituye en sí una violación de las leyes de la justicia, y ante ello, la fuerza debería emplearse para contener o castigar al infractor.

La sabiduría de todo Estado o comunidad política procura, en la medida de lo posible, utilizar la fuerza de la sociedad para evitar que quienes están bajo su autoridad se dañen o perturben entre sí. Las normas establecidas con tal fin constituyen el derecho civil y penal de cada país. Los principios en los que estas normas se basan —o deberían basarse— son materia de una ciencia específica, sin duda la más importante de todas, aunque tal vez la menos desarrollada hasta ahora: la jurisprudencia natural. No corresponde, sin embargo, a nuestro propósito actual profundizar en esa materia.

Un respeto sagrado, casi religioso, por no dañar ni perturbar en lo más mínimo la felicidad del prójimo —incluso en aquellos casos donde la ley no pueda protegerlo adecuadamente— forma el carácter del hombre perfectamente inocente y justo. Cuando dicho carácter alcanza cierto grado de delicadeza en su atención hacia los demás, se convierte en algo altamente respetable e incluso digno de veneración por sí mismo, y rara vez deja de estar acompañado de muchas otras virtudes: gran sensibilidad hacia los demás, profunda humanidad y genuina benevolencia. Este tipo de carácter es bastante comprensible por sí mismo y no necesita mayor explicación.

En esta sección, me limitaré a exponer el fundamento del orden que la Naturaleza parece haber trazado para guiar la distribución de nuestras buenas acciones, es decir, para orientar y emplear de forma adecuada nuestras muy limitadas capacidades de hacer el bien; primero, hacia las personas en particular; y segundo, hacia las sociedades.

Veremos que la misma sabiduría infalible que regula todos los demás aspectos de su proceder, guía también —en este punto— el orden de sus recomendaciones, las cuales son siempre más o menos intensas según cuán necesaria o útil pueda ser nuestra beneficencia.

CAPÍTULO I: DEL ORDEN EN QUE LA NATURALEZA NOS RECOMIENDA EL CUIDADO Y ATENCIÓN HACIA LOS INDIVIDUOS

Cada persona, como solían decir los estoicos, está recomendada primero y principalmente a su propio cuidado; y, sin duda, cada uno está mejor capacitado para cuidarse a sí mismo que para cuidar de cualquier otra persona. Todos sentimos nuestros propios placeres y dolores de manera más intensa que los de los demás. Los primeros son sensaciones originales; los segundos son imágenes reflejadas o simpatías derivadas. Podría decirse que los primeros son la sustancia, y los segundos, la sombra.

Después de uno mismo, los miembros de su familia —aquellos con quienes usualmente convive—, como sus padres, hijos y hermanos, son naturalmente los objetos de sus afectos más intensos. Son, por lo general, las personas sobre cuya felicidad o desgracia su conducta puede tener mayor impacto. Su simpatía hacia ellos es más frecuente y precisa; sabe mejor cómo les afectarán las cosas, y, por tanto, su empatía se asemeja más a la que siente por sí mismo.

Esta simpatía y los afectos que se fundan en ella están dirigidos por naturaleza más intensamente hacia los hijos que hacia los padres. La ternura hacia los hijos suele ser un principio más activo que la reverencia hacia los progenitores. En condiciones naturales, la existencia de un hijo recién nacido depende completamente del cuidado de sus padres; en cambio, la del padre no depende del cuidado del hijo. A los ojos de la naturaleza, parece que un niño es un objeto más importante que un anciano, y genera una simpatía más viva y universal. Y así debe ser. De un niño puede esperarse todo; de un anciano, normalmente, ya poco se espera. La debilidad de la infancia despierta el afecto incluso del más duro e insensible. Solo los virtuosos y compasivos pueden mirar la vejez con respeto y sin desprecio. Un anciano suele morir sin que nadie lo lamente profundamente. La muerte de un niño, en cambio, suele desgarrar el corazón de alguien.

Las primeras amistades, aquellas que se forman cuando el corazón es más sensible, son las que se dan entre hermanos. Su buena relación, mientras conviven en la misma casa, es esencial para la paz y felicidad del hogar. Pueden causar más alegría o sufrimiento entre ellos que la mayoría de otras personas. Su convivencia los obliga a adaptarse mutuamente, lo que hace que su simpatía sea más habitual, viva y precisa.

Los hijos de hermanos, es decir, los primos, están unidos de forma natural por la amistad que se mantiene entre sus padres después de haberse formado nuevos hogares. Su buena relación mejora esa amistad; su discordia la perturba. Sin embargo, al no vivir normalmente en la misma casa, son menos importantes entre sí que los hermanos. La simpatía entre ellos es menos necesaria, por lo que también es menos frecuente y, por consiguiente, más débil.

A medida que el parentesco se aleja —como entre los hijos de primos, y así sucesivamente—, la conexión es cada vez menor, y el afecto se debilita progresivamente.

Lo que llamamos *afecto* es, en realidad, nada más que simpatía habitual. Nuestro interés en la felicidad o desgracia de aquellos que son objeto de nuestros afectos —nuestro deseo de aumentar la una y disminuir la otra— es simplemente la manifestación de esa simpatía o una consecuencia inevitable de ella. Como los vínculos familiares usualmente crean esta simpatía habitual, esperamos que también generen afecto entre los implicados. Y como esto suele suceder, nos sorprende más cuando no ocurre. Surge entonces una regla general: que las personas relacionadas de cierto modo deberían sentir afecto mutuo, y que es profundamente impropio, e incluso impío, que no lo hagan. Un padre sin ternura paternal, un hijo sin reverencia filial, parecen monstruos: no solo objetos de desprecio, sino de horror.

Incluso cuando en un caso particular no se han dado las circunstancias que normalmente producen estos afectos naturales, el respeto por la regla general puede, en cierta medida, suplirlos, generando algo que, aunque no idéntico, se le parece bastante. Un padre separado de su hijo durante la infancia puede sentir menor afecto hacia él cuando lo reencuentra en la adultez, y viceversa. Lo mismo puede ocurrir entre hermanos que se criaron en países distintos. Sin embargo, las personas virtuosas suelen actuar movidas por el respeto a esa norma general, y tratan de cultivar el afecto familiar, aunque la experiencia directa haya faltado.

Durante la separación, el hijo ausente o el hermano lejano suele convertirse en el favorito, idealizado por la distancia. Nunca ha ofendido, o si lo ha hecho, ha pasado tanto tiempo que la falta se olvida como una travesura sin importancia. Los relatos sobre él, contados por personas bienintencionadas, son casi siempre halagadores. Así, se proyectan sobre él las esperanzas más románticas de felicidad y cercanía.

Cuando por fin se reencuentran, esa disposición favorable suele llevarlos a creer que sienten ese afecto fraternal o filial natural, y actúan como si realmente lo sintieran. Pero el tiempo y la experiencia, con frecuencia, deshacen la ilusión. Descubren en el otro costumbres, humores e inclinaciones distintas a las que esperaban, y, por falta de simpatía habitual, les resulta difícil adaptarse.

Nunca han vivido juntos en las condiciones que favorecen esa adaptación, y aunque lo deseen sinceramente, ya no son capaces de lograrla. Su trato se vuelve menos agradable y, por tanto, menos frecuente. Pueden continuar cumpliendo con todos los deberes esenciales y mostrando una cortesía externa, pero rara vez disfrutan de esa satisfacción cordial, esa deliciosa simpatía y esa confianza natural que surge del trato íntimo y prolongado.

Sin embargo, solo las personas virtuosas respetan siquiera en parte esta regla general. Los disolutos, los frívolos y los vanidosos la desprecian por completo. No solo la ignoran, sino que suelen burlarse de ella con desdén. Entre ellos, una separación prolongada acaba por destruir por completo cualquier lazo. En estos casos, el respeto por la regla general apenas genera una cortesía fría y fingida, una pálida sombra del afecto genuino, que se desvanece con la menor ofensa o el más mínimo conflicto de intereses.

La educación de los niños en internados distantes, la de los jóvenes en universidades lejanas, o la de las señoritas en conventos o colegios privados alejados del hogar, parece haber perjudicado profundamente la moral doméstica, y en consecuencia la felicidad familiar, tanto en Francia como en Inglaterra, especialmente entre las clases altas. ¿Deseas educar a tus hijos para que sean obedientes con sus padres, afectuosos con sus hermanos y hermanas? Entonces ponlos en la necesidad de comportarse como tales: edúcalos en tu propia casa. Pueden, con toda propiedad y provecho, asistir cada día a escuelas públicas, pero su hogar debe estar siempre en la casa familiar. El respeto hacia los padres impone un límite muy saludable a su conducta; y el respeto hacia ellos puede, a menudo, imponer también una útil moderación en la conducta de los padres. Ninguna adquisición que pueda obtenerse de lo que se llama educación pública puede compensar aquello que casi con certeza y necesariamente se pierde al alejar al niño del hogar. La educación doméstica es la institución natural; la educación pública, una invención del hombre. No hace falta decir cuál es, con más probabilidad, la más sabia.

En algunas tragedias y novelas encontramos escenas hermosas y conmovedoras fundadas en lo que se llama *la fuerza de la sangre*, es decir, en el afecto prodigioso que se supone sienten los parientes cercanos entre sí, incluso antes de saber que tienen algún vínculo. Sin embargo, temo que esa fuerza de la sangre no exista fuera de las tragedias y las novelas. Y aun en estas obras, nunca se supone que ocurra entre parientes más lejanos que padres e hijos, o hermanos y hermanas criados en la misma casa. Imaginar un afecto misterioso entre primos —o incluso entre tíos y sobrinos— sería francamente ridículo.

En los países pastoriles, y en todos aquellos donde la autoridad de la ley no basta para garantizar seguridad plena a cada miembro de la sociedad, los distintos miembros de una familia suelen elegir vivir cerca unos de otros. Su asociación mutua es, a menudo, necesaria para la defensa común. Desde el más alto hasta el más humilde, todos son importantes entre sí en mayor o menor grado. La armonía refuerza esa unión; la discordia la debilita e incluso puede destruirla. Entre ellos hay más trato que con miembros de otros clanes, y hasta los más lejanos entre sí reclaman cierta conexión. Cuando todo lo demás es igual, esperan ser tratados con mayor atención que quienes no tienen ese parentesco. No hace muchos años, en las tierras altas de Escocia, un jefe de clan solía considerar primo suyo al miembro más pobre de su clan. Se dice que ese sentimiento de parentesco amplio aún persiste entre los tártaros, los árabes, los turcomanos y, probablemente, entre todos los pueblos que viven en un estado social similar al que tenían los escoceses a comienzos del siglo XVIII.

En los países comerciales, donde la autoridad legal es plenamente suficiente para proteger al más humilde, los descendientes de una misma familia, al no tener necesidad de mantenerse unidos, se dispersan conforme a su interés o inclinación. Pronto dejan de tener importancia unos para otros y, en pocas generaciones, no solo pierden el interés mutuo, sino también el recuerdo de su origen común y del vínculo que unió a sus antepasados. El aprecio por los parientes lejanos disminuye en todos los países conforme este estado de civilización se establece más profundamente. En Inglaterra, donde se ha consolidado durante más tiempo, los parientes remotos se consideran aún menos que en Escocia, aunque esta diferencia se reduce día a día. Los grandes señores, eso sí, en todos los países se enorgullecen de recordar y reconocer su parentesco entre ellos, por muy remoto que sea. La memoria de esos vínculos ilustres halaga su orgullo familiar. Pero esta memoria no nace del afecto ni de algo parecido, sino de la vanidad más frívola y pueril. Si un pariente más humilde —aunque mucho más cercano— osa recordarles su relación con la familia, no suelen tardar en responder que no son buenos genealogistas y que desconocen por completo su propia historia familiar. En ese grupo, me temo, no es donde encontraremos una ampliación destacada del afecto natural.

Lo que se llama *afecto natural* me parece más bien el resultado de un vínculo moral que de una conexión física entre padre e hijo. Un marido celoso, por ejemplo, pese al vínculo moral y a que el niño haya sido criado en su propia casa, a menudo contempla con odio y rechazo a ese hijo que sospecha fruto de una infidelidad. Lo considera un recordatorio constante de una experiencia amarga, de su deshonra y de la deshonra de su familia.

Entre personas de buena disposición, la necesidad o conveniencia de una relación mutua frecuentemente da lugar a una amistad muy parecida a la que surge entre quienes han nacido para convivir. Compañeros de trabajo, socios comerciales, se llaman *hermanos* y, a menudo, se sienten como tales. Su armonía beneficia a todos y, si son personas razonables, tienen inclinación natural a llevarse bien. Se espera que así sea; y cuando no ocurre, es motivo de murmuración. Los romanos expresaban este tipo de afecto con la palabra *necessitudo*, que, por su etimología, sugiere una conexión impuesta por necesidad.

Incluso un detalle tan insignificante como vivir en el mismo vecindario puede tener un efecto similar. Respetamos el rostro de quien vemos todos los días, siempre que nunca nos haya ofendido. Los vecinos pueden ser muy útiles —o muy molestos— entre sí. Si son personas decentes, la convivencia suele ser buena. Se espera que lo sea, y tener mala fama como vecino es tener muy mala reputación. Hay, por tanto, ciertos pequeños favores que todos reconocemos como propios de un vecino antes que de un desconocido.

Esta disposición natural a acomodar y adaptar nuestros propios sentimientos, principios y emociones a los de aquellos con quienes convivimos mucho, explica los efectos contagiosos tanto de la buena como de la mala compañía. Quien se rodea de sabios y virtuosos, aunque no llegue a serlo, inevitablemente desarrolla al menos cierto respeto por la sabiduría y la virtud. Quien se rodea de libertinos y disolutos, aunque no se vuelva como ellos, pierde al menos el rechazo natural que antes sentía por ese estilo de vida. La semejanza entre los caracteres familiares que a menudo se transmite durante generaciones, puede deberse en parte a esa tendencia a parecerse a quienes nos rodean. Sin embargo, el carácter familiar, al igual que el parecido físico, parece deberse no solo al vínculo moral, sino también al físico. El rostro familiar proviene, sin duda, de este último.

Pero entre todos los vínculos que pueden unirnos a otro ser humano, el más respetable es aquel que se funda enteramente en la estima y la aprobación de su buena conducta, confirmadas por una larga experiencia y trato continuo. Esa clase de amistad, que no nace de una simpatía impuesta ni adoptada por conveniencia, sino de una simpatía natural, de un sentimiento involuntario que nos lleva a considerar a ciertas personas como dignas de aprecio y estima, solo puede existir entre personas virtuosas. Solo ellas pueden tener esa confianza plena en la conducta y carácter del otro, que les asegura que nunca se ofenderán mutuamente. El vicio es siempre inconstante; solo la virtud es firme y ordenada. El afecto que se basa en el amor a la virtud es, de todos los afectos, el más virtuoso y, además, el más feliz, duradero y seguro.

Ese tipo de amistad no necesita limitarse a una sola persona. Puede, sin riesgo, extenderse a todos los sabios y virtuosos con quienes hayamos convivido largamente y en quienes podamos confiar plenamente. Aquellos que desean limitar la amistad a dos personas confunden, parece, la seguridad prudente de la amistad con los celos y la irracionalidad del amor. Las amistades

227

rápidas, apasionadas y caprichosas de los jóvenes —fundadas normalmente en alguna afinidad superficial, como un gusto común por los mismos estudios, pasatiempos u opiniones peculiares—, esas amistades que empiezan y terminan por un simple capricho, por muy agradables que parezcan mientras duran, no merecen el sagrado y venerable nombre de *amistad*.

De todas las personas que la naturaleza nos señala como objetos de nuestra especial benevolencia, no hay ninguna hacia la cual esta parezca dirigirse con mayor propiedad que hacía aquellas de quienes ya hemos recibido algún acto de bondad. La naturaleza, que formó a los seres humanos para esa mutua generosidad tan necesaria para su felicidad, hace que cada persona sea un objeto particular de afecto para aquellas a quienes ha hecho algún bien. Aunque la gratitud de estas no siempre corresponda a su benefactor, el sentimiento de mérito, la gratitud simpática del espectador imparcial, siempre lo hará. La indignación general que despierta la vileza de la ingratitud incluso puede intensificar la estima general hacia quien ha obrado con benevolencia. Ningún hombre generoso ha perdido por completo los frutos de su generosidad. Si no los recoge de quienes debería, rara vez deja de recogerlos—y con creces—de otras personas. La bondad engendra bondad; y si ser amados por nuestros semejantes es una de las más nobles ambiciones humanas, el modo más seguro de lograrlo es demostrarles con nuestras acciones que los amamos sinceramente.

Después de quienes se recomiendan a nuestra benevolencia por vínculos personales, cualidades o servicios pasados, vienen aquellos que nos llaman la atención—no tanto por lo que se llama amistad, sino por el deber general de prestar ayuda—debido a su situación extraordinaria: los muy afortunados y los muy desdichados, los ricos y poderosos, los pobres y miserables. La distinción de rangos, la paz y el orden social descansan en gran medida sobre el respeto que naturalmente sentimos hacia los primeros. El alivio y consuelo del sufrimiento humano dependen, a su vez, de nuestra compasión hacia los segundos. La paz social es, incluso, de mayor importancia que el consuelo de los afligidos. Por eso, nuestro respeto hacia los poderosos suele pecar por su exceso, y nuestra compasión hacia los miserables por su defecto. Los moralistas nos exhortan a la caridad y a la compasión, y nos previenen contra el hechizo de la grandeza. Este hechizo es tan poderoso que, con demasiada frecuencia, los ricos y los poderosos son preferidos a los sabios y virtuosos. La naturaleza ha juzgado sabiamente que la distinción de rangos, y por tanto el orden social, se sostiene mejor sobre diferencias visibles y tangibles de nacimiento y fortuna, que sobre diferencias invisibles y a menudo inciertas de sabiduría y virtud. La gran mayoría de los hombres puede percibir fácilmente lo primero; lo segundo, sólo con dificultad es discernido por los sabios y virtuosos. En todo este orden de recomendaciones, la sabiduría benevolente de la naturaleza se manifiesta con igual claridad.

Quizá sea innecesario señalar que la combinación de dos o más de estos motivos de afecto benevolente intensifica naturalmente dicho afecto. La simpatía y preferencia que, cuando no hay envidia de por medio, solemos sentir por la grandeza, se ve aumentada si esta se une a la sabiduría y la virtud. Si, a pesar de su sabiduría y virtud, una persona de alta posición cae en desgracia, en peligros o sufrimientos—como suele suceder en los más altos cargos—nos sentimos mucho más profundamente conmovidos por su destino que por el de alguien igualmente virtuoso en una condición más humilde. Los temas más conmovedores de tragedias y novelas son precisamente las desdichas de reyes y príncipes virtuosos y magnánimos. Si, mediante su inteligencia y fortaleza, logran superar sus infortunios y recuperar plenamente su antigua posición y seguridad, no podemos evitar verlos con una admiración entusiasta, incluso desmedida. El dolor que sentimos por su desgracia, unido a la alegría de su recuperación, se combinan para intensificar esa admiración parcial que naturalmente sentimos tanto por su rango como por su carácter.

Cuando estos distintos afectos benevolentes entran en conflicto, determinar con reglas precisas cuándo debe prevalecer uno sobre otro es quizá imposible. ¿Cuándo debe la amistad ceder ante la gratitud? ¿Cuándo debe la gratitud ceder ante la amistad? ¿En qué casos debe la más poderosa de las afecciones naturales ceder ante el deber de proteger a los superiores, de cuya seguridad depende muchas veces la del conjunto de la sociedad? ¿Y cuándo puede, sin impropiedad, prevalecer esa afección natural sobre dicho deber? Todas estas cuestiones deben dejarse al juicio del hombre interior, del espectador imparcial, ese gran juez y árbitro de nuestra conducta. Si logramos colocarnos verdaderamente en su lugar, si nos miramos con sus ojos y escuchamos con atención reverente lo que nos susurra, su voz no nos engañará jamás. No necesitaremos reglas casuísticas que dirijan nuestra conducta. Tales reglas, de hecho, son a menudo imposibles de adaptar a las múltiples variaciones de circunstancia, carácter y situación, con sus matices y distinciones tan sutiles que resultan imposibles de definir.

En esa hermosa tragedia de Voltaire, *El huérfano de China*, mientras admiramos la magnanimidad de Zamti, quien está dispuesto a sacrificar la vida de su propio hijo para preservar la del único y frágil descendiente de sus antiguos soberanos y señores, no solo perdonamos, sino que amamos la ternura maternal de Idame, quien, aun a riesgo de revelar el importante secreto de su esposo, reclama a su hijo de las crueles manos de los tártaros, a quienes había sido entregado.

CAPÍTULO II: DEL ORDEN EN QUE LA NATURALEZA RECOMIENDA A NUESTRA BENEFICENCIA A LAS SOCIEDADES

Los mismos principios que dirigen el orden en que los individuos son recomendados a nuestra beneficencia, guían también el orden en que las sociedades lo son. Aquellas a las que nuestra conducta puede afectar de manera más importante, son las primeras y principales a las que la naturaleza nos insta a beneficiar.

El Estado o soberanía en el que hemos nacido, en el que nos hemos educado y bajo cuya protección vivimos, es, por lo general, la sociedad más extensa sobre la que nuestras acciones pueden ejercer algún impacto significativo ya sea para bien o para mal. Por tanto, la naturaleza nos lo recomienda con especial fuerza. No solo nosotros mismos, sino también los objetos de nuestros más entrañables afectos—nuestros hijos, padres, familiares, amigos y benefactores—suelen estar incluidos dentro de esa misma comunidad. Su bienestar y seguridad dependen, en parte, del bienestar y la seguridad del Estado al que pertenecemos. Así, nuestra patria se hace querida por nosotros no solo por razones personales, sino también por nuestras afecciones privadas más profundas. Sentimos que su prosperidad y gloria reflejan, de alguna manera, honor sobre nosotros mismos. Cuando la comparamos con otras naciones, nos enorgullecemos de su superioridad, y nos sentimos, en cierto grado, mortificados si percibimos que queda por debajo en algún aspecto.

Todos los grandes hombres que ha producido en el pasado—sus guerreros, estadistas, poetas, filósofos y sabios—nos inclinan a una admiración parcial y entusiasta. A menudo, incluso los juzgamos (injustamente) superiores a los de otras naciones. El patriota que entrega su vida por la seguridad, o incluso por la simple gloria de su país, parece actuar con total propiedad. Se ve a sí mismo como uno entre muchos, de igual valor que cualquier otro ante el ojo del espectador imparcial, pero obligado a sacrificarse, si fuera necesario, por el bienestar de la mayoría. Sabemos, sin embargo, cuán difícil es ese sacrificio y cuán pocas personas son capaces de hacerlo. Por eso, su conducta despierta no solo nuestra aprobación, sino también nuestra más alta admiración, y parece merecer todos los elogios que corresponden a la virtud más heroica. En cambio, el traidor que, por interés personal, entrega a su patria al enemigo, aparece como el más vil y despreciable de los hombres.

El amor a la patria, sin embargo, a menudo nos lleva a mirar con celosa hostilidad el progreso y engrandecimiento de naciones vecinas. Las naciones independientes, sin un superior común que resuelva sus disputas, viven en perpetuo temor y sospecha unas de otras. Cada soberano, esperando poco de sus vecinos, está igualmente dispuesto a ofrecerles poco. El respeto por el "derecho de gentes", o por las reglas que los Estados profesan seguir en sus relaciones exteriores, muchas veces no es más que una formalidad vacía. Al menor interés o provocación, tales reglas son ignoradas o violadas sin pudor ni remordimiento.

Cada nación prevé, o cree prever, su propia ruina en el crecimiento de poder de sus vecinos. Y así, el prejuicio nacional, que suele parecer mezquino y vulgar, tiene en realidad su origen en un principio noble: el amor a la patria. La célebre frase con la que Catón el Viejo solía cerrar sus discursos, cualquiera fuera el tema—*"Delenda est Carthago"*, "Carthago debe ser destruida"—era la expresión natural de un patriotismo feroz, casi enloquecido, ante una nación que había causado grandes daños a Roma. Más tarde, la sentencia opuesta de Escipión Nasica—*"Carthago non delenda est"*, "Carthago no debe ser destruida"—revelaba un espíritu más amplio y generoso, que no abrigaba rencor hacia el antiguo enemigo ya vencido.

Francia e Inglaterra pueden tener razones para temer el aumento del poder militar de la otra. Pero envidiarse mutuamente la prosperidad interna, el progreso agrícola, industrial y comercial, la seguridad de sus puertos, o el avance en las ciencias y las artes, es indigno de naciones civilizadas. Tales progresos son beneficios del mundo entero; ennoblecen a la humanidad. En estos campos sí debería haber emulación entre naciones, no prejuicio ni envidia.

El amor a la patria no nace del amor a la humanidad. De hecho, muchas veces parece contradecirlo. Francia puede tener el triple de habitantes que Gran Bretaña, y desde la perspectiva de la humanidad en su conjunto, su bienestar debería ser más valioso. Pero un súbdito británico que, por esa razón, prefiriera siempre la prosperidad de Francia por encima de la de su propia patria, no sería considerado un buen ciudadano. Amamos a nuestro país por sí mismo, no como parte de un todo más amplio. La sabiduría de la naturaleza parece haber juzgado que el bien de la humanidad se promovería mejor si cada persona dirigiera su atención a esa parte del mundo que está más dentro del alcance de su acción y comprensión.

Los prejuicios nacionales rara vez se extienden más allá de las naciones vecinas. Decimos, con cierta ligereza, que los franceses son nuestros enemigos naturales; y ellos, quizás con igual ligereza, opinan lo mismo de nosotros. Sin embargo, ni ellos ni nosotros sentimos celos de la prosperidad de China o Japón, aunque nuestra buena voluntad hacia tales países distantes rara vez puede traducirse en acciones efectivas.

La benevolencia pública más amplia que puede ejercerse con algún efecto real es la de los estadistas que proyectan alianzas entre naciones vecinas, con el fin de mantener el equilibrio de poder o preservar la paz y el orden entre los Estados. Aunque dichos estadistas suelen guiarse por el interés de su propio país, en ocasiones su visión es más generosa. El conde d'Avaux, plenipotenciario francés en el tratado de Münster habría estado dispuesto— según el cardenal de Retz, que no era precisamente crédulo en cuanto a la virtud ajena—a sacrificar su vida por restaurar la paz en Europa. El rey Guillermo III pareció tener un auténtico celo por la libertad e independencia de los Estados europeos, aunque probablemente motivado por su aversión particular a Francia. Algo del mismo espíritu animó al primer ministerio de la reina Ana.

Cada Estado independiente se divide en múltiples órdenes y cuerpos sociales, cada uno con sus propios poderes, privilegios e inmunidades. Todo individuo suele sentir mayor apego por su propio grupo que por los demás, ya que su interés, su orgullo y el de sus allegados se encuentran vinculados a él. Es natural, entonces, que desee ampliar sus privilegios y defenderlos frente a otras corporaciones.

El modo en que un Estado está dividido en estas distintas órdenes y el reparto de poderes entre ellas, constituye lo que llamamos su constitución. Y la estabilidad de esa constitución depende de la capacidad de cada grupo para mantener sus derechos frente a los demás. Si alguno es elevado por encima o rebajado por debajo de su posición habitual, el equilibrio constitucional se altera inevitablemente.

Todos esos diferentes órdenes y cuerpos sociales dependen del Estado, del cual obtienen su seguridad y protección. Que todos ellos están subordinados al Estado, y que fueron establecidos en función de su prosperidad y preservación, es una verdad que incluso el miembro más parcial de cualquiera de ellos está obligado a reconocer. Sin embargo, suele ser difícil convencerlo de que el bienestar del Estado requiere una reducción de los poderes, privilegios o inmunidades de su propio grupo. Esta parcialidad, aunque a veces sea injusta, no siempre deja de ser útil: sirve como freno al espíritu de innovación desmedida y ayuda a preservar el equilibrio establecido entre los distintos estamentos. Aunque ocasionalmente obstaculice reformas de gobierno populares o de moda, en realidad contribuye a la estabilidad y permanencia del sistema en su conjunto.

El amor a la patria implica, por lo general, dos principios diferentes: primero, un respeto y reverencia hacia la constitución o forma de gobierno vigente; y segundo, un sincero deseo de hacer todo lo posible para que la condición de nuestros conciudadanos sea segura, digna y feliz. No puede considerarse ciudadano quien no respeta las leyes ni obedece a las autoridades civiles; y ciertamente no es un buen ciudadano aquel que no procura, en la medida de sus capacidades, el bienestar de toda la sociedad a la que pertenece.

En tiempos pacíficos y tranquilos, estos dos principios suelen coincidir y conducir a la misma conducta. El sostén del gobierno establecido aparece claramente como el mejor medio para preservar la seguridad y la felicidad general, siempre que dicho gobierno cumpla efectivamente con esa función. Pero en épocas de descontento, facciones y desorden, estos principios pueden entrar en conflicto; incluso un hombre sabio puede juzgar necesaria alguna reforma en un sistema que ya no garantiza la paz pública. En tales circunstancias, se requiere el más alto grado de sabiduría política para determinar cuándo un verdadero patriota debe sostener y restaurar el antiguo orden, y cuándo debe ceder ante el espíritu, siempre arriesgado, de la innovación.

La guerra exterior y la guerra civil son los dos escenarios que ofrecen las oportunidades más destacadas para la expresión del espíritu público. El héroe que sirve con éxito a su patria en una guerra extranjera satisface los deseos de toda la nación, y se convierte por ello en objeto de admiración y gratitud universal. Por el contrario, en épocas de división interna, los líderes de cada facción suelen ser amados por unos y detestados por otros; sus méritos resultan ambiguos, y su gloria, mucho menos pura y más discutida que la que se obtiene en conflictos externos.

El líder de una facción triunfante, sin embargo, si posee suficiente autoridad para moderar a sus propios seguidores—lo cual no siempre ocurre—puede prestar a su país un servicio más esencial que el de las más brillantes victorias militares. Puede reformar y perfeccionar la constitución del Estado, y pasar de ser el ambiguo jefe de un partido a convertirse en legislador y reformador de una gran nación. A través de la sabiduría de sus instituciones, podría asegurar la tranquilidad y felicidad de sus conciudadanos por generaciones.

Pero en medio del desorden faccioso, es común que un espíritu de sistema se mezcle con el espíritu público fundado en la humanidad, y lo domine, inflamándolo incluso hasta los excesos del fanatismo. Los líderes de los grupos descontentos rara vez dejan de proponer un plan de reforma, el cual aseguran que no solo remediará los males presentes, sino que impedirá su repetición futura. A menudo, para ello, proponen rehacer por completo la constitución política, alterando incluso sus fundamentos, aunque bajo ese mismo sistema el país haya gozado de paz, seguridad e incluso gloria durante siglos. Los miembros de tales partidos, embriagados por la belleza imaginaria de un sistema ideal que no conocen más que por la elocuente descripción de sus líderes, abrazan con entusiasmo estas propuestas. Y aunque muchos de esos líderes hayan comenzado buscando solo su propio ascenso, con el tiempo se convierten en víctimas de su propia retórica y se apasionan por esa gran reforma tanto como sus seguidores más ingenuos. Incluso si conservan la lucidez y no caen en el fanatismo, no siempre pueden resistirse a las expectativas de sus seguidores, y actúan como si compartieran su ilusión, aunque sea contra sus principios y su conciencia.

La intransigencia del partido, al rechazar toda solución moderada o acomodaticia, suele llevarlo a no conseguir nada. Aquellos males que, con un poco de prudencia, podrían haberse aliviado o eliminado, quedan así sin remedio posible.

Quien actúa guiado únicamente por la humanidad y la benevolencia, respetará los poderes y privilegios establecidos, incluso de los individuos, y más aún los de los grandes cuerpos sociales en que se divide el Estado. Aunque considere algunos de estos privilegios como abusivos, preferirá atenuarlos en lugar de eliminarlos con violencia. Cuando no pueda vencer los prejuicios arraigados del pueblo mediante la razón y la persuasión, no intentará forzarlos mediante la violencia. Seguirá, en cambio, la máxima de Platón, que Cicerón consideraba divina: *no se debe usar la fuerza contra la patria, así como no se debe usar contra los padres.*

Procurará adaptar sus propuestas a los hábitos y prejuicios consolidados del pueblo, y corregirá, en la medida de lo posible, los males que surgen por la ausencia de aquellas regulaciones que el pueblo no está dispuesto a aceptar. Cuando no pueda establecer lo mejor, no desdeñará mejorar lo malo. Como Solón, cuando no pueda dar a sus conciudadanos las mejores leyes, les dará las mejores que estén dispuestos a aceptar.

El hombre de sistema, por el contrario, suele estar excesivamente convencido de su propia sabiduría y, fascinado por la supuesta belleza de su plan ideal de gobierno, no tolera la más mínima desviación de ninguna de sus partes. Se empeña en establecerlo en su totalidad, sin considerar los grandes intereses o los profundos prejuicios que puedan oponérsele. Parece imaginar que puede organizar los distintos miembros de una gran sociedad con la misma facilidad con que la mano mueve las piezas sobre un tablero de ajedrez. No advierte que, mientras las piezas del ajedrez no tienen otro principio de movimiento que el que la mano les imprime, en el gran tablero de la sociedad humana cada individuo posee un principio de movimiento propio, completamente distinto de aquel que el legislador pudiera desear imponerle.

Si esos dos principios coinciden y actúan en la misma dirección, el juego de la sociedad humana se desarrolla con fluidez y armonía, y es muy probable que resulte en felicidad y éxito. Pero si son opuestos o divergentes, el juego avanza de forma torpe y conflictiva, y la sociedad se mantiene en un estado constante de desorden.

No cabe duda de que alguna idea general—e incluso sistemática—sobre la perfección de las leyes y de la política puede ser necesaria para orientar la visión del estadista. Pero insistir en establecerla en su totalidad, de inmediato y sin atender a la oposición que pueda suscitar, constituye a menudo el colmo de la arrogancia. Es erigir su propio juicio como la medida suprema de lo correcto y lo incorrecto. Es imaginarse el único hombre sabio y virtuoso de la república, y pretender que todos los ciudadanos deben adaptarse a él, en lugar de que él se adapte a ellos.

Por esta razón, entre todos los especuladores políticos, los príncipes soberanos son con mucho los más peligrosos. Esta arrogancia les resulta perfectamente natural. No albergan duda alguna sobre la inmensa superioridad de su juicio. Por ello, cuando estos reformadores imperiales o reales se dignan examinar la constitución del país que gobiernan, rara vez encuentran en ella otro defecto que los obstáculos que impone a la ejecución de su voluntad. Desprecian la máxima divina de Platón, y consideran que el Estado existe para ellos, y no ellos para el Estado.

Así, el principal objetivo de sus reformas suele ser eliminar esos obstáculos: reducir la autoridad de la nobleza, suprimir los privilegios de ciudades y provincias, y hacer que tanto los individuos más poderosos como los cuerpos más influyentes del Estado sean tan incapaces de resistir sus mandatos como lo son los más débiles e insignificantes.

CAPÍTULO III: DE LA BENEVOLENCIA UNIVERSAL

Aunque nuestras acciones benéficas rara vez pueden extenderse más allá de los límites de nuestro propio país, nuestra buena voluntad no reconoce fronteras: puede abarcar toda la inmensidad del universo. No podemos concebir a un ser sensible e inocente cuya felicidad no deseemos o cuya miseria, al imaginarla con claridad, no rechacemos con aversión. Incluso cuando sentimos odio hacia un ser malicioso, ese sentimiento no nace del egoísmo, sino del profundo rechazo que sentimos al ver alterada la felicidad de otros inocentes por su maldad. En otras palabras, ese rechazo es también una expresión de nuestra benevolencia universal.

Sin embargo, por noble y generosa que sea, esta benevolencia universal no puede generar verdadera felicidad en quien no está profundamente convencido de que todos los seres del universo —los más humildes como los más poderosos— están bajo el cuidado constante de un Ser supremo, sabio y benevolente, que guía todos los movimientos de la naturaleza y que, por la perfección de su ser, está decidido a mantener en todo momento la mayor cantidad de felicidad posible. Para quien no tiene esta convicción, la sola

235

sospecha de que vivimos en un universo huérfano es una de las reflexiones más tristes que puede concebirse, pues sugiere que los vastos espacios infinitos podrían estar llenos únicamente de miseria sin sentido. Ni la mayor prosperidad puede disipar la oscuridad que acompaña a esa idea, como tampoco la más dolorosa adversidad puede apagar la alegría de quien está convencido del orden benévolo del universo.

El sabio y virtuoso está siempre dispuesto a sacrificar su interés privado por el bien de su grupo, su comunidad o su nación. Debe, por tanto, estar igualmente dispuesto a sacrificar esos intereses menores por el bien mayor del universo, de esa gran sociedad de seres sensibles e inteligentes que Dios dirige directamente. Si cree con convicción que ningún mal parcial es admitido por Dios sino cuando es necesario para el bien universal, entonces debe aceptar las desgracias personales, sociales o nacionales como parte de un propósito superior, e incluso desearlas si comprendiera plenamente el conjunto del sistema universal.

Este espíritu de resignación magnánima no está fuera del alcance de la naturaleza humana. Los buenos soldados, que confían y respetan a su general, marchan con más entusiasmo hacia una misión peligrosa y sin retorno que hacia una sin riesgos. Porque entienden que su sacrificio es necesario para el éxito de la causa. Lo hacen no sólo con obediencia, sino con alegría y orgullo. Ningún comandante merece más confianza ni afecto que el gran Conductor del universo. El sabio, entonces, debe considerarse a sí mismo y a su comunidad como asignados a un puesto difícil por razones necesarias, y no sólo debe aceptar esta designación con humildad, sino también abrazarla con valentía y alegría, como haría un buen soldado.

La idea de ese Ser divino, cuya sabiduría y benevolencia han guiado desde la eternidad el vasto mecanismo del universo para producir la mayor felicidad posible, es el objeto más sublime que la mente humana puede contemplar. Todo pensamiento palidece ante esa visión. Aquellos a quienes creemos profundamente entregados a esa contemplación suelen despertar nuestra más alta veneración. Incluso si llevan una vida totalmente contemplativa, los admiramos con una especie de respeto reverente, superior al que sentimos por los más útiles y activos servidores del Estado. Las reflexiones de Marco Aurelio —centradas en esta visión del universo— han hecho más por la admiración que suscita su carácter que todos los actos de su reinado justo y compasivo.

Sin embargo, la administración del universo es tarea de Dios, no del hombre. A nosotros se nos ha encomendado un deber más modesto, pero más acorde con nuestras limitaciones: el cuidado de nuestra propia felicidad, la de nuestras familias, nuestros amigos y nuestra patria. El hecho de que contemplemos lo sublime no puede ser excusa para descuidar lo que se nos ha encomendado. Y no debemos exponernos al reproche que Avidio Casio —quizá injustamente— dirigió a Marco Aurelio, acusándolo de descuidar el imperio romano mientras se perdía en reflexiones filosóficas sobre la prosperidad del universo. Ninguna especulación, por elevada que sea, puede compensar el descuido de un deber activo, por pequeño que parezca.

SECCIÓN III: DEL DOMINIO DE UNO MISMO

SÉPTIMA PARTE: DE LOS SISTEMAS DE FILOSOFÍA MORAL

SECCIÓN I: DE LAS CUESTIONES QUE DEBEN EXAMINARSE EN UNA TEORÍA DE LOS SENTIMIENTOS MORALES

Si examinamos las teorías más célebres y notables que se han propuesto sobre la naturaleza y el origen de nuestros sentimientos morales, encontraremos que casi todas coinciden, en parte, con alguno de los principios que he intentado exponer. Y si se considera plenamente todo lo ya dicho, no tendremos dificultad en entender cuál fue la perspectiva o aspecto de la naturaleza que llevó a cada autor particular a formular su sistema. De alguno u otro de estos principios que he intentado desarrollar, probablemente se ha derivado, en última instancia, todo sistema de moralidad que haya gozado de alguna reputación en el mundo. Al estar todos, en este sentido, fundados en principios naturales, todos tienen algo de razón. Pero como muchos se basan en una visión parcial e incompleta de la naturaleza, también hay en muchos de ellos errores o equivocaciones.

Al tratar sobre los principios de la moral, hay dos preguntas que deben considerarse. La primera: ¿en qué consiste la virtud?, es decir, ¿cuál es el tono de carácter y la línea de conducta que constituyen el carácter excelente y digno de elogio, el carácter que naturalmente es objeto de estima, honor y aprobación? Y la segunda: ¿por qué poder o facultad de la mente nos es recomendado dicho carácter, cualquiera que este sea?, o, en otras palabras, ¿cómo y por qué medio ocurre que la mente prefiere un modo de conducta a otro; denomina uno correcto y el otro incorrecto; ¿considera uno como objeto de aprobación, honor y recompensa, y al otro de reproche, censura y castigo?

Examinamos la primera cuestión cuando consideramos si la virtud consiste en la benevolencia, como lo imagina el Dr. Hutcheson; o en actuar conforme a las distintas relaciones en las que nos encontramos, como supone el Dr. Clarke; o en la búsqueda sabia y prudente de nuestra verdadera y sólida felicidad, como han opinado otros.

Examinamos la segunda cuestión cuando consideramos si el carácter virtuoso, cualquiera sea su esencia, nos es recomendado por el amor propio, que nos hace percibir que dicho carácter, tanto en nosotros como en los demás, tiende a promover nuestro interés privado; o por la razón, que nos muestra la diferencia entre un carácter y otro, del mismo modo que distingue entre verdad y falsedad; o por un poder peculiar de percepción, llamado sentido moral, que se complace y agrada con dicho carácter virtuoso, mientras que el contrario le disgusta y desagrada; o, por último, por algún otro principio de la naturaleza humana, como una modificación de la simpatía o algo similar.

Comenzaré considerando los sistemas que se han formado sobre la primera de estas cuestiones, y luego pasaré a examinar aquellos que tratan sobre la segunda.

SECCIÓN II: DE LOS DISTINTOS ENFOQUES QUE SE HAN DADO SOBRE LA NATURALEZA DE LA VIRTUD

INTRODUCCIÓN

Las diversas explicaciones que se han propuesto sobre la naturaleza de la virtud, o sobre la disposición del alma que constituye un carácter excelente y digno de elogio, pueden reducirse a tres clases principales.

Según algunos autores, el temperamento virtuoso no consiste en un tipo específico de afectos, sino en el gobierno y dirección adecuados de todos nuestros afectos, los cuales pueden ser virtuosos o viciosos, dependiendo de los objetos hacia los que se orientan y del grado de intensidad con que los persiguen. Para estos autores, por tanto, la virtud consiste en la propiedad.

Otros sostienen que la virtud consiste en la búsqueda juiciosa de nuestro propio interés y felicidad, o en el gobierno y la dirección adecuados de aquellos afectos egoístas que solo apuntan a ese fin. Según esta perspectiva, entonces, la virtud consiste en la prudencia.

Un tercer grupo de autores afirma que la virtud reside únicamente en aquellos afectos que buscan la felicidad de los demás, y no en los que buscan la propia. Para ellos, la benevolencia desinteresada es el único motivo capaz de conferir a una acción el carácter de virtud.

Es evidente que el carácter de virtud debe asignarse indistintamente a todos nuestros afectos cuando se encuentran bajo un gobierno y dirección apropiados, o debe restringirse a una sola clase o categoría de ellos. La gran división de nuestros afectos es entre los egoístas y los benevolentes. Si el carácter de virtud no puede atribuirse indistintamente a todos los afectos bien regulados, entonces debe limitarse a aquellos que buscan directamente nuestra propia felicidad, o bien a aquellos que buscan directamente la felicidad ajena. Por tanto, si la virtud no consiste en la propiedad, debe consistir o bien en la prudencia, o bien en la benevolencia.

Fuera de estas tres, difícilmente pueda concebirse otra explicación posible sobre la naturaleza de la virtud. Más adelante, procuraré mostrar cómo todas las demás teorías, que en apariencia se alejan de estas tres, en el fondo coinciden con alguna de ellas.

CAPÍTULO I: DE AQUELLOS SISTEMAS QUE HACEN CONSISTIR LA VIRTUD EN LA PROPIEDAD

Según Platón, Aristóteles y Zenón, la virtud consiste en la propiedad de la conducta, o en la adecuación del afecto que motiva nuestra acción respecto al objeto que lo provoca.

1. En el sistema de Platón[9], el alma se considera algo semejante a un pequeño Estado o república, compuesta por tres facultades o clases distintas. La primera es la facultad de juicio, aquella que determina no solo cuáles son los medios adecuados para alcanzar un fin, sino también qué fines deben ser perseguidos y el valor relativo que corresponde asignar a cada uno. Esta facultad, que Platón denominaba con propiedad "razón", era concebida como el principio rector del alma. Bajo esta denominación, comprendía no solo la capacidad de discernir entre lo verdadero y lo falso, sino también la de juzgar la propiedad o impropiedad de nuestros deseos y afectos.

Las diversas pasiones y apetitos, sujetos naturales de este principio rector pero que tan fácilmente se rebelan contra su dominio, se dividían en dos clases distintas. La primera incluía aquellas pasiones fundadas en el orgullo y el resentimiento, o lo que los escolásticos llamaban la parte irascible del alma: la ambición, la animosidad, el amor al honor y el temor a la vergüenza, el deseo de victoria, de superioridad y de venganza; en resumen, todas aquellas pasiones que surgen de lo que metafóricamente llamamos espíritu o fuego interior. La segunda agrupaba aquellas pasiones fundadas en el amor al placer, o lo que los escolásticos denominaban la parte concupiscible del alma, comprendiendo todos los apetitos corporales, el amor por la comodidad y la seguridad, y toda forma de gratificación sensual.

Rara vez transgredimos el plan de conducta que la razón, como principio rector, ha trazado y que, en momentos de calma, consideramos el más adecuado para seguir, salvo que nos dejemos llevar por alguna de estas dos clases de pasiones: ya sea por una ambición o resentimiento incontrolables, o por las insistentes seducciones del placer y la comodidad inmediatos. Pero, aunque estas dos órdenes de pasiones tienden a extraviarnos, se consideran partes necesarias de la naturaleza humana; la primera fue dada para defendernos de las injurias, para afirmar nuestra dignidad y hacernos aspirar a lo noble y lo honorable, así como para distinguir a quienes actúan de manera semejante; la segunda, para asegurar el sustento y las necesidades del cuerpo.

En la fuerza, agudeza y perfección del principio rector residía la virtud esencial de la prudencia, que para Platón consistía en un discernimiento justo

---

[9] Véase *Platón* La República, libro IV

y claro, basado en ideas generales y científicas acerca de los fines que debían perseguirse y los medios adecuados para lograrlos.

Cuando las pasiones del alma irascible alcanzaban el grado de fortaleza y firmeza necesario para despreciar todo peligro en la búsqueda de lo noble y honorable, bajo la dirección de la razón, constituían la virtud de la fortaleza y la magnanimidad. Esta clase de pasiones era considerada, según este sistema, de una naturaleza más generosa y noble que la otra. Se las concebía, en muchas ocasiones, como aliadas de la razón, útiles para contener y frenar los apetitos inferiores y brutales. A menudo, sentimos ira contra nosotros mismos, nos convertimos en objeto de nuestro propio desdén e indignación cuando el deseo de placer nos impulsa a actuar en contra de lo que aprobamos; así, la parte irascible de nuestra naturaleza se activa para asistir a la razón frente a la parte concupiscible.

Cuando estas tres partes de nuestra naturaleza se hallaban en perfecta armonía, cuando ni las pasiones irascibles ni las concupiscibles aspiraban a gratificaciones que la razón no aprobara, y cuando la razón no mandaba nada que aquellas no estuviesen dispuestas a cumplir por sí mismas, esta composición feliz, esta concordia perfecta del alma, constituía la virtud que en su lenguaje se expresa con una palabra que usualmente traducimos como templanza, pero que tal vez sería más apropiado traducir como buen carácter o sobriedad y moderación del ánimo.

La justicia, la última y mayor de las cuatro virtudes cardinales, se manifestaba, según este sistema, cuando cada una de estas tres facultades del alma se limitaba a cumplir su función específica, sin usurpar la de las otras; cuando la razón dirigía y la pasión obedecía, y cada pasión cumplía su cometido, orientándose hacia su objeto propio con facilidad y sin resistencia, y con el grado de intensidad adecuado al valor de aquello que perseguía. En esto consistía la virtud completa, la perfecta propiedad de conducta que Platón, siguiendo a algunos antiguos pitagóricos, denominaba justicia.

Conviene observar que la palabra que expresa justicia en la lengua griega tiene varios significados distintos, y como la palabra correspondiente en todas las demás lenguas, hasta donde conozco, también los tiene, debe existir una afinidad natural entre esas diversas acepciones. En un sentido, decimos que obramos con justicia respecto al prójimo cuando nos abstenemos de causarle daño, cuando no le perjudicamos en su persona, bienes o reputación. Esta es la justicia que he tratado anteriormente, cuya observancia puede imponerse por la fuerza y cuya violación expone al castigo. En otro sentido, decimos que no obramos con justicia hacia el prójimo si no sentimos por él el afecto, respeto y estima que su carácter, su situación y su vínculo con nosotros hacen adecuados y justos, y si no actuamos en consecuencia. Es en este sentido que decimos obrar con injusticia hacia una persona meritoria vinculada a nosotros, aunque nos abstengamos de perjudicarla en modo alguno, si no nos esforzamos por ayudarla y situarla donde el espectador imparcial querría verla. El primer sentido de la palabra coincide con lo que Aristóteles y los escolásticos llaman justicia conmutativa, y con lo que Grocio llama *justitia expletrix,* que consiste en abstenerse de lo ajeno y en hacer voluntariamente todo aquello que podría exigirse por la fuerza. El segundo sentido coincide con lo que algunos denominan justicia distributiva[10], y con la *justitia attributrix* de Grocio, que consiste en la beneficencia apropiada, en el uso correcto de lo propio y en su aplicación a los fines de caridad o generosidad que nuestra situación hace más adecuados. En este sentido, la justicia abarca todas las virtudes sociales. Existe aún otro sentido en el que a veces se usa la palabra justicia, más amplio que los anteriores, aunque muy próximo al último; y que, según creo, recorre todas las lenguas. En este sentido decimos que obramos con injusticia cuando no valoramos debidamente algún objeto, o no lo perseguimos con el ardor que al espectador imparcial le parecería justo o naturalmente motivado. Así, decimos que hacemos injusticia a un poema o a una pintura cuando no los admiramos lo suficiente, y que les hacemos más que justicia cuando los admiramos en exceso. De igual modo, decimos que nos hacemos injusticia a nosotros mismos cuando no prestamos suficiente atención a algún objeto de interés personal. En este último sentido, justicia equivale a la exacta y perfecta propiedad de conducta y comportamiento, e incluye no solo los deberes de la justicia conmutativa y distributiva, sino los de toda otra virtud: la prudencia, la fortaleza, la templanza. Es en este último sentido que Platón entiende lo que llama justicia y que, por tanto, para él, comprende la perfección de toda clase de virtud.

II. La virtud, según Aristóteles[11], consiste en el hábito de la moderación conforme a la recta razón. Cada virtud particular, según él, se sitúa en un punto medio entre dos vicios opuestos, de los cuales uno peca por exceso y el otro por defecto frente a un determinado tipo de objetos. Así, la virtud de la fortaleza o el coraje se encuentra entre los vicios opuestos de la cobardía y la temeridad presuntuosa, uno de los cuales se deja afectar demasiado y el otro demasiado poco por los objetos del temor. Del mismo modo, la virtud de la frugalidad se sitúa entre la avaricia y la prodigalidad, una por un exceso y la otra por un defecto en la atención debida a los objetos del interés propio. La magnanimidad, de igual forma, se encuentra entre el exceso de arrogancia y el defecto de pusilanimidad, uno por una idea excesiva, el otro por una idea demasiado débil, de nuestro propio valor y dignidad. No es necesario señalar que esta concepción de la virtud corresponde con notable exactitud a lo ya expuesto acerca de la propiedad e impropiedad de la conducta.

---

[10] La justicia distributiva de Aristóteles es algo diferente. Consiste en la distribución adecuada de las recompensas provenientes del patrimonio público de una comunidad. Libro V, capítulo 2 de la Ética a Nicómaco,

[11] Véase *Ética a Nicómaco, Libro II Cap. 1-4*

Según Aristóteles[12], en efecto, la virtud no consistía tanto en esas afectaciones moderadas y correctas, como en el hábito de esa moderación. Para entender esto, es preciso observar que la virtud puede considerarse tanto como cualidad de una acción como cualidad de una persona. Considerada como cualidad de una acción, consiste, incluso según Aristóteles, en la moderación razonable del afecto que origina dicha acción, aunque tal disposición no sea habitual en quien la realiza. Considerada como cualidad de una persona, consiste en el hábito de esa moderación razonable, en el hecho de que se haya convertido en disposición habitual y constante del ánimo. Así, una acción que proviene de un arranque ocasional de generosidad es sin duda una acción generosa, pero quien la realiza no es necesariamente una persona generosa, ya que podría tratarse de la única acción de ese tipo que haya hecho jamás. El motivo y la disposición del corazón con que se ejecutó tal acción pueden haber sido justos y adecuados; pero como ese estado de ánimo parece haber sido el efecto de un humor accidental más que de algo estable o permanente en el carácter, no puede reflejar gran mérito sobre quien la ejecuta. Cuando calificamos un carácter de generoso, caritativo o virtuoso en cualquier sentido, queremos significar que la disposición expresada por esos apelativos es la disposición habitual y acostumbrada de esa persona. Pero las acciones aisladas, por adecuadas que sean, apenas bastan para demostrarlo. Si una sola acción fuese suficiente para atribuir a alguien el carácter de una virtud cualquiera, hasta el hombre más indigno podría reclamar para sí todas las virtudes, ya que no hay quien no haya actuado en alguna ocasión con prudencia, justicia, templanza o fortaleza. Pero, aunque las acciones aisladas, por loables que sean, reflejan muy poco mérito en quien las realiza, una sola acción viciosa, llevada a cabo por alguien cuyo comportamiento suele ser muy regular, disminuye notablemente, y a veces destruye por completo, nuestra opinión sobre su virtud. Una acción de este tipo basta para demostrar que sus hábitos no son perfectos y que no se puede confiar tanto en él como su comportamiento habitual podría habernos hecho suponer.

También Aristóteles[13], al hacer consistir la virtud en hábitos prácticos, probablemente quiso oponerse a la doctrina de Platón, quien parece haber creído que los sentimientos justos y los juicios razonables acerca de lo que debía hacerse o evitarse eran suficientes para constituir la virtud más perfecta. Según Platón, la virtud podía considerarse una especie de ciencia, y ningún hombre, pensaba él, podía ver con claridad y de manera demostrativa lo que estaba bien y lo que estaba mal, sin obrar en consecuencia. La pasión podría llevarnos a actuar en contra de opiniones dudosas e inciertas, pero no contra juicios claros y evidentes. Aristóteles, por el contrario, sostenía que ninguna

---

[12] Véase *Magna Moralia, Libro I, capítulo I*
[13] Véase *Magna Moralia, Libro I, capítulo I*

255

convicción del entendimiento podía superar hábitos arraigados, y que la buena conducta moral no surgía del conocimiento sino de la acción.

III. Según Zenón[14], fundador de la doctrina estoica, a cada ser vivo le fue encomendada naturalmente la responsabilidad de su propio cuidado, y fue dotado del principio del amor propio, a fin de procurar no solo su existencia, sino el mejor y más perfecto estado posible de todas las partes de su naturaleza.

El amor propio del ser humano abarcaba, por decirlo así, su cuerpo y todos sus miembros, su mente y todas sus facultades y potencias, y aspiraba a preservar y mantenerlos a todos en su mejor y más perfecto estado. Aquello que contribuía a sostener este estado de existencia era, por tanto, señalado por la naturaleza como algo digno de ser escogido; y lo que tendía a destruirlo, como algo digno de ser evitado. Así, la salud, la fuerza, la agilidad y el bienestar corporal, al igual que las conveniencias externas que podían favorecerlos; la riqueza, el poder, los honores, el respeto y la estima de quienes nos rodean, eran naturalmente considerados deseables, y su posesión preferible a su carencia. Por otro lado, la enfermedad, la debilidad, la torpeza, el dolor físico, así como todas las incomodidades externas que pudieran causarlos, la pobreza, la falta de autoridad, el desprecio o el odio de quienes nos rodean, eran igualmente señalados como cosas que debían evitarse. Dentro de ambas clases opuestas de objetos, había unos que parecían más dignos de elección o de rechazo que otros de su misma clase. Así, en la primera clase, la salud era evidentemente preferible a la fuerza, y la fuerza a la agilidad; la reputación al poder, y el poder a la riqueza. Y así también, en la segunda clase, la enfermedad era más temida que la torpeza corporal, la ignominia más que la pobreza, y la pobreza más que la pérdida de poder. La virtud y la propiedad de la conducta consistían en escoger y rechazar todos los objetos y circunstancias según fueran señalados por la naturaleza como más o menos dignos de elección o de rechazo; en seleccionar siempre, entre los diversos objetos de elección que se nos presentan, aquel que fuese más digno de ser escogido, cuando no pudiésemos obtenerlos todos; y también, entre los distintos objetos de rechazo, aquel que fuese menos digno de ser evitado, cuando no estuviésemos en condiciones de evitarlos todos. Al escoger y rechazar con esta justa y precisa discriminación, al conceder a cada cosa el grado exacto de atención que merece según el lugar que ocupa en esta escala natural de valores, manteníamos, según los estoicos, esa rectitud perfecta de conducta que constituía la esencia de la virtud. Esto era lo que llamaban vivir en coherencia, vivir conforme a la naturaleza, y obedecer las leyes y directrices que la naturaleza, o el Autor de la naturaleza, había prescrito para nuestra conducta.

---

[14] Véase Cicerón, *De finibus, libro III;* también Diógenes Laercio, *en Vida de Zenón, libro VII, sección 84.*

Hasta este punto, la idea estoica de propiedad y virtud no es muy diferente de la de Aristóteles y los antiguos peripatéticos.

Entre esos objetos primarios que la naturaleza nos había recomendado como deseables, se encontraba la prosperidad de nuestra familia, de nuestros parientes, de nuestros amigos, de nuestra patria, de la humanidad y del universo en general. La naturaleza también nos había enseñado que, así como la prosperidad de dos es preferible a la de uno, la de muchos, o la de todos, debe ser infinitamente más valiosa. Que nosotros mismos no somos más que una parte, y que, por tanto, siempre que nuestra prosperidad fuese incompatible con la del todo, o con la de una parte considerable del todo, debía, incluso en nuestro propio juicio, ceder ante aquello que era mucho más digno de elección. Dado que todos los acontecimientos del mundo están dirigidos por la providencia de un Dios sabio, poderoso y bueno, podíamos estar seguros de que todo cuanto ocurre contribuye a la prosperidad y perfección del conjunto. Por lo tanto, si nosotros mismos nos encontrábamos en pobreza, enfermedad o cualquier otra calamidad, debíamos, ante todo, hacer lo posible, siempre que no violáramos ningún deber más sagrado, por librarnos de tal situación. Pero si, pese a todos nuestros esfuerzos, descubríamos que era imposible, debíamos conformarnos con la idea de que el orden y la perfección del universo exigían que, por el momento, permaneciéramos en esa condición. Y ya que la prosperidad del conjunto debía aparecernos incluso a nosotros como más deseable que la de una parte tan insignificante como nosotros mismos, nuestra situación, fuera cual fuera, debía desde ese instante convertirse en objeto de nuestra aceptación, si queríamos conservar aquella completa propiedad y rectitud de sentimiento y de conducta que constituían la perfección de nuestra naturaleza. Si, en efecto, surgía alguna oportunidad de salir de esa situación, era nuestro deber aprovecharla. El orden del universo ya no exigía que siguiéramos en ese estado, y el gran Director del mundo nos lo daba a entender claramente, al mostrarnos el camino a seguir. Lo mismo ocurría con las adversidades de nuestros parientes, amigos o de nuestra patria. Si, sin transgredir obligaciones más sagradas, estaba en nuestro poder evitar o remediar su sufrimiento, sin duda era nuestro deber hacerlo. La propiedad de la acción, la regla que Júpiter nos había dado para guiar nuestra conducta, evidentemente lo requería. Pero si no podíamos hacer nada, debíamos entonces considerar tal suceso como el más afortunado que podía haber ocurrido; porque podíamos estar seguros de que contribuía en mayor medida a la prosperidad y al orden del conjunto, que era lo que nosotros mismos, si éramos sabios y equitativos, debíamos desear por encima de todo. Era nuestro propio interés final, considerado como parte de ese todo cuya prosperidad debía ser no solo el objetivo principal, sino el único objeto legítimo de nuestro deseo.

«¿En qué sentido», dice Epicteto, «se afirma que algunas cosas son conformes a nuestra naturaleza y otras contrarias a ella? En el sentido en que nos consideramos como separados y aislados de todas las demás cosas. Así, podría decirse que es conforme a la naturaleza del pie estar siempre limpio. Pero si lo consideramos como un pie, y no como algo separado del resto del cuerpo, debe, por necesidad, ensuciarse a veces, pisar espinas otras, e incluso, llegado el caso, ser amputado por el bien del cuerpo entero; y si se niega a ello, deja de ser un pie. Del mismo modo, debemos entendernos a nosotros mismos. ¿Qué eres tú? Un ser humano. Si te consideras como algo separado y aislado, es conforme a tu naturaleza vivir hasta la vejez, ser rico, gozar de salud. Pero si te ves como un ser humano y como parte de un todo, por el bien de ese todo, deberás a veces enfermar, enfrentarte a los inconvenientes de un viaje por mar, vivir en la escasez, y quizá, incluso, morir antes de tiempo. ¿Por qué entonces te quejas? ¿No sabes que al hacerlo, como el pie que se rehúsa a ser parte del cuerpo, dejas de ser verdaderamente humano?»

Un sabio no se queja jamás del destino trazado por la Providencia, ni cree que el universo esté en desorden porque él se sienta fuera de lugar. No se contempla a sí mismo como un todo separado y autónomo dentro de la naturaleza, al que se deba cuidar por sí mismo y para sí mismo: se concibe a la luz en que imagina que lo contempla el gran genio de la naturaleza humana y del mundo. Participa, si se me permite decirlo, de los sentimientos de ese ser divino y se considera como un átomo, una partícula dentro de un sistema inmenso e infinito que debe ordenarse según la conveniencia del conjunto. Seguro de la sabiduría que dirige todos los acontecimientos de la vida humana, acepta con alegría el destino que le toca, convencido de que, si hubiese conocido todas las conexiones y dependencias de las distintas partes del universo, habría elegido exactamente la misma suerte que le ha tocado. Si le corresponde la vida, se conforma con vivir; si le corresponde la muerte, y la naturaleza ya no tiene necesidad de su presencia aquí, se marcha gustoso hacia donde le han destinado.

«Acepto —dijo un filósofo cínico, cuyos principios coincidían en este punto con los de los estoicos—, acepto con igual alegría y satisfacción cualquier fortuna que me depare el destino: riqueza o pobreza, placer o dolor, salud o enfermedad, todo es lo mismo. Y no desearía que los dioses cambiaran mi destino en lo más mínimo. Si algo hubiera de pedirles, más allá de los dones que ya me han concedido, sería que me informaran de antemano qué desean que haga conmigo, para que yo mismo pudiera colocarme en esa situación y demostrar con ello la alegría con que acepto su designio.»

«Si he de embarcarme —dice Epicteto—, elijo el mejor navío y piloto, y espero el clima más favorable que mis circunstancias y mi deber me permitan. La prudencia y la propiedad, los principios que los dioses me han dado para guiar mi conducta, así lo exigen. Pero no exigen más que eso. Si, pese a todo, se desata una tormenta que ni la fortaleza de la nave ni la pericia del piloto puedan resistir, no me preocupo por el desenlace. Todo lo que estaba en mis manos ya lo he hecho. Los directores de mi conducta no me ordenan ser miserable, ni ansioso, ni desalentado, ni temeroso. Si hemos de naufragar o llegar a buen puerto, eso es asunto de Júpiter, no mío. Le dejo la decisión por completo, y no pierdo el sueño intentando adivinar cuál será, sino que recibo lo que venga con igual indiferencia y serenidad.»

De esta confianza absoluta en la sabiduría benévola que gobierna el universo, y de esta entrega plena al orden que esa sabiduría considere establecer, se desprende necesariamente que, para el sabio estoico, los acontecimientos de la vida humana deben ser, en gran medida, indiferentes. Su felicidad consiste, ante todo, en la contemplación de la dicha y la perfección del gran sistema del universo, del buen gobierno de la gran república de dioses y hombres, de todos los seres racionales y sensibles; y, en segundo lugar, en cumplir con su deber, en actuar correctamente en los asuntos de esa gran república, sea cual sea el pequeño papel que la sabiduría le haya asignado. La corrección o incorrección de sus esfuerzos puede ser de gran importancia para él. Su éxito o su fracaso no lo son en absoluto: no pueden provocar en él ni alegría ni tristeza apasionadas, ni deseos ni rechazos vehementes. Si prefiere unos eventos sobre otros, si algunas situaciones son para él objeto de elección y otras de rechazo, no es porque unas le parezcan mejores en sí mismas que las otras, ni porque crea que su felicidad será mayor en lo que se llama una situación afortunada que en una desgraciada, sino porque la propiedad de la acción, la norma que los dioses le han dado para guiar su conducta, le indica que debe elegir y rechazar de ese modo. Todos sus afectos se concentran y disuelven en dos grandes pasiones: el cumplimiento de su deber y el anhelo por la mayor felicidad posible de todos los seres racionales y sensibles. Para la satisfacción de esta última, confía con absoluta seguridad en la sabiduría y el poder del gran Supervisor del universo. Su única preocupación es la satisfacción de la primera; no el resultado, sino la propiedad de sus propios esfuerzos. Sea cual sea el desenlace, confía en un poder y una sabiduría superiores para convertirlo en un medio que favorezca el gran fin que él mismo desea promover.

Esta propiedad en el elegir y rechazar, aunque en un principio nos fue señalada, recomendada e incluso introducida a través de los objetos mismos que debíamos elegir o evitar, una vez que llegábamos a conocerla plenamente, el orden, la gracia y la belleza que percibíamos en tal conducta, así como la dicha que experimentábamos al practicarla, se nos mostraban como algo de mucho mayor valor que la mera obtención de los objetos deseables o la simple evasión de aquellos que debíamos evitar. De la observancia de esta propiedad surgían la dicha y la gloria; de su descuido, la miseria y la degradación de la naturaleza humana.

Para el sabio, aquel cuyas pasiones están perfectamente sometidas a los principios rectores de su naturaleza, la observancia exacta de esta propiedad resultaba igualmente sencilla en cualquier circunstancia. Si se hallaba en la prosperidad, daba gracias a Júpiter por haberle concedido condiciones fácilmente dominables, en las cuales había escasa tentación de actuar de modo incorrecto. Si se encontraba en la adversidad, del mismo modo agradecía al director de este espectáculo que es la vida humana por haberle enfrentado a un oponente vigoroso, contra el cual, aunque la lucha fuese más ardua, la victoria sería más gloriosa, y, en su mente, igualmente segura. ¿Puede haber deshonra alguna en un sufrimiento que no ha sido causado por culpa propia, y frente al cual uno actúa con perfecta propiedad? No puede, por tanto, haber allí ningún mal; por el contrario, se halla el mayor de los bienes y beneficios. Un hombre valiente se regocija ante los peligros en los que la fortuna le ha puesto sin culpa alguna. Estos le ofrecen la ocasión de ejercitar aquella heroicidad intrépida cuya manifestación proporciona el elevado gozo que emana de la conciencia de una propiedad superior y del mérito justo de la admiración. Aquel que domina todos sus ejercicios no rehúye enfrentarse a los más fuertes; del mismo modo, aquel que domina todas sus pasiones no teme ninguna situación en la que el Supervisor del universo decida colocarlo. La generosidad de ese ser divino le ha dotado de virtudes que lo hacen superior a toda circunstancia. Si se trata de placer, tiene templanza para abstenerse; si es dolor, tiene constancia para soportarlo; si es peligro o muerte, tiene magnanimidad y fortaleza para despreciarlos. Los acontecimientos de la vida humana nunca lo sorprenden desprevenido ni lo dejan sin recursos para sostener aquella propiedad de pensamiento y de conducta que, en su propia estimación, constituye a la vez su gloria y su dicha.

La vida humana, según parece, era para los estoicos como un juego de gran destreza, en el cual, sin embargo, intervenía un elemento de azar, o lo que comúnmente se entiende como tal. En estos juegos, la apuesta suele ser insignificante, y todo el placer del juego proviene de jugar bien, con justicia y con habilidad. Si, pese a su destreza, el buen jugador perdía por obra del azar, la pérdida debía ser motivo más de risa que de aflicción. No había cometido ningún error, no había hecho nada vergonzoso; había disfrutado plenamente del placer del juego. Si, por el contrario, el mal jugador ganaba pese a sus torpezas, su éxito apenas podía darle satisfacción. Le mortificaba el recuerdo de todos los errores cometidos. Incluso durante el juego, era incapaz de gozar del placer que este podía ofrecer: la ignorancia de las reglas le provocaba miedo, duda y vacilación antes de cada jugada; y, tras ejecutarla, el descubrir que fue un gran desacierto completaba el desagradable ciclo de sus sensaciones. La vida humana, con todas las ventajas que pudieran acompañarla, debía ser considerada, según los estoicos, como una simple apuesta de poco valor— demasiado insignificante como para merecer preocupación alguna. Nuestra única inquietud debía centrarse, no en la apuesta, sino en la forma correcta de jugar. Si poníamos nuestra felicidad en ganar la apuesta, la colocábamos en lo que dependía de causas fuera de nuestro poder y control. Nos exponíamos así, necesariamente, a un constante temor e inquietud, y con frecuencia a decepciones graves y humillantes. Si, en cambio, poníamos nuestra felicidad en jugar bien, justamente, con sabiduría y destreza, en la propiedad de nuestra propia conducta, en suma, la colocábamos en algo que, mediante disciplina, educación y atención, podía estar completamente bajo nuestro poder y control. Nuestra felicidad estaba perfectamente asegurada y fuera del alcance del azar. El desenlace de nuestras acciones, si escapaba a nuestro control, estaba también fuera de nuestra preocupación, y nunca podríamos sentir ni temor ni ansiedad al respecto, ni sufrir decepción alguna—ni grave, ni siquiera seria.

La vida humana misma, al igual que todas las ventajas o desventajas que pueden acompañarla, podía ser, según los estoicos, objeto legítimo tanto de elección como de rechazo, dependiendo de las circunstancias. Si, en nuestra situación presente, había más circunstancias acordes con la naturaleza que contrarias a ella—más elementos que podían ser considerados deseables que indeseables—entonces la vida, en conjunto, era el objeto apropiado de elección, y la propiedad de conducta requería que permaneciéramos en ella. Si, por el contrario, en nuestra situación actual, sin esperanza razonable de mejora, había más circunstancias contrarias a la naturaleza que acordes con ella—más elementos que debían ser rechazados que elegidos—la vida misma se convertía entonces, para el sabio, en objeto de rechazo, y no solo tenía la libertad de salir de ella, sino que la propiedad de conducta, es decir, la norma que los dioses le habían dado para guiar sus acciones, le exigía hacerlo.

"Se me ordena", dice Epicteto, "no vivir en Nicópolis. No vivo allí. Se me ordena no vivir en Atenas. No vivo allí. Se me ordena no vivir en Roma. No vivo en Roma. Se me ordena vivir en la pequeña y rocosa isla de Gyaræ. Voy y vivo allí. Pero la casa en Gyaræ tiene humo. Si el humo es moderado, lo soportaré y me quedaré. Si es excesivo, me iré a una casa de la que ningún tirano puede echarme. Recuerdo siempre que la puerta está abierta, que puedo salir cuando lo desee y retirarme a esa casa hospitalaria que está en todo momento abierta para todo el mundo; porque, más allá de mi última prenda, más allá de mi propio cuerpo, ningún ser humano tiene poder alguno sobre mí." Si tu situación, en conjunto, es desagradable—si tu casa humea demasiado, decían los estoicos—sal sin dudar; pero hazlo sin lamentos, sin murmullos ni quejas. Sal con serenidad, con contento, con gratitud, dando gracias a los dioses que, en su infinita bondad, han abierto el seguro y tranquilo puerto de la muerte, siempre listo para recibirnos desde el tempestuoso océano de la vida humana; que han preparado este sagrado, inviolable y gran asilo, siempre abierto, siempre accesible, completamente fuera del alcance de la furia y la injusticia humanas, y lo suficientemente amplio como para contener tanto a quienes desean como a quienes no desean retirarse a él—un asilo que priva a todo hombre de cualquier pretexto para quejarse, o incluso de imaginar que pueda existir algún mal en la vida humana, salvo aquel que proviene de su propia necedad y debilidad.

Los estoicos, en los pocos fragmentos de su filosofía que han llegado hasta nosotros, hablan en ocasiones de abandonar la vida con una jovialidad, e incluso con una ligereza, que, si consideráramos esas expresiones de forma aislada, podría llevarnos a pensar que creían que era legítimo abandonarla cuando uno quisiera, de manera caprichosa y sin motivo serio, al menor disgusto o incomodidad. "Cuando cenas con cierta persona," dice Epicteto, "te quejas de las largas historias que te cuenta sobre sus guerras en Misia. 'Ahora, amigo mío', dice él, 'habiéndote contado cómo tomé una colina en tal lugar, te contaré cómo fui sitiado en otro.' Pero si no deseas soportar sus historias, no aceptes su cena. Si aceptas su cena, no tienes el menor derecho a quejarte de sus historias. Lo mismo sucede con lo que llamas los males de la vida humana. Jamás te quejes de aquello de lo que en todo momento puedes librarte." No obstante, esta jovialidad e incluso ligereza en el lenguaje, la alternativa entre permanecer en la vida o dejarla era, para los estoicos, una cuestión de la más seria y profunda deliberación. Jamás debíamos abandonar la vida sin haber sido claramente llamados a ello por esa Potencia superior que originalmente nos colocó en ella. Pero debíamos considerar que ese llamado no ocurría únicamente en el término señalado e inevitable de la existencia. Siempre que la providencia de esa Potencia rectora hubiese hecho que nuestra condición de vida fuese, en conjunto, objeto más de rechazo que de elección, la gran norma que nos fue dada para guiar nuestra conducta nos exigía dejarla. Podíamos entonces decir que escuchábamos claramente la solemne y benévola voz de ese Ser divino que nos llamaba a hacerlo.

Por esta razón, según los estoicos, podía ser deber del sabio salir de la vida aun cuando fuese perfectamente feliz; mientras que, en cambio, podía ser deber de un hombre débil permanecer en ella, aunque fuese necesariamente desdichado. Si en la situación del sabio había más circunstancias que naturalmente debían ser rechazadas que elegidas, la situación completa se convertía en objeto de rechazo, y la norma que los dioses le habían dado para dirigir su conducta exigía que se retirara de ella tan pronto como las circunstancias particulares lo permitieran. Sin embargo, era completamente feliz incluso mientras decidiera permanecer en esa situación: había situado su felicidad no en alcanzar los objetos de su elección ni en evitar los del rechazo, sino en elegir y rechazar siempre con la máxima propiedad; no en el éxito, sino en la corrección de sus esfuerzos y acciones. Si, por el contrario, en la situación del hombre débil había más circunstancias naturalmente elegibles que rechazables, toda la situación se convertía en objeto de elección, y era su deber permanecer en ella. No obstante, era infeliz por no saber cómo aprovechar esas circunstancias. Aunque tuviese las mejores cartas, no sabía cómo jugarlas, y no podía disfrutar ningún tipo de satisfacción real, ni durante el juego ni en su desenlace, fuera cual fuera el resultado[15].

La conveniencia del suicidio, en ciertas ocasiones, aunque fue quizá más defendida por los estoicos que por cualquier otra escuela filosófica de la antigüedad, era, sin embargo, una doctrina común a todas ellas, incluso a los apacibles y despreocupados epicúreos. Durante la época en que florecieron los fundadores de las principales escuelas filosóficas, en tiempos de la guerra del Peloponeso y durante muchos años después de su conclusión, todas las repúblicas griegas estaban casi siempre desgarradas internamente por las más violentas facciones, y en guerra constante con sus vecinos, guerras en las que no solo se buscaba la supremacía o el dominio, sino la completa aniquilación del enemigo o, lo que era igualmente cruel, reducirlo al estado más vil de todos: la esclavitud doméstica, vendiéndolos—hombres, mujeres y niños—como ganado al mejor postor. La pequeñez de la mayoría de esos estados hacía además muy probable que ellos mismos acabaran sufriendo la misma calamidad que tan a menudo infligían o intentaban infligir a otros. En medio de este caos, ni la más perfecta inocencia, ni la más alta posición, ni los mayores servicios prestados a la patria garantizaban seguridad alguna a ningún ciudadano. Incluso en su propio hogar y entre sus propios conciudadanos, cualquier hombre podía, tarde o temprano, ser condenado por la furia de alguna facción hostil a los castigos más crueles y vergonzosos. Si era hecho prisionero de guerra, o si la ciudad a la que pertenecía era conquistada, sufría entonces, si era posible, aún mayores agravios y humillaciones.

Todo hombre, naturalmente, o más bien por necesidad, se acostumbra a imaginar los males a los que su condición lo expone con frecuencia. Un marinero no puede evitar pensar en tormentas, naufragios, hundimientos en alta mar, y en cómo se sentirá y actuará en tales circunstancias. Del mismo modo, un patriota o un héroe griego no podía evitar pensar constantemente en las calamidades a las que su situación lo exponía: el destierro, la esclavitud, la tortura, la ejecución pública. Así como el indígena americano compone su canto de muerte y reflexiona sobre cómo debe comportarse cuando caiga en manos enemigas y sea ejecutado con lentas torturas entre insultos y burlas, así también el héroe griego no podía dejar de considerar qué debía soportar y cómo debía actuar en tales situaciones. Los filósofos de todas las escuelas coincidían en presentar la virtud—una conducta sabia, justa, firme y moderada—como el camino más seguro y, de hecho, infalible hacia la felicidad, incluso en esta vida. Sin embargo, esta conducta no siempre podía librar al individuo de los infortunios derivados del desorden general de los asuntos públicos, y en ocasiones incluso lo exponía más a ellos. Por ello, procuraron demostrar que la felicidad era, en todo o en gran parte, independiente de la fortuna; los estoicos

---

[15] Véase Cicerón, De Finibus, libro III, Cap. 18

sostenían que lo era por completo; los académicos y peripatéticos, que lo era en gran medida. La conducta sabia, prudente y virtuosa era, ante todo, la más propicia para alcanzar el éxito en toda empresa, y, en segundo lugar, si no tenía éxito, el alma aún contaba con el consuelo de la aprobación propia. El hombre virtuoso podía disfrutar de la completa aprobación de su conciencia, sentir que, aunque todo marchara mal fuera de él, dentro todo era calma, paz y armonía. También podía consolarse con la certeza de que gozaba del respeto y afecto de todo espectador inteligente e imparcial, quien no podía menos que admirar su conducta y lamentar su infortunio.

Estos filósofos procuraron además mostrar que los más grandes infortunios de la vida humana podían ser soportados con más facilidad de la que comúnmente se creía. Se esmeraron en señalar los consuelos que aún podían disfrutarse en la pobreza, en el destierro, ante el clamor injusto de la opinión pública, en la ceguera, la sordera, la vejez extrema y la cercanía de la muerte; señalaron también las consideraciones que podían fortalecer el espíritu ante el dolor, la enfermedad y la pérdida de seres queridos. Los pocos fragmentos que nos han llegado sobre estos temas constituyen quizás una de las partes más instructivas e interesantes del legado antiguo. El vigor y nobleza de sus enseñanzas contrastan de manera sorprendente con el tono melancólico, quejumbroso y lastimero de algunos sistemas modernos.

Pero mientras esos antiguos filósofos procuraban sugerir toda consideración capaz de, como diría Milton, armar el pecho endurecido con paciencia obstinada como con triple acero, también se empeñaban, ante todo, en convencer a sus discípulos de que no había ni podía haber mal alguno en la muerte. Y que, si en algún momento la situación se volvía demasiado dura para la constancia del alma, el remedio estaba a mano, la puerta estaba abierta, y se podía salir de la vida sin temor alguno. Si no había otro mundo más allá de este, decían, la muerte no podía ser un mal; y si existía otro mundo, también allí estarían los dioses, y ningún hombre justo podía temer mal alguno estando bajo su protección. En resumen, estos filósofos prepararon un canto de muerte, si se me permite la expresión, que los patriotas y héroes griegos pudieran entonar cuando llegara el momento apropiado; y, entre todas las escuelas, debe reconocerse que los estoicos compusieron el canto más animado y vigoroso de todos.

El suicidio, sin embargo, nunca pareció haber sido muy común entre los griegos. Exceptuando a Cleómenes, no recuerdo en este momento ningún patriota o héroe verdaderamente ilustre de Grecia que haya muerto por su propia mano. La muerte de Aristómenes se sitúa tanto fuera del periodo de la historia verdadera como la de Áyax. La versión más difundida de la muerte de Temístocles, aunque perteneciente a un periodo más cercano, presenta claramente todos los rasgos de una fábula romántica. De todos los héroes griegos cuyas vidas han sido narradas por Plutarco, Cleómenes parece haber sido el único que murió de esta manera. Terámenes, Sócrates y Foción, quienes ciertamente no carecían de valor, permitieron ser encarcelados y se sometieron con paciencia a la muerte a la que la injusticia de sus conciudadanos los había condenado. El valiente Eumenes se dejó entregar por sus propios soldados amotinados a su enemigo Antígono, y murió de inanición sin intentar ningún acto violento. El intrépido Filopemen permitió ser capturado por los mesenios, fue arrojado a una mazmorra y se presume que fue envenenado en secreto. Se dice que varios filósofos murieron de este modo; pero sus vidas han sido escritas con tal ligereza y necedad que cabe atribuir escasa credibilidad a la mayoría de los relatos que sobre ellos se han transmitido. Se han dado tres versiones distintas de la muerte de Zenón el estoico. Una sostiene que, después de gozar durante noventa y ocho años de una salud perfecta, al salir un día de su escuela tropezó y cayó; y aunque no sufrió otro daño que romperse o dislocarse un dedo, golpeó el suelo con la mano y, citando a la Níobe de Eurípides, exclamó: "Aquí estoy, ¿por qué me llamas?", tras lo cual se fue a casa y se ahorcó. A tan avanzada edad, cabría pensar que podría haber tenido un poco más de paciencia. Otra versión afirma que, a la misma edad y a causa de un accidente similar, decidió morir por inanición. La tercera, y con mucho la más verosímil, indica que murió de manera natural a los setenta y dos años, versión respaldada además por la autoridad de un contemporáneo que debió haber tenido todas las oportunidades de estar bien informado: Perséus, quien fue primero esclavo y luego amigo y discípulo de Zenón. La primera versión la ofrece Apolonio de Tiro, que vivió en tiempos del emperador Augusto, es decir, entre doscientos y trescientos años después de la muerte de Zenón. Ignoro quién es el autor de la segunda. Apolonio, que también era estoico, probablemente pensó que sería un honor para el fundador de una escuela que tanto hablaba del suicidio voluntario, haber muerto de esta manera por su propia mano. Los hombres de letras, aunque tras su muerte suelen ser mencionados más que los príncipes o estadistas más célebres de su tiempo, durante su vida acostumbran a ser tan oscuros e insignificantes que sus peripecias rara vez son registradas por los historiadores contemporáneos. Los cronistas de épocas posteriores, en su afán de satisfacer la curiosidad del público y sin contar con documentos auténticos que confirmen o desmientan sus relatos, parecen haberlos moldeado con frecuencia según su propia imaginación, y casi siempre con abundante dosis de lo maravilloso. En este caso concreto, lo maravilloso, aunque carente de fundamento, parece haber prevalecido sobre lo probable, aunque respaldado por la mejor evidencia. Diógenes Laercio da claramente preferencia a la versión de Apolonio. Luciano y Lactancio también parecen haber dado crédito a la historia de la avanzada edad y de la muerte violenta.

Esta costumbre del suicidio parece haber sido mucho más común entre los orgullosos romanos que entre los griegos, vivaces, ingeniosos y acomodaticios. Incluso entre los romanos, esta moda no parece haberse establecido en las primeras épocas de la república, aquellas consideradas como virtuosas. La historia tradicional de la muerte de Régulo, aunque probablemente sea una fábula, jamás habría podido ser concebida si se hubiera pensado que podía haber alguna deshonra en que aquel héroe se sometiera pacientemente a las torturas que se dice los cartagineses le infligieron. En las últimas etapas de la república, sin embargo, estimo que tal sumisión habría sido vista como deshonrosa. Durante las diversas guerras civiles que precedieron a la caída de la república, muchos hombres eminentes de todos los bandos contendientes prefirieron perecer por su propia mano antes que caer en las de sus enemigos. La muerte de Catón, celebrada por Cicerón y censurada por César, y que se convirtió en el tema de una de las más serias controversias entre, quizá, los dos más ilustres oradores que el mundo haya conocido confirieron un carácter de esplendor a este modo de morir, carácter que pareció conservar durante siglos. La elocuencia de Cicerón fue superior a la de César. Los admiradores superaron ampliamente a los críticos, y los amantes de la libertad siguieron mirando durante muchas generaciones a Catón como al más venerable mártir del bando republicano. "El jefe de un partido," observa el cardenal de Retz, "puede hacer lo que le plazca; mientras conserve la confianza de sus seguidores, no puede equivocarse"; una máxima cuya veracidad el cardenal tuvo ocasión de confirmar en varias oportunidades. Catón, al parecer, unía a sus demás virtudes la de ser un excelente compañero de copas. Sus enemigos lo acusaban de embriaguez; "pero," dice Séneca, "quien atribuya ese vicio a Catón, encontrará mucho más fácil demostrar que la embriaguez es una virtud que probar que Catón podía ser adicto a algún vicio."

Bajo los emperadores, este modo de morir pareció estar durante mucho tiempo en plena moda. En las epístolas de Plinio encontramos relatos de diversas personas que optaron por morir así, más por vanidad y ostentación, al parecer, que por lo que un estoico sobrio y juicioso podría considerar una razón válida o necesaria. Incluso las damas, que rara vez quedan rezagadas al seguir la moda, a menudo parecieron elegir esta manera de morir sin verdadera necesidad alguna, y, como las mujeres de Bengala, acompañaban en ciertas ocasiones a sus esposos hasta la tumba. La prevalencia de esta costumbre ciertamente ocasionó muchas muertes que de otro modo no habrían ocurrido. Sin embargo, toda la devastación que esta forma quizá suprema de vanidad e impertinencia humana pudo haber causado probablemente nunca fue demasiado considerable.

El principio del suicidio, el principio que nos enseñaría en ciertas ocasiones a considerar esa acción violenta como digna de aplauso y aprobación, parece ser completamente un refinamiento de la filosofía. La naturaleza, en su estado sano y saludable, nunca parece impulsarnos al suicidio. Hay, sin embargo, una especie de melancolía —una enfermedad a la que, entre otras calamidades, la naturaleza humana está desgraciadamente sujeta— que parece venir acompañada de lo que podría llamarse un apetito irresistible por la autodestrucción. Aun en circunstancias de máxima prosperidad exterior, y a veces incluso pese a los más profundos y serios sentimientos religiosos, esta enfermedad ha sido conocida por llevar con frecuencia a sus desdichadas víctimas a ese fatal extremo. Las personas que mueren de esta lamentable manera son objeto no de censura, sino de compasión. Intentar castigarlas cuando ya están fuera del alcance de cualquier castigo humano no es sólo absurdo, sino también injusto. Tal castigo solo puede recaer sobre sus familiares y allegados sobrevivientes, quienes siempre son completamente inocentes, y para quienes la pérdida de un ser querido en tan ignominiosas circunstancias es ya, por sí sola, una calamidad muy pesada. La naturaleza, en su estado sano y saludable, nos impulsa a evitar la desgracia en todo momento; y en muchas ocasiones, a defendernos de ella incluso con riesgo, o con certeza, de perecer en esa defensa. Pero cuando ni hemos podido evitarla ni hemos perecido resistiéndola, ningún principio natural, ningún respeto por la aprobación del espectador imparcial supuesto, por el juicio del hombre interior en el pecho, parece llamarnos a escapar de ella destruyéndonos. Solo la conciencia de nuestra propia debilidad, de nuestra incapacidad para soportar la calamidad con la debida entereza y firmeza, puede empujarnos a tal resolución. No recuerdo haber leído ni oído jamás de ningún salvaje americano que, al ser capturado por alguna tribu hostil, se quitara la vida para evitar ser luego ejecutado bajo tortura y entre los insultos y burlas de sus enemigos. Su gloria radica en soportar esos tormentos con valor y en devolver esos insultos con un desprecio diez veces mayor.

Este desprecio por la vida y por la muerte, junto con una total sumisión al orden de la Providencia —una aceptación completa de cualquier evento que el curso de los asuntos humanos pudiera deparar— pueden considerarse como las dos doctrinas fundamentales sobre las que descansaba todo el edificio de la moral estoica. Epicteto, el liberto de Epafrodito, enérgico y en ocasiones severo, puede considerarse el gran apóstol de la primera de estas doctrinas; Marco Aurelio, el emperador amable, humano y benevolente, de la segunda.

El esclavo liberado que, en su juventud, fue sometido a la insolencia de un amo brutal, que en su madurez fue desterrado de Roma y Atenas por los celos y caprichos de Domiciano, y obligado a residir en Nicópolis, y que por ese mismo tirano podía esperar en cualquier momento ser enviado a Gyaræ o incluso ejecutado, solo podía preservar su tranquilidad fomentando en su alma el más supremo desprecio por la vida humana. No se exalta nunca tanto —su elocuencia nunca es tan encendida— como cuando representa la futilidad y la insignificancia de todos los placeres y sufrimientos de esta vida.

El emperador de buen corazón, soberano absoluto de todo el mundo civilizado, que ciertamente no tenía motivos particulares para quejarse de su suerte, se complace en expresar su satisfacción con el curso ordinario de los acontecimientos, y en señalar bellezas incluso en aquellas partes del orden natural donde el vulgo no tiende a ver ninguna. "Hay una propiedad y hasta una gracia encantadora," observa, "en la vejez tanto como en la juventud; y la debilidad y decrepitud de aquella son tan propias de la naturaleza como el vigor y el esplendor de esta. La muerte, también, es un final tan natural de la vejez como la juventud lo es de la niñez, o la adultez de la juventud." "Así como solemos decir," comenta en otra ocasión, "que el médico ha prescrito a tal hombre montar a caballo, o bañarse con agua fría, o andar descalzo; así también deberíamos decir que la naturaleza, la gran conductora y médica del universo, ha prescrito a tal hombre una enfermedad, o la amputación de un miembro, o la pérdida de un hijo. Por una esperanza muy incierta de recuperar la salud, el paciente se somete con gusto a muchas pociones amargas, a múltiples intervenciones dolorosas. Las más duras prescripciones del gran Médico de la naturaleza, puede esperar el paciente, del mismo modo, que contribuirán a su propia salud, a su prosperidad y felicidad finales; y puede tener la certeza absoluta de que no solo contribuyen a ello, sino que son indispensables para la salud, prosperidad y felicidad del universo, para el progreso y perfeccionamiento del gran plan de Júpiter. De no ser así, jamás habrían ocurrido; el Arquitecto y Conductor omnisciente del universo nunca las habría permitido. Así como todas, incluso las más pequeñas partes coexistentes del universo, están perfectamente ajustadas entre sí y contribuyen a formar un solo sistema inmenso y conectado; del mismo modo, todos, incluso los más insignificantes de los eventos sucesivos, son partes —y partes necesarias— de esa gran cadena de causas y efectos que no tuvo principio ni tendrá fin; y que, siendo todos resultado necesario del diseño original del todo, son esencialmente necesarios no solo para su prosperidad, sino para su continuación y preservación. Quien no abraza cordialmente lo que le acontece, quien lamenta que algo le haya sucedido, quien desearía que no le hubiese sucedido, desea, en la medida de su poder, detener el movimiento del universo, romper la gran cadena de sucesión que mantiene y preserva ese sistema, y, por alguna pequeña conveniencia propia, perturbar y descomponer toda la máquina del mundo." "Oh mundo," dice en otro pasaje, "todo lo que te conviene me conviene a mí. Nada es demasiado temprano ni demasiado tarde para mí si es oportuno para ti. Todo es fruto para mí lo que tus estaciones producen. De ti son todas las cosas; en ti están todas las cosas; para ti son todas las cosas. Un hombre dice: Oh, ciudad amada de Cecrops. ¿Y tú no dirás: ¿oh, ciudad amada de Dios?"

A partir de estas sublimes doctrinas, los estoicos —o al menos algunos de ellos— intentaron derivar todos sus célebres "paradojas".

El sabio estoico aspiraba a alinearse con la perspectiva del gran Supervisor del universo, y a ver las cosas tal como ese ser divino las contemplaba. Pero para dicho Supervisor, todos los acontecimientos que puede traer el curso de su providencia —tanto los más insignificantes como los más grandiosos, desde el estallido de una burbuja, como dice Pope, hasta el colapso de un mundo— eran completamente iguales. Todos eran partes de la gran cadena que él había predestinado desde la eternidad, todos eran efectos de una misma sabiduría infalible, de una misma benevolencia universal y sin límites. Para el sabio estoico, del mismo modo, todos esos acontecimientos eran igualmente indiferentes. En medio de ellos, se le había asignado un pequeño ámbito sobre el cual tenía cierto control y responsabilidad. En ese ámbito procuraba conducirse de la mejor manera posible, según las directrices que creía haber recibido. Pero no sentía preocupación ni angustia por el éxito o el fracaso de sus esfuerzos más fieles. La mayor prosperidad o la completa ruina de ese pequeño sistema bajo su cargo le eran perfectamente indiferentes. Si esos eventos dependieran de él, habría preferido unos y rechazado otros; pero como no estaban bajo su poder, confiaba en una sabiduría superior y se sentía completamente satisfecho con el resultado, cualquiera que fuera, convencido de que, si hubiera comprendido todas las conexiones y dependencias del universo, ese habría sido precisamente el desenlace que él mismo habría deseado con más fervor. Todo lo que hacía bajo la guía de estos principios era igualmente perfecto; y al extender un dedo —el ejemplo usual entre los estoicos— realizaba una acción tan digna de mérito, de alabanza y admiración como cuando entregaba su vida por el bien de su patria. Así como para el gran Supervisor del universo la creación y destrucción de un mundo o de una burbuja eran igualmente fáciles, admirables y expresión de una misma sabiduría y benevolencia divinas, para el sabio estoico lo que llamamos "gran acción" no requería mayor esfuerzo que una acción menor: ambas emanaban de los mismos principios, eran igualmente fáciles y no diferían en mérito ni en dignidad.

Y así como todos los que alcanzaban ese estado de perfección eran igualmente felices, todos aquellos que no llegaban por completo a él —por muy cerca que estuvieran— eran igualmente miserables. Decían que, así como quien se encuentra a un centímetro por debajo del agua no puede respirar más que quien se halla a cien metros de profundidad, quien no había dominado por completo todas sus pasiones privadas, parciales y egoístas; quien deseaba algo más allá de la felicidad universal; quien no había emergido completamente de ese abismo de miseria y desorden al que lo había arrastrado su ansiedad por satisfacer tales pasiones, no podía respirar el aire libre de la independencia ni gozar de la seguridad y felicidad del sabio, más que aquel que estaba más alejado de ese ideal. Y así como todas las acciones del sabio eran perfectas —y todas por igual—, todas las del hombre que no había alcanzado esa suprema sabiduría eran defectuosas, e incluso, según algunos estoicos, igualmente defectuosas. Tal como una verdad no puede ser más verdadera ni una falsedad más falsa que otra, así una acción honrosa no podía ser más honrosa, ni una vergonzosa más vergonzosa, que cualquier otra. Así como en el tiro al blanco, quien falla por un centímetro ha fallado tanto como quien lo hace por cien metros, del mismo modo aquel que, en lo que nos parece una acción insignificante, se ha conducido sin razón suficiente, era tan culpable como quien lo ha hecho en lo que consideramos de mayor importancia: por ejemplo, quien ha matado sin necesidad a un gallo sería tan reprobable como quien ha asesinado a su propio padre.

Si la primera de estas paradojas puede parecer bastante extrema, la segunda es, evidentemente, demasiado absurda como para merecer una consideración seria. Es, de hecho, tan absurda que cuesta creer que no haya sido, en parte, malentendida o mal representada. En todo caso, me resulta difícil imaginar que hombres como Zenón o Cleantes —de quienes se dice que poseían una elocuencia a la vez sencilla y sublime— fueran los autores de estas o de la mayoría de las demás paradojas estoicas, que en general no son más que juegos de palabras sin sentido, que poco honor le hacen a su sistema, y sobre las cuales no vale la pena extenderse. Me inclino a atribuirlas a Crisipo, discípulo y seguidor de Zenón y Cleantes, pero que, por todo lo que se ha conservado acerca de él, parece haber sido un mero pedante de la dialéctica, sin gusto ni elegancia alguna. Tal vez fue él quien primero redujo las doctrinas estoicas a un sistema escolar o técnico de definiciones, divisiones y subdivisiones artificiales: uno de los medios más eficaces, quizá, para extinguir cualquier rastro de buen juicio en una doctrina moral o metafísica. Es fácil suponer que un hombre así interpretara demasiado literalmente ciertas expresiones enfáticas de sus maestros sobre la felicidad del sabio perfecto y la miseria de quienes no alcanzaban ese ideal.

Los estoicos, en general, parecían aceptar que era posible cierto grado de progreso moral incluso en quienes no habían llegado a la virtud y felicidad perfectas. Dividían a estos aprendices en distintas clases según su nivel de avance, y llamaban a las virtudes imperfectas que creían posibles en ellos no rectitudes, sino propiedades, conveniencias, acciones decorosas y apropiadas para las cuales podía ofrecerse una justificación razonable; lo que Cicerón expresa con la palabra latina *officia*, y Séneca, con mayor precisión aún, con el término *convenientia*. Esta doctrina de las virtudes imperfectas pero alcanzables parece haber constituido lo que podríamos llamar la moral práctica del estoicismo. Es el tema de *Los deberes* de Cicerón, y se dice que también lo fue de otro libro escrito por Marco Bruto, hoy perdido.

El plan y sistema que la naturaleza ha delineado para nuestra conducta parece, en cambio, completamente distinto del de la filosofía estoica.

La naturaleza ha dispuesto que los acontecimientos que afectan directamente ese pequeño ámbito sobre el cual tenemos algún poder y responsabilidad —aquellos que nos afectan a nosotros, a nuestros amigos, a nuestro país— sean los que más nos interesan y los que con mayor fuerza despiertan nuestros deseos y rechazos, esperanzas y temores, alegrías y penas. Si esas pasiones, como suele ocurrir, se vuelven excesivas, la naturaleza ha previsto un remedio adecuado. La presencia real o incluso imaginaria del espectador imparcial, la autoridad del "hombre interior", está siempre al alcance para moderarlas y devolverlas al tono adecuado.

Si, pese a nuestros esfuerzos más fieles, todos los sucesos que pueden afectar este pequeño ámbito resultaran los más desgraciados, la naturaleza no nos ha dejado sin consuelo. Ese consuelo puede hallarse no sólo en la completa aprobación del "hombre interior", sino también —si cabe— en un principio aún más noble y generoso: una firme confianza en, y una reverente sumisión a, la sabiduría benevolente que dirige todos los acontecimientos de la vida humana, y de la cual podemos estar seguros, nunca habría permitido que ocurrieran tales desgracias si no fueran absolutamente necesarias para el bien del todo.

La naturaleza no nos ha prescrito esta contemplación sublime como el gran propósito y ocupación de nuestras vidas. Sólo nos la señala como consuelo en la adversidad. En cambio, la filosofía estoica la prescribe como la principal tarea y ocupación de nuestra existencia. Esta filosofía nos enseña a no interesarnos con fervor ni ansiedad por ningún acontecimiento que no afecte el orden de nuestra mente ni la corrección de nuestras elecciones y rechazos, salvo por aquellos que conciernen a un ámbito en el cual no tenemos, ni debemos tener, control alguno: el dominio del gran Supervisor del universo. Mediante la apatía perfecta que promueve —al no sólo moderar sino erradicar todas nuestras afecciones privadas, parciales y egoístas—, al no permitirnos sentir ni siquiera las pasiones reducidas y empáticas del espectador imparcial por lo que nos sucede a nosotros, a nuestros amigos o a nuestra patria, esta filosofía pretende volvernos completamente indiferentes ante el éxito o el fracaso de todo aquello que la naturaleza ha señalado como el verdadero propósito y labor de nuestra vida.

Podría decirse que los razonamientos de la filosofía, aunque puedan confundir y desconcertar al entendimiento, nunca lograrán romper el vínculo necesario que la naturaleza ha establecido entre las causas y sus efectos. Las causas que despiertan naturalmente nuestros deseos y rechazos, nuestras esperanzas y temores, nuestras alegrías y penas, sin duda producirían, pese a todos los argumentos del estoicismo, sus efectos propios y necesarios en cada individuo, según el grado de sensibilidad que efectivamente posea. Sin embargo, los juicios del "hombre interior", del espectador dentro del pecho, sí podrían verse profundamente influenciados por dichos razonamientos, y ese gran residente podría ser enseñado por ellos a imponer cierta autoridad sobre todas nuestras afecciones privadas, parciales y egoístas, llevándolas a una tranquilidad más o menos perfecta. Guiar los juicios de este espectador interno es el gran propósito de todos los sistemas de moral. Que la filosofía estoica tuvo una influencia profunda en el carácter y la conducta de sus seguidores no puede ponerse en duda; y que, aunque en ocasiones los haya incitado a actos de violencia innecesaria, su tendencia general fue animarlos a acciones de la más heroica magnanimidad y de una benevolencia amplísima.

IV. Además de estos sistemas antiguos, existen algunos sistemas modernos según los cuales la virtud consiste en la corrección o en la adecuación de la emoción desde la cual actuamos respecto a la causa o al objeto que la suscita. El sistema del doctor Clarke, que sitúa la virtud en actuar conforme a las relaciones entre las cosas, en regular nuestra conducta según la conveniencia o incongruencia que pueda haber en aplicar ciertas acciones a ciertos objetos o relaciones; el de Mr. Wollaston, que la ubica en actuar conforme a la verdad de las cosas, según su naturaleza y esencia propias, o en tratarlas como lo que realmente son y no como lo que no son; y el de Lord Shaftesbury, que la fundamenta en mantener un equilibrio apropiado entre las pasiones, sin permitir que ninguna exceda su justo ámbito, son todos ellos descripciones más o menos inexactas de una misma idea fundamental.

Ninguno de estos sistemas ofrece, ni siquiera pretende ofrecer, una medida precisa y definida con la cual podamos determinar o juzgar esa corrección o adecuación de las emociones. Tal medida sólo puede hallarse en los sentimientos empáticos del espectador imparcial y bien informado.

Además, la descripción de la virtud que cada uno de estos sistemas ofrece —o al menos intenta ofrecer, pues algunos autores modernos no se distinguen precisamente por la claridad de su estilo— es sin duda acertada hasta cierto punto. No hay virtud sin corrección, y donde hay corrección, corresponde cierto grado de aprobación. Pero esta descripción es incompleta. Aunque la corrección es un ingrediente esencial de toda acción virtuosa, no siempre es el único. Las acciones benéficas poseen, además, otra cualidad por la cual parecen merecer no sólo aprobación, sino también recompensa. Ninguno de estos sistemas logra explicar de manera fácil o suficiente ese mayor grado de estima que tales acciones parecen despertar, ni la diversidad de sentimientos que naturalmente provocan. Tampoco la descripción del vicio es más completa. Pues del mismo modo, aunque la incorrección es un ingrediente necesario en toda acción viciosa, no siempre es el único; y a menudo encontramos el más alto grado de absurdidad e impropiedad en acciones completamente inofensivas e insignificantes. Las acciones deliberadas que resultan perjudiciales para quienes nos rodean tienen, además de su impropiedad, una cualidad particular por la cual parecen merecer no sólo desaprobación, sino castigo; y se convierten en objetos no sólo de disgusto, sino de indignación y venganza. Ninguno de estos sistemas logra explicar fácil ni suficientemente ese grado superior de repulsión que sentimos ante tales acciones.

CAPÍTULO II: DE LOS SISTEMAS QUE HACEN CONSISTIR LA VIRTUD EN LA PRUDENCIA

El más antiguo de los sistemas que hacen consistir la virtud en la prudencia, y del cual nos han llegado restos significativos, es el de Epicuro, quien, sin embargo, según se dice, tomó todos los principios fundamentales de su filosofía de algunos de sus predecesores, en particular de Aristipo; aunque es muy probable, a pesar de esta acusación de sus enemigos, que al menos la forma en que aplicó dichos principios haya sido enteramente suya.

Según Epicuro[16], el placer y el dolor corporal eran los únicos objetos finales del deseo y la aversión naturales. Consideraba que éstos eran siempre los objetos naturales de tales pasiones, algo que, en su opinión, no requería demostración. El placer podía, en ocasiones, parecer algo que evitamos; no obstante, no por ser placer, sino porque su disfrute implicaría la pérdida de un placer mayor o la exposición a un dolor más temido que el placer deseado. El dolor, de forma análoga, podía en ocasiones parecer deseable; no porque fuese dolor, sino porque al soportarlo podríamos evitar un sufrimiento mayor o alcanzar un placer de mayor importancia. Así, pensaba que era evidente que el placer y el dolor corporales eran siempre los objetos naturales del deseo y la aversión. Y del mismo modo, creía que eran los únicos objetos finales de estas pasiones. Todo lo demás que deseamos o evitamos lo hacemos por su capacidad de producir una u otra de estas sensaciones. El poder y la riqueza eran deseables porque conducen al placer; la pobreza y la insignificancia eran rechazadas porque nos acercaban al dolor. El honor y la reputación eran valorados porque el afecto y el respeto de quienes nos rodean son cruciales tanto para procurarnos placer como para protegernos del sufrimiento. La ignominia y la mala fama, por el contrario, debían evitarse porque el odio, desprecio y resentimiento de los demás destruyen nuestra seguridad y nos exponen inevitablemente a males físicos considerables.

Todos los placeres y dolores del alma, según Epicuro, derivaban en última instancia de los del cuerpo. El alma era feliz al recordar los placeres corporales pasados y al esperar otros futuros; era desgraciada al evocar sufrimientos anteriores o al temer que se repitieran o se agravaran.

Pero, aunque se originaban en el cuerpo, los placeres y dolores del alma superaban con creces en intensidad a los de su fuente. El cuerpo sólo percibe el instante presente, mientras que el alma experimenta también el pasado y el

---

[16] Véase *Cicerón, De Finibus Bonorum et Malorum, Libro I, Diógenes Laercio, Vidas y opiniones de los filósofos eminentes, Libro X*

futuro, a través del recuerdo y la anticipación, y por ello sufre y goza mucho más. Cuando padecemos un gran dolor físico, observaba Epicuro, si reflexionamos al respecto, notaremos que no es tanto el sufrimiento del momento lo que nos atormenta, sino la angustia del recuerdo o el pavor ante lo que vendrá. El dolor aislado del instante, sin referencia al pasado ni al futuro, es una trivialidad. Y eso es todo lo que el cuerpo, por sí solo, puede experimentar. Del mismo modo, cuando disfrutamos del mayor placer, hallaremos que la sensación corporal es una parte menor del gozo total, que la mayor parte proviene del recuerdo alegre o de la esperanza jubilosa, y que la mente aporta la mayor cuota de dicha.

Dado que nuestra felicidad y miseria dependen principalmente de la mente, si esta parte de nuestra naturaleza está bien dispuesta, si nuestros pensamientos y opiniones son correctos, poco importará el estado del cuerpo. Incluso en medio del dolor físico, podemos conservar una considerable felicidad si la razón y el juicio mantienen su dominio. Podemos consolarnos con recuerdos gratos o con esperanzas futuras, y suavizar nuestras penas recordando que lo que en realidad estamos obligados a soportar es simplemente una sensación corporal del momento presente, que por sí misma no puede ser tan intensa. Todo lo que sufrimos de más es producto del miedo a su prolongación, una opinión del alma que puede ser corregida por una visión más acertada: si los dolores son intensos, probablemente serán breves; si son persistentes, es probable que sean leves y con pausas de alivio. En todo caso, la muerte siempre está disponible, lista para liberarnos, y como según Epicuro pone fin a toda sensación, no puede ser considerada un mal. "Cuando nosotros existimos, la muerte no está; y cuando la muerte está, nosotros ya no existimos", decía él; por lo tanto, la muerte nada tiene que ver con nosotros.

Si la sensación efectiva del dolor era, por sí misma, tan poco temible, la del placer lo era aún menos deseable. Naturalmente, el placer era una sensación mucho menos intensa que el dolor. Si este último podía afectar tan poco la felicidad de una mente bien dispuesta, el primero añadiría aún menos a ella. Cuando el cuerpo está libre de dolor y la mente libre de miedo y ansiedad, el placer físico agregado apenas puede alterar, y mucho menos aumentar, la dicha de esa condición.

Por consiguiente, en la ausencia de dolor corporal y en la serenidad o tranquilidad del alma consistía, para Epicuro, el estado más perfecto de la naturaleza humana, la mayor felicidad que el ser humano podía alcanzar. Lograr este fin supremo del deseo natural era el único objetivo de todas las virtudes, que no eran deseables por sí mismas, sino por su capacidad de conducirnos a dicha condición.

La prudencia, por ejemplo, aunque era, en esta filosofía, la fuente y principio de todas las virtudes, no era deseable en sí misma. Ese estado de constante vigilancia, esfuerzo y atención a las más remotas consecuencias de cada acción no podía ser agradable por su propia naturaleza, sino únicamente por su utilidad para alcanzar el mayor bien y evitar el mayor mal.

Renunciar al placer, frenar y dominar nuestras pasiones, que es tarea de la templanza, tampoco podía ser valioso por sí mismo. Todo el valor de esta virtud provenía de su utilidad: nos permite posponer un disfrute presente en aras de uno mayor futuro o evitar un dolor que de otro modo lo seguiría. La templanza no era otra cosa que prudencia aplicada al placer.

Soportar el trabajo, el dolor, afrontar peligros o incluso la muerte, que son las circunstancias a las que nos lleva a menudo la fortaleza, eran aún menos deseables por sí mismos. Eran aceptados para evitar males mayores. Nos sometemos al trabajo para no sufrir la vergüenza o el dolor de la pobreza; enfrentamos el peligro y la muerte en defensa de nuestra libertad y nuestros bienes, instrumentos del placer y la felicidad, o en defensa de la patria, cuya seguridad incluye la nuestra. La fortaleza nos permite hacer todo esto con ánimo sereno, como lo mejor que puede hacerse en nuestra situación, y no es más que prudencia, buen juicio y presencia de ánimo en la correcta valoración del dolor, el esfuerzo y el peligro, siempre eligiendo el menor para evitar el mayor.

Lo mismo vale para la justicia. Abstenerse de apropiarse de lo ajeno no es deseable en sí mismo, pues no puede afirmarse que sea mejor para ti que yo conserve lo que es mío que para mí que tú lo poseas. Pero debes abstenerte de tomar lo que me pertenece, porque de lo contrario provocarás la indignación de los demás. Tu tranquilidad se verá perturbada, y vivirás con temor al castigo que, en tu imaginación, los hombres siempre están dispuestos a imponerte, y del cual ni el poder, ni la astucia, ni el ocultamiento podrán salvarte. La otra forma de justicia, que consiste en hacer el bien a distintas personas según sus vínculos con nosotros—vecinos, parientes, amigos, benefactores, superiores o iguales—se recomienda por las mismas razones. Obrar adecuadamente en estas relaciones nos granjea el aprecio y amor de quienes nos rodean; actuar de otro modo provoca su desprecio y odio. Lo primero asegura, lo segundo compromete, nuestra paz y tranquilidad, los fines supremos de nuestros deseos. Así, toda la virtud de la justicia, la más importante de todas, no es más que una conducta discreta y prudente respecto a nuestros semejantes.

Tal es la doctrina de Epicuro sobre la virtud. Puede parecer sorprendente que este filósofo, de quien se dice que poseía modales muy amables, no haya advertido que, más allá del efecto que las virtudes o los vicios puedan tener sobre nuestra comodidad y seguridad físicas, los sentimientos que despiertan en los demás son objeto de un deseo o aversión mucho más vehementes que todas sus demás consecuencias; que para toda persona bien dispuesta, ser amable, respetable, digno de estima, es más valioso que todo el bienestar que amor, respeto y estima puedan otorgarnos; y que, por el contrario, ser odioso, despreciable, digno de indignación, es más temido que cualquier sufrimiento corporal provocado por el odio, el desprecio o la indignación de otros. En consecuencia, el deseo de una buena reputación y el rechazo de una mala no pueden surgir de un simple cálculo sobre sus efectos corporales.

Este sistema, sin duda, es totalmente incompatible con aquel que he intentado establecer. No es difícil, sin embargo, descubrir desde qué punto de vista, si se me permite decirlo así, esta concepción de las cosas obtiene su aparente verosimilitud. Por una sabia disposición del Autor de la naturaleza, la virtud es, en casi todas las circunstancias de la vida, una verdadera sabiduría y el medio más seguro y directo de obtener tanto seguridad como beneficio. Nuestro éxito o fracaso en las empresas que emprendemos depende en gran medida de la opinión, buena o mala, que los demás tengan de nosotros, y de la disposición general de quienes nos rodean a ayudarnos o a entorpecernos. Pero el modo más eficaz, más seguro y fácil de obtener un juicio favorable, y evitar uno desfavorable, es sin duda convertirnos en el objeto legítimo del primero y no del segundo. "¿Deseas", decía Sócrates, "la reputación de ser un buen músico? La única forma segura de obtenerla es llegar a ser un buen músico. ¿Quieres, del mismo modo, que se te considere capaz de servir a tu país, como general o estadista? Pues lo mejor es adquirir realmente el arte y la experiencia de la guerra y del gobierno, y ser verdaderamente apto para ser general o estadista. De la misma manera, si deseas que se te considere sobrio, moderado, justo y equitativo, lo mejor es llegar a ser realmente sobrio, moderado, justo y equitativo. Si logras hacerte verdaderamente amable, respetable y digno de estima, no habrá motivo alguno para dudar de que pronto obtendrás el amor, el respeto y la estima de quienes te rodean." Así pues, dado que la práctica de la virtud resulta generalmente ventajosa, y la del vicio perjudicial a nuestros intereses, esta consideración sin duda añade una belleza y una adecuación adicionales a la una, y una nueva fealdad e inadecuación a la otra. La templanza, la magnanimidad, la justicia y la benevolencia son aprobadas no solo por su naturaleza intrínseca, sino también bajo el carácter adicional de la más alta sabiduría y prudencia verdadera. Y del mismo modo, los vicios contrarios de la intemperancia, la pusilanimidad, la injusticia y la malevolencia o el egoísmo mezquino son desaprobados no solo por lo que son, sino también como expresiones de la más ciega necedad y debilidad. Epicuro parece haber atendido, en cada virtud, solo a este tipo de adecuación. Es la que más suele presentarse a quienes intentan persuadir a otros de que lleven una vida ordenada. Cuando los hombres, con sus actos y quizás también con sus principios, muestran claramente que la belleza natural de la virtud no les afectará demasiado, ¿cómo es posible moverlos si no es mostrando la insensatez de su conducta y cuánto pueden acabar sufriendo a causa de ella?

Al reducir todas las virtudes a esta única forma de adecuación, Epicuro daba rienda suelta a una inclinación que es común a todos los hombres, pero que los filósofos tienden a cultivar con especial celo, como medio para mostrar su agudeza: la inclinación a explicar todos los fenómenos a partir del menor número posible de principios. Y sin duda llevó aún más lejos esa inclinación cuando redujo todos los objetos primarios del deseo y la aversión naturales a los placeres y dolores corporales. Como gran defensor de la filosofía atomista, que se deleitaba en deducir todos los poderes y cualidades de los cuerpos a partir de las propiedades más simples y familiares—la figura, el movimiento y la disposición de las pequeñas partículas de materia—, sintió sin duda una satisfacción similar al explicar también todos los sentimientos y pasiones de la mente en función de los más elementales y visibles.

El sistema de Epicuro coincidía con los de Platón, Aristóteles y Zenón en hacer que la virtud consistiera en actuar del modo más adecuado para alcanzar los objetos primarios del deseo natural[17]. Se diferenciaba de todos ellos en dos aspectos: primero, en la definición que daba de esos objetos primarios del deseo natural; y segundo, en la razón por la cual la virtud debía ser estimada.

Según Epicuro, los objetos primarios del deseo natural consistían únicamente en el placer y el dolor corporales; nada más. Mientras que, para los otros tres filósofos, había muchos otros objetos que también eran deseables por sí mismos: el conocimiento, la felicidad de nuestros seres queridos, de nuestros amigos, de nuestra patria.

Asimismo, la virtud, para Epicuro, no merecía ser buscada por sí misma ni era uno de los fines últimos del deseo natural. Solo era elegible por su capacidad de evitar el dolor y proporcionar comodidad y placer. En cambio, para los otros tres, era deseable no solo como medio para alcanzar los otros fines naturales, sino como algo que por sí solo tenía más valor que todos ellos. El ser humano, pensaban, ha nacido para la acción, y su felicidad no puede consistir únicamente en la placidez de sus sensaciones pasivas, sino también en la corrección de sus esfuerzos activos.

---

[17] *Prima naturæ "lo primero según la naturaleza" [T. de E.]*

CAPÍTULO III: DE AQUELLOS SISTEMAS QUE HACEN CONSISTIR LA VIRTUD EN LA BENEVOLENCIA

El sistema que hace consistir la virtud en la benevolencia, aunque no parece tan antiguo como todos aquellos que ya he descrito, es sin embargo de una gran antigüedad. Parece haber sido la doctrina de la mayoría de aquellos filósofos que, alrededor y después de la época de Augusto, se llamaban a sí mismos eclécticos, quienes decían seguir principalmente las opiniones de Platón y Pitágoras, y que por esa razón son conocidos comúnmente como los últimos platónicos.

Según estos autores, en la naturaleza divina la benevolencia o el amor era el único principio de acción, y dirigía el ejercicio de todos los demás atributos. La sabiduría de la divinidad se empleaba en encontrar los medios para alcanzar los fines sugeridos por su bondad, así como su poder infinito se ejercía para ejecutarlos. La benevolencia, sin embargo, era siempre el atributo supremo y rector, al que los otros eran subordinados, y del cual derivaba en última instancia toda la excelencia, o toda la moralidad —si se me permite esta expresión— de las operaciones divinas. La perfección y la virtud de la mente humana consistían en cierta semejanza o participación de las perfecciones divinas, y, en consecuencia, en estar llenos del mismo principio de benevolencia y amor que influía en todas las acciones de la divinidad. Las acciones humanas que surgían de este motivo eran las únicas verdaderamente dignas de elogio o que podían reclamar algún mérito ante los ojos de Dios. Solo mediante actos de caridad y amor podíamos imitar, como corresponde, la conducta de Dios; solo así podíamos expresar nuestra humilde y devota admiración por sus perfecciones infinitas; solo al fomentar en nuestra mente ese mismo principio divino podíamos acercar nuestros afectos a una mayor semejanza con sus atributos sagrados y, de este modo, volvernos más dignos de su amor y estima, hasta alcanzar finalmente esa comunicación inmediata con la divinidad a la que esta filosofía aspiraba elevarnos.

Este sistema, muy estimado por muchos de los antiguos padres de la Iglesia cristiana, fue también adoptado tras la Reforma por varios teólogos de reconocida piedad, erudición y carácter amable; en particular por el Dr. Ralph Cudworth, el Dr. Henry More y el Sr. John Smith, de Cambridge. Pero de todos los defensores de este sistema, antiguos o modernos, sin duda el más agudo, claro, filosófico y, lo que es más importante, el más sobrio y juicioso, fue el difunto Dr. Hutcheson.

La idea de que la virtud consiste en la benevolencia se ve respaldada por muchas manifestaciones de la naturaleza humana. Ya se ha observado que la benevolencia sincera es la más noble y agradable de todas las afecciones; que cuenta con una doble recomendación por simpatía; que, al tener una tendencia necesariamente beneficiosa, es el objeto adecuado de gratitud y recompensa; y que, por todas estas razones, parece poseer un mérito superior al de cualquier otra. También se ha señalado que incluso los excesos de la benevolencia no nos resultan tan desagradables como los de cualquier otra pasión. ¿Quién no detesta la malicia desmedida, el egoísmo excesivo o el resentimiento implacable? Pero la indulgencia excesiva en una amistad parcial no nos repugna tanto. Solo las pasiones benevolentes pueden manifestarse sin atender a la propiedad y, aun así, conservar cierto atractivo. Hay algo encantador incluso en una buena voluntad instintiva que actúa sin detenerse a reflexionar si, al proceder así, merece censura o aprobación. No ocurre lo mismo con las otras pasiones. En cuanto se separan del sentido de lo adecuado, dejan de ser agradables.

Así como la benevolencia otorga a las acciones que de ella provienen una belleza superior a todas las demás, su ausencia, y con mayor razón su opuesto, confiere una fealdad particular a cualquier cosa que revele tal disposición. A menudo se castigan acciones dañinas solo porque evidencian una falta de atención suficiente al bienestar del prójimo.

Además de todo esto, el Dr. Hutcheson[18] observó que, cuando en una acción que se creía motivada por la benevolencia se descubría otra motivación distinta, nuestra percepción de su mérito se veía disminuida en la misma medida en que creíamos que aquella otra había influido. Si se descubriera que una acción supuestamente inspirada en la gratitud surgió en realidad del deseo de obtener un nuevo favor, o que un acto de supuesto patriotismo obedecía al interés por una recompensa monetaria, esa revelación destruiría por completo cualquier idea de mérito. Por tanto, si cualquier mezcla de interés propio disminuye o elimina el mérito de una acción, eso demostraría, según él, que la virtud debe consistir exclusivamente en una benevolencia pura y desinteresada.

Cuando, por el contrario, se descubre que una acción comúnmente considerada egoísta tuvo en realidad un origen benevolente, nuestro juicio acerca de su mérito se ve ampliamente realzado. Si creyéramos de una persona que busca mejorar su situación únicamente con el fin de hacer el bien y recompensar a sus benefactores, no haríamos sino estimarla aún más. Y esta observación parecía confirmar aún más la conclusión de que solo la benevolencia puede conferir virtud a una acción.

Finalmente, según él, una prueba clara de la validez de esta concepción de la virtud es que, en todas las disputas de los casuistas sobre la corrección de las conductas, el bien público se toma como criterio constante de referencia. Así, se reconoce universalmente que lo que tiende al bienestar de la humanidad es moralmente bueno, digno de elogio y virtuoso, mientras que lo contrario es

---

[18] Véase *Inquiry into the Original of Our Ideas of Beauty and Virtue* y de sus *Illustrations on the Moral Sense.*

malo, censurable y vicioso. En las discusiones recientes sobre la obediencia pasiva y el derecho a resistir, el único punto en disputa entre personas sensatas era si la sumisión universal traería mayores males que las insurrecciones temporales ante la violación de derechos. Pero si lo que, en conjunto, más contribuye a la felicidad de la humanidad es también lo moralmente correcto, jamás fue materia de debate.

Puesto que la benevolencia era, por tanto, el único motivo capaz de conferir a una acción el carácter de virtud, cuanto mayor fuese la benevolencia manifestada por una acción, mayor debía ser también el elogio que mereciera. Aquellas acciones que procuraban la felicidad de una gran comunidad, al demostrar una benevolencia más amplia que aquellas que se dirigían solo al bienestar de un círculo más reducido, eran asimismo proporcionalmente más virtuosas. El más virtuoso de todos los afectos era, entonces, aquel que abarcaba como objeto la felicidad de todos los seres inteligentes. El menos virtuoso, en cambio, dentro de aquellos a los que podía atribuirse algún carácter de virtud, era aquel que no aspiraba más que al bienestar de un solo individuo, como un hijo, un hermano o un amigo.

En dirigir todas nuestras acciones a promover el mayor bien posible, en subordinar todos los afectos inferiores al deseo de la felicidad general de la humanidad, en considerarnos a nosotros mismos como uno entre muchos, cuya prosperidad debía ser buscada solo en la medida en que fuera compatible con, o condujera a, la prosperidad del conjunto consistía la perfección de la virtud.

El amor propio era un principio que no podía ser virtuoso en ningún grado ni bajo ninguna dirección. Era vicioso siempre que se interpusiera al bien general. Cuando no producía otro efecto que hacer que el individuo cuidara de su propia felicidad, era meramente inocente y, aunque no merecía elogio, tampoco debía ser objeto de reproche. Aquellas acciones benevolentes que se llevaban a cabo a pesar de una fuerte motivación proveniente del interés propio eran más virtuosas precisamente por ello. Demostraban la fuerza y el vigor del principio benevolente.

El doctor Hutcheson[19] fue tan lejos en su rechazo del amor propio como principio de acción virtuosa que incluso consideraba que el simple deseo de la aprobación de uno mismo, de esa placentera aprobación de la propia conciencia, disminuía el mérito de una acción benevolente. Tal motivo, a su juicio, era egoísta y, en la medida en que influía en una acción, evidenciaba la debilidad de esa benevolencia pura y desinteresada que era la única capaz de imprimir al comportamiento humano el carácter de virtud. Sin embargo, en los juicios comunes de la humanidad, este deseo de aprobación interna está lejos de considerarse como algo que disminuya en modo alguno la virtud de una

---

[19] Véase *Inquiry concerning virtue, sec. 2, art. 4.* También *Illustrations on the moral sense, sec. 5,* último párrafo.

acción; más bien se lo tiene como el único motivo que merece verdaderamente el nombre de virtuoso.

Tal es la explicación que este sistema tan amable ofrece sobre la naturaleza de la virtud: un sistema que posee una inclinación peculiar a nutrir y sostener en el corazón humano los afectos más nobles y agradables, y que no solo reprime la injusticia del egoísmo, sino que incluso tiende a desalentar tal principio por completo, al representarlo como incapaz de conferir honor alguno a quienes se guían por él.

Así como algunos de los otros sistemas que ya se han expuesto no explican adecuadamente de dónde proviene la excelencia particular de la virtud suprema de la beneficencia, este sistema, por el contrario, parece tener el defecto opuesto: no explica suficientemente el origen de nuestra aprobación hacia las virtudes inferiores como la prudencia, la vigilancia, la circunspección, la templanza, la constancia o la firmeza. La finalidad de nuestros afectos, los efectos beneficiosos o perjudiciales que tienden a producir, son las únicas cualidades que este sistema considera; se desatiende por completo su propiedad o impropiedad, su adecuación o inadecuación respecto a la causa que los suscita.

El cuidado por la propia felicidad e interés privado aparece también, en muchas ocasiones, como un principio de acción muy loable. Los hábitos de economía, industria, discreción, atención y aplicación del pensamiento suelen considerarse como cultivados por motivos de interés personal y, al mismo tiempo, como cualidades muy dignas de estima y aprobación. Es cierto que la mezcla de un motivo egoísta parece, a menudo, empañar la belleza de aquellas acciones que deberían originarse en un afecto benevolente. Sin embargo, la causa de esto no es que el amor propio no pueda ser jamás el motivo de una acción virtuosa, sino que en este caso particular el principio benevolente parece carecer de la fuerza debida y mostrarse del todo inadecuado a su objeto. El carácter, por tanto, aparece evidentemente imperfecto y, en conjunto, parece merecer más reproche que elogio. La mezcla de un motivo benevolente en una acción que el amor propio debería bastar para motivar no tiende, sin embargo, a disminuir nuestro sentido de su propiedad o de la virtud de quien la realiza. No solemos sospechar que alguien carezca de egoísmo; esta no es, de ningún modo, la flaqueza natural de la humanidad ni la falta que se le atribuye con mayor frecuencia. Si realmente creyéramos, no obstante, que un hombre, si no fuera por consideración hacia su familia y amigos, no cuidaría debidamente de su salud, su vida o su fortuna —cuya preservación debería ser motivada por el simple principio de autopreservación—, indudablemente lo consideraríamos una debilidad, aunque de aquellas fallas amables que convierten a una persona más en objeto de compasión que de desprecio u odio. Aun así, esa falta disminuiría en alguna medida la dignidad y respetabilidad de su carácter. La negligencia y la falta de economía son universalmente desaprobadas, no por surgir de una carencia de benevolencia, sino por proceder de una falta de atención adecuada hacia los objetos del propio interés.

Aunque el criterio por el cual los casuistas suelen juzgar lo que está bien o mal en la conducta humana sea su tendencia al bienestar o al desorden de la sociedad, de ello no se deduce que el interés por el bienestar social deba ser el único motivo virtuoso de acción, sino solamente que, en caso de conflicto, debe prevalecer sobre todos los demás motivos.

Es posible que la benevolencia sea el único principio de acción en la divinidad, y existen varios argumentos no desdeñables que nos inclinan a creerlo. No resulta fácil concebir qué otro motivo podría mover a un Ser independiente y absolutamente perfecto, que nada externo necesita y cuya felicidad es completa en sí mismo. Pero, sea cual sea el caso con respecto a la Deidad, un ser tan imperfecto como el hombre —cuya existencia requiere de tantas cosas externas— debe actuar, a menudo, por muchos otros motivos. La condición de la naturaleza humana sería especialmente dura si aquellos afectos que, por la misma constitución de nuestro ser, deben influir frecuentemente en nuestra conducta, no pudieran en ninguna ocasión parecer virtuosos ni merecedores de estima o aprobación.

Estos tres sistemas —el que sitúa la virtud en la propiedad, el que la sitúa en la prudencia y el que la hace consistir en la benevolencia— son los principales enfoques que se han propuesto sobre la naturaleza de la virtud. Todos los demás intentos de definirla, por distintos que parezcan, pueden fácilmente reducirse a uno u otro de ellos.

Aquel sistema que sitúa la virtud en la obediencia a la voluntad de la Divinidad puede contarse tanto entre los que la hacen consistir en la prudencia como entre los que la hacen consistir en la propiedad. Cuando se pregunta por qué debemos obedecer la voluntad de la Divinidad —una pregunta que sería impía y absurda en el más alto grado si se formulara a partir de alguna duda sobre nuestra obligación de obedecerle—, dicha cuestión solo admite dos posibles respuestas. Debe decirse, o bien que debemos obedecer la voluntad de la Divinidad porque es un ser de poder infinito que nos recompensará eternamente si lo hacemos y nos castigará eternamente si no lo hacemos, o bien que, independientemente de cualquier consideración sobre nuestra propia felicidad o sobre recompensas y castigos de cualquier tipo, existe una congruencia y adecuación natural en que una criatura obedezca a su Creador, en que un ser limitado e imperfecto se someta a otro de perfecciones infinitas e incomprensibles. Aparte de estas dos posibilidades, no es concebible que pueda darse ninguna otra respuesta. Si la primera es la adecuada, entonces la virtud consiste en la prudencia, es decir, en la búsqueda apropiada de nuestro interés y felicidad finales, ya que es por este motivo que estaríamos obligados a obedecer la voluntad divina. Si la segunda es la correcta, entonces la virtud consiste en la propiedad, puesto que el fundamento de nuestra obligación de obediencia reside en la adecuación de los sentimientos de humildad y sometimiento frente a la superioridad del objeto que los suscita.

El sistema que sitúa la virtud en la utilidad coincide también con aquel que la hace consistir en la propiedad. Según este sistema, todas las cualidades del alma que resultan agradables o ventajosas, tanto para la persona misma como para los demás, son aprobadas como virtuosas, mientras que sus contrarias son desaprobadas como viciosas. Pero la utilidad o la agradabilidad de cualquier afecto depende del grado en que se permite su existencia. Todo afecto es útil cuando se mantiene dentro de ciertos límites de moderación, y todo afecto es perjudicial cuando rebasa esos límites adecuados. Según este sistema, por tanto, la virtud no consiste en un afecto particular, sino en el grado apropiado de todos los afectos. La única diferencia entre este sistema y el que he procurado establecer radica en que el primero considera a la utilidad, y no a la simpatía o a la afección correspondiente del espectador, como la medida natural y originaria de dicho grado apropiado.

CAPÍTULO V: DE LOS SISTEMAS LICENCIOSOS

Todos los sistemas que he descrito hasta ahora suponen que existe una distinción real y esencial entre el vicio y la virtud, independientemente de en qué consistan estas cualidades. Existe una diferencia real y esencial entre lo apropiado y lo inapropiado de cualquier afecto, entre la benevolencia y cualquier otro principio de acción, entre la verdadera prudencia y la necedad irreflexiva o la temeridad precipitada. En lo esencial, todos estos sistemas contribuyen a fomentar las disposiciones loables y a desalentar las censurables.

Es posible que algunos de estos sistemas tiendan, en cierta medida, a desequilibrar los afectos y a inclinar la mente hacia ciertos principios de acción más allá de lo que les corresponde. Los sistemas antiguos que sitúan la virtud en la corrección de conducta parecen recomendar sobre todo las virtudes grandes, imponentes y respetables: las virtudes del dominio propio y la autodisciplina; la fortaleza, la magnanimidad, la independencia frente al destino, el desprecio por los accidentes exteriores, el dolor, la pobreza, el exilio y la muerte. Es en estos actos de gran esfuerzo donde se exhibe la más noble corrección de conducta. Las virtudes amables, suaves y gentiles, todas las virtudes de una humanidad indulgente, en comparación, reciben poca atención y, particularmente por parte de los estoicos, suelen ser consideradas simples debilidades que un sabio no debería albergar en su interior.

El sistema benevolente, por el contrario, mientras cultiva y fomenta en alto grado todas esas virtudes más suaves, parece ignorar por completo las cualidades más firmes y respetables de la mente. Incluso les niega el nombre de virtudes. Las denomina habilidades morales y las trata como cualidades que no merecen la misma clase de estima y aprobación que corresponde a lo que propiamente se llama virtud. Todos aquellos principios de acción que buscan únicamente el interés propio son tratados, si es posible, con todavía más desdén. Lejos de tener algún mérito propio, se afirma que restan mérito a la benevolencia cuando cooperan con ella; y se sostiene que la prudencia, cuando se aplica únicamente al interés privado, jamás puede ser imaginada como una virtud.

A su vez, el sistema que hace consistir la virtud únicamente en la prudencia, aunque promueve al máximo los hábitos de precaución, vigilancia, sobriedad y moderación juiciosa, degrada tanto a las virtudes amables como a las respetables: despoja a las primeras de toda su belleza y a las segundas de toda su grandeza.

A pesar de estos defectos, la tendencia general de cada uno de estos tres sistemas es promover los hábitos más dignos y loables de la mente humana; y sería un bien para la sociedad si los seres humanos en general, o siquiera aquellos pocos que pretenden vivir conforme a alguna regla filosófica, regularan su conducta según los preceptos de cualquiera de ellos. De cada uno podemos aprender algo valioso y peculiar. Si fuera posible, mediante la exhortación y el ejemplo, inspirar a la mente fortaleza y magnanimidad, los sistemas antiguos sobre la corrección de conducta parecerían suficientes para lograrlo. O si fuera posible, por los mismos medios, suavizarla hacia la humanidad y despertar los afectos del cariño y el amor general hacia quienes nos rodean, algunas de las imágenes presentadas por el sistema benevolente parecerían capaces de producir ese efecto. Del sistema de Epicuro, aunque sin duda es el más imperfecto de los tres, podemos aprender cuánto contribuye a nuestro propio interés, comodidad, seguridad y tranquilidad en esta vida la práctica de las virtudes amables y respetables. Como Epicuro situaba la felicidad en la obtención de tranquilidad y seguridad, se esmeró particularmente en mostrar que la virtud no solo era el mejor y más seguro, sino el único medio para alcanzar tales bienes invaluables. Los efectos beneficiosos de la virtud sobre nuestra tranquilidad interior y paz mental son los que otros filósofos han celebrado, sobre todo. Epicuro, sin descuidar este tema, insistió principalmente en la influencia de esa noble cualidad sobre nuestra prosperidad exterior y nuestra seguridad. Fue por ello por lo que sus escritos fueron tan estudiados en el mundo antiguo por filósofos de todas las escuelas. Incluso Cicerón, gran enemigo del sistema epicúreo, toma de él sus pruebas más agradables de que la virtud basta para asegurar la felicidad. Séneca, aunque estoico —la escuela más opuesta a la de Epicuro— cita a este filósofo con mayor frecuencia que a ningún otro.

Existe, sin embargo, otro sistema que parece eliminar por completo la distinción entre el vicio y la virtud y cuya tendencia es, por esa razón, enteramente perjudicial: me refiero al sistema del Dr. Mandeville. Aunque las ideas de este autor son erróneas en casi todos los aspectos, existen ciertos aspectos de la naturaleza humana que, vistos bajo cierta óptica, parecen en primera instancia apoyarlas. Estos, descritos y exagerados mediante la elocuencia viva y humorística, aunque tosca y rústica, del Dr. Mandeville, han conferido a sus doctrinas un aire de verosimilitud que fácilmente engaña a los inexpertos.

El Dr. Mandeville sostiene que todo lo que se hace por sentido del deber, por respeto a lo que es digno de elogio, se hace en realidad por amor al elogio y a la aprobación, o, como él lo llama, por vanidad. El ser humano, observa, está naturalmente mucho más interesado en su propia felicidad que en la de los demás, y es imposible que, en lo más profundo de su corazón, pueda realmente anteponer su bienestar al de otros. Siempre que parece hacerlo, afirma que nos engaña y que actúa por los mismos motivos egoístas que lo mueven en cualquier otra ocasión. Entre sus pasiones egoístas, la vanidad es una de las más fuertes, y siempre se deja halagar y deleitar por los aplausos de quienes lo rodean. Cuando parece sacrificar su interés al de sus compañeros, sabe que esta conducta agradará enormemente a su amor propio y que no dejarán de expresarlo con los más extravagantes elogios. El placer que espera de esto supera, en su opinión, el interés que abandona para obtenerlo. Su conducta, por tanto, es en realidad tan egoísta y responde a un motivo tan mezquino como cualquier otra. No obstante, se halaga a sí mismo con la creencia de que es completamente desinteresada, ya que, de no ser así, no parecería merecer ninguna aprobación ni en su propia estima ni en la de los demás. Todo espíritu público, por tanto, toda preferencia del interés público sobre el privado sería, según él, un mero engaño e imposición sobre la humanidad; y esa virtud humana tan alabada, que suscita tanta emulación entre los hombres, no sería más que el producto de la adulación engendrada por el orgullo.

Si las acciones más generosas y orientadas al bien público pudieran considerarse, en algún sentido, como resultado del amor propio, no es este un punto que deba examinarse ahora. No considero que la resolución de tal cuestión sea relevante para establecer la realidad de la virtud, ya que el amor propio puede, con frecuencia, ser un motivo virtuoso. Me limitaré a mostrar que el deseo de hacer lo que es honorable y noble, de convertirnos en objetos apropiados de estima y aprobación, no puede, con propiedad alguna, ser llamado vanidad. Incluso el amor a una fama bien fundada, el deseo de adquirir estima mediante aquello que realmente lo merece, no merece tal nombre. El primero es el amor a la virtud, la más noble y elevada de las pasiones humanas. El segundo es el amor a la gloria verdadera, una pasión sin duda inferior a la anterior, pero que, en dignidad, parece ocupar el lugar inmediato.

Es culpable de vanidad quien desea alabanzas por cualidades que no son dignas de elogio en modo alguno, o no lo son en el grado en que espera ser elogiado por ellas; quien basa su reputación en ornamentos frívolos como el atuendo o el lujo, o en habilidades igualmente triviales como ciertos modos de conducta superficial. Es culpable de vanidad quien desea elogios por lo que, en verdad, no le pertenece. El fanfarrón que se da aires sin fundamento; el mentiroso que se atribuye méritos por hazañas que jamás ocurrieron; el plagiario que se presenta como autor de obras ajenas: todos ellos son propiamente víctimas de esta pasión. También se considera vanidoso a quien no se conforma con la aprobación silenciosa, sino que ansía sus expresiones ruidosas y constantes; a quien no se siente satisfecho si no escucha el eco de sus propias alabanzas; quien busca con ansiedad todos los signos exteriores de respeto, se deleita con los títulos, los cumplidos, las visitas, la atención pública, y desea ser tratado con deferencia y admiración en los espacios más visibles.

Esta pasión frívola es completamente distinta de las otras dos, y pertenece a los más bajos y mezquinos entre los hombres, así como aquellas otras pertenecen a los más nobles y grandes.

Aun cuando estas tres pasiones —el deseo de ser verdaderamente honorable, el deseo de obtener estima merecida, y el deseo trivial de alabanza a cualquier precio— son muy diferentes entre sí, existe, sin embargo, cierta afinidad remota entre ellas, que, exagerada por la elocuencia ingeniosa y divertida de este autor vivaz, le ha permitido engañar a sus lectores. Existe una afinidad entre la vanidad y el amor por la gloria verdadera, pues ambas aspiran a obtener estima y aprobación. Pero se distinguen en que una es una pasión justa, razonable y equitativa, mientras que la otra es injusta, absurda y ridícula. Quien desea estima por lo que realmente la merece, no pretende más que lo que legítimamente le corresponde, y lo que no se le puede negar sin cierta injusticia. Por el contrario, quien desea estima en términos distintos, exige lo que no le pertenece. El primero se conforma fácilmente, no suele sospechar que no se le aprecia lo suficiente, y rara vez está ansioso por recibir muchas muestras externas de respeto. El otro, en cambio, jamás se siente satisfecho, está lleno de sospechas y celos, y cree que no se le valora tanto como desea, pues en el fondo sabe que espera más de lo que merece. El más leve descuido ceremonial lo toma como una afrenta mortal y una señal de desprecio absoluto. Es inquieto e impaciente, y vive temiendo haber perdido el respeto ajeno. Por eso, busca sin cesar nuevas expresiones de estima y solo puede mantenerse sereno mediante una atención constante y halagos continuos.

Existe también una afinidad entre el deseo de ser verdaderamente digno de estima y el deseo de obtener dicha estima; entre el amor a la virtud y el amor a la gloria verdadera. Ambas pasiones se asemejan no solo porque ambas aspiran a ser realmente honorables y nobles, sino también porque, al igual que el amor a la verdadera gloria se relaciona con la opinión ajena, el amor a la virtud también guarda cierta referencia, no a lo que es, sino a lo que debería ser la opinión de los demás. El hombre de mayor magnanimidad, que desea la virtud por sí misma y es indiferente a lo que la gente opine realmente de él, se complace, sin embargo, al pensar en lo que deberían opinar. Siente la satisfacción de saber que, aunque no sea ni honrado ni aplaudido, sigue siendo digno de honor y aplauso, y que si los hombres fueran fríos, justos y coherentes, e informados adecuadamente sobre los motivos y circunstancias de su conducta, no dejarían de honrarlo y aplaudirlo. Aunque desprecia la opinión actual de los demás, valora enormemente aquella que deberían tener. Que pudiera considerarse digno de esos sentimientos honorables y que, al ponerse en el lugar de los otros, aunque imaginariamente, siempre tuviera la más alta opinión de sí mismo, era el gran y elevado motivo de su conducta. Así, incluso en el amor a la virtud, hay cierta referencia —aunque no a lo que es, sí a lo que en razón y justicia debería ser— respecto a la opinión ajena, lo cual lo emparenta, en cierto modo, con el amor a la verdadera gloria.

Sin embargo, también hay una gran diferencia entre ellos. Quien actúa únicamente por respeto a lo que es justo y apropiado, a lo que merece estima y aprobación, aunque nunca se le reconozca, actúa por el motivo más sublime y divino que la naturaleza humana es capaz de concebir. Quien, en cambio, mientras desea merecer la aprobación, también se preocupa por obtenerla, es en general digno de elogio, pero sus motivos revelan una mayor mezcla de debilidad humana. Está expuesto a ser herido por la ignorancia y la injusticia de los demás, y su felicidad depende del juicio de sus rivales y de la inconstancia del público. La felicidad del otro, en cambio, es totalmente segura e independiente del azar y de la opinión ajena. El desprecio y el odio que puedan dirigirle desde la ignorancia, no le afectan: no los considera dirigidos realmente a él. Sabe que si lo conocieran como es, lo amarían y respetarían. No lo desprecian ni lo odian a él, sino a alguien que lo confunden con ser. Nuestro amigo, si lo encontráramos disfrazado de nuestro enemigo en un baile de máscaras, se divertiría más que se sentiría ofendido si, creyéndolo enemigo, expresáramos nuestra ira contra él. Tales son los sentimientos del hombre verdaderamente magnánimo cuando es objeto de una censura injusta.

Sin embargo, rara vez la naturaleza humana alcanza ese grado de firmeza. Aunque solo los más débiles y despreciables se complacen en la gloria falsa, por una extraña paradoja, incluso los más resueltos y decididos pueden verse profundamente heridos por la ignominia falsa.

El Dr. Mandeville no se contenta con presentar el motivo frívolo de la vanidad como la fuente de todas aquellas acciones que comúnmente se consideran virtuosas. Intenta también mostrar la imperfección de la virtud humana en muchos otros aspectos. Según él, en todos los casos, esta virtud se queda corta respecto a la completa abnegación que pretende, y en lugar de ser una conquista sobre las pasiones, suele ser simplemente una indulgencia disfrazada de las mismas. Siempre que nuestra moderación frente al placer no alcance el grado más ascético de abstinencia, él la trata como un ejemplo grosero de lujo y sensualidad. Todo lo que excede lo estrictamente necesario para el sostenimiento de la naturaleza humana, dice, es lujo, de modo que habría vicio incluso en el uso de una camisa limpia o de una vivienda cómoda. La indulgencia del deseo sexual, incluso en la unión más legítima, la considera como la misma sensualidad que su manifestación más perjudicial, y se burla de aquella templanza y castidad que pueden practicarse a tan bajo costo. La agudeza ingeniosa de su razonamiento, como en muchas otras ocasiones, queda disimulada por la ambigüedad del lenguaje. Hay algunas pasiones humanas que no poseen otros nombres que aquellos que designan su grado desagradable u ofensivo. El espectador tiende más a notarlas en ese estado extremo, cuando contrarían sus propios sentimientos y le generan una cierta antipatía o incomodidad; en consecuencia, se ve obligado a prestarles atención y, por ello, tiende naturalmente a nombrarlas. En cambio, cuando esas pasiones armonizan con su estado mental, suele ignorarlas por completo, y si acaso les da un nombre, es uno que señala más bien la moderación y el control que se ejerce sobre ellas, que el grado en que aún se permiten subsistir una vez sujetas. Así, los nombres comunes[20] del amor por el placer y por el sexo aluden a un grado vicioso y ofensivo de estas pasiones. Por otro lado, las palabras templanza y castidad parecen referirse más bien al control que se ejerce sobre ellas, que al grado en que aún subsisten. Por ello, cuando el Dr. Mandeville puede demostrar que estas pasiones aún existen en cierto grado, cree haber destruido completamente la realidad de las virtudes de la templanza y de la castidad, y haber demostrado que son meras ilusiones que aprovechan la inatención y simplicidad de las personas. Sin embargo, esas virtudes no exigen una insensibilidad absoluta hacia los objetos de las pasiones que buscan regular. Solo pretenden contener su violencia de manera que no perjudiquen al individuo ni alteren o afecten a la sociedad.

La gran falacia del libro del Dr. Mandeville[21] radica en presentar como completamente vicioso todo aquello que lo es en algún grado o dirección. Así, trata como vanidad cualquier cosa que guarde alguna relación con los sentimientos reales o prescriptivos de los demás; y gracias a esta forma de razonar, logra establecer su conclusión favorita: que los vicios privados son beneficios públicos. Si el amor por la magnificencia, el gusto por las artes elegantes y los refinamientos de la vida humana—por lo que es agradable en el vestir, en el mobiliario, en los vehículos, por la arquitectura, la escultura, la pintura o la música—ha de considerarse lujo, sensualidad u ostentación, incluso en quienes tienen la posición que les permite sin inconvenientes tales indulgencias, entonces es cierto que el lujo, la sensualidad y la ostentación son beneficios públicos. Porque sin esas cualidades, a las que él se empeña en aplicar términos despreciativos, las artes del refinamiento jamás encontrarían

---

[20] Lujuria y lascivia.
[21] La Fabula de las abejas

estímulo, y acabarían por extinguirse por falta de empleo. Algunas doctrinas ascéticas de corte popular, anteriores a su tiempo, que situaban la virtud en la erradicación completa de todas las pasiones, son el verdadero fundamento de este sistema licencioso. Le resultaba fácil al Dr. Mandeville probar, primero, que dicha conquista total jamás se ha logrado entre los hombres; y segundo, que, si alguna vez llegara a realizarse de forma universal, sería perjudicial para la sociedad, pues pondría fin a toda industria, comercio y, en definitiva, a casi toda la actividad humana. Con la primera proposición, parecía demostrar que no existía la verdadera virtud, y que lo que se presentaba como tal no era más que un fraude y un engaño colectivo; y con la segunda, que los vicios privados son beneficios públicos, pues sin ellos ninguna sociedad podría prosperar o florecer.

Tal es el sistema del Dr. Mandeville, que en su tiempo provocó tanto alboroto, y que, aunque tal vez no generó más vicio del que habría existido sin él, al menos enseñó a ese vicio, surgido de otras causas, a manifestarse con más descaro, y a declarar sin vergüenza la corrupción de sus motivos, con una audacia hasta entonces desconocida.

Por muy destructivo que pueda parecer este sistema, no habría engañado a tantas personas, ni causado tanto revuelo entre los defensores de principios más nobles, si no hubiese rozado en algunos aspectos la verdad. Un sistema de filosofía natural puede parecer plausible y ser aceptado por mucho tiempo, y sin embargo no tener fundamento alguno ni el más mínimo parecido con la realidad. Los torbellinos de Descartes fueron considerados por una nación muy ingeniosa, durante casi un siglo, como una explicación satisfactoria de las revoluciones de los cuerpos celestes. Sin embargo, hoy está demostrado, con la convicción de todos, que estas supuestas causas no solo no existen, sino que además son imposibles, y que de existir, no podrían producir los efectos que se les atribuyen. Pero con los sistemas de filosofía moral es diferente: un autor que pretende explicar el origen de nuestros sentimientos morales no puede engañarnos tan burdamente ni alejarse tanto de la verdad. Cuando un viajero relata lo que ocurre en un país lejano, puede imponernos las ficciones más absurdas como hechos comprobados. Pero cuando alguien intenta informarnos sobre lo que sucede en nuestro propio vecindario, incluso en nuestra propia casa, aunque también pueda engañarnos si no examinamos por nosotros mismos, los errores más grandes que nos imponga tendrán necesariamente algún parecido con la verdad, e incluso contendrán una porción considerable de ella. El autor que trata sobre filosofía moral y busca explicar nuestros deseos, afectos y juicios de aprobación o desaprobación, está hablando, por así decirlo, de nuestra vida doméstica. Y aunque, como amos negligentes, solemos confiar en un administrador que nos engaña, no somos capaces de aceptar ninguna rendición de cuentas que no conserve al menos algo de verdad. Algunas partidas, por lo menos, deben ser correctas; incluso aquellas más distorsionadas deben tener alguna base real, de lo contrario el fraude sería descubierto aun por una revisión superficial. El autor que pretendiera explicar un sentimiento natural mediante una causa sin conexión alguna con él, o que ni siquiera se pareciera a alguna otra causa relacionada, parecería absurdo y ridículo incluso para el lector más ingenuo o inexperto.

SECCIÓN III: DE LOS DISTINTOS SISTEMAS QUE SE HAN FORMULADO RESPECTO AL PRINCIPIO DE APROBACIÓN

INTRODUCCIÓN

Después de indagar acerca de la naturaleza de la virtud, la siguiente cuestión de importancia en la filosofía moral concierne al principio de aprobación: a la facultad o capacidad de la mente que hace que ciertos caracteres nos resulten agradables o desagradables; que nos lleva a preferir una forma de conducta sobre otra; a calificar una como correcta y la otra como errónea; y a considerar una como digna de aprobación, honor y recompensa, y la otra como objeto de reproche, censura y castigo.

Se han propuesto tres explicaciones distintas sobre este principio de aprobación. Según algunos, aprobamos y desaprobamos tanto nuestras propias acciones como las de los demás únicamente por amor propio, o por alguna consideración sobre su efecto en nuestra felicidad o perjuicio personal. Según otros, la razón —la misma facultad con la que distinguimos entre lo verdadero y lo falso— nos permite también distinguir entre lo que es adecuado o inadecuado, tanto en acciones como en afectos. Según una tercera posición, esta distinción es por completo fruto del sentimiento inmediato, y surge de la satisfacción o disgusto que ciertas acciones o afectos provocan en nosotros al contemplarlos. Así pues, el amor propio, la razón y el sentimiento son las tres fuentes diferentes que se han propuesto como origen del principio de aprobación.

Antes de proceder a exponer estos distintos sistemas, debo señalar que la resolución de esta segunda cuestión, aunque de suma importancia en el plano especulativo, no lo es en el plano práctico. La cuestión sobre la naturaleza de la virtud influye necesariamente en nuestras nociones de lo correcto y lo incorrecto en muchos casos particulares. En cambio, la que concierne al principio de aprobación no puede tener ese mismo efecto. Examinar de qué mecanismo o disposición interior surgen esas distintas nociones o sentimientos es simplemente una cuestión de curiosidad filosófica.

CAPÍTULO I: DE AQUELLOS SISTEMAS QUE DEDUCEN EL PRINCIPIO DE APROBACIÓN DEL AMOR PROPIO

Aquellos que explican el principio de aprobación a partir del amor propio no lo hacen todos de la misma manera, y existe una considerable confusión e imprecisión en todos sus distintos sistemas. Según el señor Hobbes y muchos de sus seguidores[22], el ser humano no busca refugiarse en la sociedad por un amor natural hacia su especie, sino porque, sin la ayuda de los demás, le resulta imposible subsistir con comodidad o seguridad. Por ello, la sociedad se vuelve una necesidad, y todo lo que tienda a su sostenimiento y bienestar es considerado como algo que, aunque sea de forma remota, promueve su propio interés; mientras que lo que tienda a perturbarla o destruirla se considera en alguna medida perjudicial para él. La virtud es el gran sostén de la sociedad humana, y el vicio su mayor perturbador. La primera, entonces, resulta agradable para todo hombre, porque anticipa prosperidad; el segundo, ofensivo, porque anuncia ruina y desorden para aquello que es indispensable para su tranquilidad y seguridad.

Que la tendencia de la virtud a promover el orden social, y del vicio a perturbarlo, refleje una gran belleza en la una y una profunda fealdad en el otro, cuando se lo contempla de manera fría y filosófica, no puede ser puesto en duda. La sociedad humana, contemplada desde una perspectiva abstracta y filosófica, se asemeja a una gran e inmensa máquina, cuyos movimientos regulares y armoniosos producen miles de efectos agradables. Así como, en otra máquina noble y hermosa producida por el arte humano, todo aquello que suaviza y facilita su movimiento deriva de ahí cierta belleza, y todo lo que lo entorpece resulta desagradable, del mismo modo la virtud, que actúa como un delicado pulido sobre los engranajes de la sociedad, resulta necesariamente placentera; mientras que el vicio, como la herrumbre vil que hace que chirríen y se traben entre sí, resulta necesariamente ofensivo. Esta explicación del origen de la aprobación y desaprobación, en cuanto la hace derivar del orden social, remite al principio que da belleza a la utilidad, y que he explicado con anterioridad; y de allí proviene toda la apariencia de verosimilitud que este sistema posee. Cuando tales autores describen las innumerables ventajas de una vida civilizada y social en comparación con una existencia salvaje y solitaria; cuando se extienden sobre la necesidad de la virtud y el orden para el mantenimiento de aquella, y demuestran cuán inevitablemente la prevalencia del vicio y la desobediencia a las leyes conducen de nuevo a esta última, el

---

[22] Pufendorf, Mandeville.

lector se siente cautivado por la novedad y grandeza de las perspectivas que se le abren. Descubre una nueva belleza en la virtud y una nueva fealdad en el vicio que antes no había advertido; y suele quedar tan encantado con ese descubrimiento que rara vez se detiene a reflexionar que esta visión política, al no haberle ocurrido nunca, no puede ser la causa de esa aprobación y desaprobación con la que siempre ha estado acostumbrado a juzgar tales cualidades.

Cuando, por otro lado, estos autores deducen del amor propio el interés que sentimos por el bienestar de la sociedad y la estima que, en consecuencia, otorgamos a la virtud, no quieren decir que, cuando hoy admiramos la virtud de Catón o condenamos la villanía de Catilina, nuestras emociones estén influidas por algún beneficio que obtengamos del uno o perjuicio que suframos del otro. No era porque pensáramos que la prosperidad o el colapso de la sociedad en aquellos tiempos y naciones remotas pudiera tener alguna influencia sobre nuestra felicidad o miseria actual, que, según estos filósofos, estimábamos al virtuoso y condenábamos al desordenado. Nunca imaginaron que nuestras emociones se debieran a algún beneficio o daño que supusiéramos efectivamente recibido, sino más bien a aquel que podríamos haber recibido si hubiésemos vivido en esas épocas y lugares; o a aquel que aún podríamos recibir si en nuestro tiempo nos encontráramos con personajes de la misma índole. La idea, en resumen, que estos autores tanteaban sin lograr explicarla claramente, era la de una simpatía indirecta que sentimos con la gratitud o el resentimiento de aquellos que recibieron el beneficio o padecieron el daño causado por tales caracteres opuestos; y era esto lo que, de modo confuso, pretendían señalar al decir que no era el pensamiento de lo que hemos ganado o perdido lo que despertaba nuestra admiración o indignación, sino la concepción o imaginación de lo que podríamos ganar o perder si tuviésemos que convivir con semejantes compañeros.

Sin embargo, la simpatía no puede, en ningún sentido, ser considerada un principio egoísta. Cuando simpatizo con tu tristeza o tu indignación, se puede pretender que mi emoción tiene su raíz en el amor propio, porque surge de ponerme en tu lugar, de imaginarme cómo me sentiría yo en las mismas circunstancias. Pero, aunque la simpatía se origine muy apropiadamente en un cambio imaginario de situación con la persona principal implicada, tal cambio no se supone que ocurra en mí mismo, en mi propia persona y carácter, sino en el de aquella con quien simpatizo. Cuando lamento contigo la pérdida de tu único hijo, para entrar en tu dolor no considero lo que yo, con mi carácter y situación, sentiría si tuviera un hijo y este muriera; sino lo que sentiría si verdaderamente fuera tú; y no solo intercambio circunstancias contigo, sino que intercambio también persona y carácter. Mi pena, entonces, es enteramente por ti, y no en lo más mínimo por mí. No puede ser, por tanto, un sentimiento egoísta. ¿Cómo podría ser considerado egoísta un afecto que no surge ni siquiera de la imaginación de algo que me ha ocurrido a mí o que guarda relación conmigo mismo, sino que se ocupa enteramente de lo que te concierne a ti? Un hombre puede simpatizar con una mujer durante el parto, aunque le sea imposible concebirse sufriendo esos dolores en su propia persona. Toda esa teoría sobre la naturaleza humana que hace derivar todos los sentimientos y afectos del amor propio, y que ha hecho tanto ruido en el mundo, pero que, hasta donde sé, nunca ha sido expuesta de forma plena y clara, parece haber surgido de algún malentendido confuso del sistema de la simpatía.

CAPÍTULO II: DE AQUELLOS SISTEMAS QUE HACEN DE LA RAZÓN EL PRINCIPIO DE APROBACIÓN

Es bien sabido que fue doctrina de Hobbes que el estado de naturaleza es un estado de guerra, y que, antes de la institución del gobierno civil, no podía existir una sociedad segura o pacífica entre los hombres. Preservar la sociedad, por tanto, equivalía, según él, a sostener el gobierno civil, y destruir este último era lo mismo que poner fin a aquella. Pero la existencia del gobierno civil depende de la obediencia que se le rinde al magistrado supremo; en el momento en que pierde su autoridad, todo gobierno cesa. Así como la autopreservación enseña a los hombres a aplaudir todo lo que tienda al bienestar de la sociedad y a censurar lo que pueda perjudicarla, del mismo modo este principio debería, si se pensara y hablara con coherencia, enseñarles a aplaudir en toda ocasión la obediencia al magistrado civil y a reprobar toda desobediencia o rebelión. Las mismas ideas de lo loable y censurable deberían identificarse con las de obediencia y desobediencia. Las leyes del magistrado civil, por tanto, debían ser consideradas como los únicos estándares últimos de lo justo e injusto, de lo correcto y lo incorrecto.

Fue intención declarada de Hobbes, al difundir estas ideas, someter la conciencia de los hombres al poder civil y no al eclesiástico, cuyo espíritu turbulento y ambicioso, como aprendió del ejemplo de su tiempo, consideraba la fuente principal de los desórdenes sociales. Esta doctrina, por esta razón, resultó especialmente ofensiva para los teólogos, quienes no tardaron en manifestar contra ella su indignación con gran aspereza y dureza. También fue ofensiva para todos los moralistas sensatos, ya que suponía que no existía distinción natural entre el bien y el mal; que tales categorías eran mutables y dependían de la mera voluntad arbitraria del magistrado civil. Por ello, esta doctrina fue atacada desde todos los frentes y con toda clase de argumentos, desde la razonada reflexión hasta la más feroz diatriba.

Para refutar tan odiosa doctrina, era necesario demostrar que, con anterioridad a toda ley o institución positiva, la mente estaba dotada de una facultad natural por la cual distinguía, en ciertas acciones y afectos, las cualidades de lo correcto, lo loable y lo virtuoso, y en otras las de lo erróneo, lo censurable y lo vicioso.

La ley, como señaló acertadamente el Dr. Cudworth[23], no podía ser la fuente original de tales distinciones, puesto que, al suponer tal ley, debía ser o correcto obedecerla e incorrecto desobedecerla, o indiferente obedecerla o no. Pero una ley respecto de la cual sea indiferente obedecer o desobedecer, evidentemente no puede ser la fuente de ninguna distinción moral; ni tampoco aquella que sea correcta de obedecer e incorrecta de desobedecer, pues incluso esta presupone la existencia previa de las nociones de lo correcto y lo incorrecto, ya que obedecer sería conforme a la idea de lo correcto y desobedecer a la de lo incorrecto.

Dado que la mente posee estas nociones con anterioridad a toda ley, parece seguirse que las obtiene de la razón, la cual distingue entre lo correcto y lo incorrecto del mismo modo en que lo hace entre la verdad y la falsedad. Esta conclusión, aunque verdadera en algunos aspectos, es apresurada en otros, y fue más fácilmente aceptada en una época en la que la ciencia abstracta de la naturaleza humana apenas comenzaba a desarrollarse, y en la que las funciones y facultades de la mente aún no habían sido cuidadosamente analizadas ni diferenciadas. Durante el periodo en que se sostuvo con mayor fervor esta controversia con Hobbes, no se había considerado ninguna otra facultad a partir de la cual pudieran surgir tales ideas. En ese contexto, se convirtió en doctrina popular que la esencia del bien y del mal no radicaba en la conformidad o discrepancia de las acciones humanas con la ley de un superior, sino con la razón, considerada como fuente y principio originario de la aprobación y la desaprobación.

Decir que la virtud consiste en conformarse a la razón es cierto en algunos sentidos; y esta facultad puede muy justamente considerarse, en cierto modo, como el origen y principio de la aprobación y la desaprobación, y de todos los juicios sólidos sobre lo correcto y lo incorrecto. Es por medio de la razón que descubrimos aquellas reglas generales de la justicia con las que debemos regir nuestras acciones; y por ella también formamos esas ideas más vagas e imprecisas de lo que es prudente, decoroso, generoso o noble, que llevamos con nosotros constantemente, y según las cuales procuramos, en la medida de lo posible, modelar nuestra conducta. Las máximas generales de la moral se forman, como todas las demás máximas generales, a partir de la experiencia y la inducción. Observamos, en una gran variedad de casos particulares, lo que complace o desagrada a nuestras facultades morales, lo que éstas aprueban o desaprueban; y a partir de esta experiencia, por inducción, establecemos tales reglas. Pero la inducción se considera siempre una operación de la razón. Por

---

[23] **Véase** Moralidad Inmutable 1, I.

alude a la obra *A Treatise concerning Eternal and Immutable Morality* (Tratado sobre la Moral Eterna e Inmutable, [N. de T.])

tanto, decimos correctamente que dé la razón derivamos todas esas máximas e ideas generales. Es por medio de ellas, además, que regulamos la mayor parte de nuestros juicios morales, los cuales serían extremadamente inciertos y variables si dependieran únicamente de algo tan fluctuante como el sentimiento inmediato, que puede ser alterado profundamente por el estado de salud o el humor. Dado que nuestros juicios más sólidos sobre el bien y el mal se regulan por máximas e ideas derivadas de la inducción racional, se puede afirmar con justicia que la virtud consiste en conformarse a la razón, y que esta facultad puede ser considerada como fuente y principio de la aprobación y la desaprobación.

Pero, aunque la razón sea, sin duda, el origen de las reglas generales de la moral y de los juicios que hacemos mediante ellas, resulta completamente absurdo e incomprensible suponer que las primeras percepciones de lo correcto y lo incorrecto provienen de la razón, incluso en aquellos casos particulares a partir de los cuales se forman las reglas generales. Estas primeras percepciones, al igual que todos los experimentos sobre los que se fundamenta cualquier regla general, no pueden ser objeto de la razón, sino del sentido y sentimiento inmediato. Es descubriendo, en una enorme variedad de casos, que cierto tipo de conducta complace constantemente de una determinada manera, y que otro tipo la desagrada de modo igualmente constante, que formamos las reglas generales de la moral. Pero la razón no puede hacer que un objeto particular sea agradable o desagradable por sí mismo. Puede mostrar que ese objeto es el medio para alcanzar otro que es naturalmente agradable o desagradable, y de este modo hacerlo atractivo o repulsivo, pero sólo debido a ese otro. Nada puede ser agradable o desagradable por sí mismo, si no es por efecto del sentido y del sentimiento inmediato. Si la virtud, en cada caso particular, necesariamente agrada por sí misma, y si el vicio desagrada del mismo modo, no puede ser la razón la que nos reconcilia con lo uno y nos aleja de lo otro, sino el sentimiento inmediato.

Placer y dolor son los grandes objetos del deseo y la aversión; pero no se distinguen por medio de la razón, sino por el sentido y el sentimiento inmediatos. Si, por tanto, la virtud es deseable por sí misma, y si el vicio, de igual manera, es objeto de aversión, no puede ser la razón la que distinga originalmente esas cualidades diferentes, sino el sentido y el sentimiento inmediatos.

No obstante, como la razón puede ser considerada, en cierto sentido, como el principio de aprobación y desaprobación, durante mucho tiempo se pensó, por falta de atención, que estos sentimientos surgían originalmente de las operaciones de dicha facultad. El Dr. Hutcheson tuvo el mérito de ser el primero que distinguió, con algún grado de precisión, en qué sentido todas las distinciones morales pueden decirse que provienen de la razón, y en qué sentido se fundan en el sentido y el sentimiento inmediatos. En sus *Ilustraciones sobre el sentido moral*, ha explicado esto de manera tan completa y, en mi opinión, tan irrefutable, que, si aún se mantiene alguna controversia sobre este asunto, no puedo atribuirla sino a la falta de atención a lo que ese autor escribió, o a un apego supersticioso a ciertas formas de expresión—una debilidad no muy rara entre los eruditos, especialmente en materias tan profundamente significativas como esta, en las que un hombre virtuoso suele mostrarse reacio incluso a abandonar la propiedad de una sola frase a la que se ha acostumbrado.

CAPÍTULO III: DE AQUELLOS SISTEMAS QUE HACEN DEL SENTIMIENTO EL PRINCIPIO DE APROBACIÓN

Los sistemas que consideran el sentimiento como el principio de aprobación pueden dividirse en dos clases distintas:

I. Según algunos, el principio de aprobación se funda en un sentimiento de naturaleza peculiar, en una facultad particular de percepción que se activa en la mente al contemplar ciertas acciones o afectos. Algunos de estos afectan dicha facultad de manera agradable, otros de forma desagradable. Los primeros reciben entonces las calificaciones de correcto, loable y virtuoso; los segundos, las de incorrecto, censurable y vicioso. Este sentimiento, siendo de una naturaleza especial, distinta de cualquier otro, y el efecto de un poder de percepción particular, recibe un nombre propio: se le denomina sentido moral.

II. Según otros, no es necesario suponer una nueva facultad perceptiva jamás antes identificada para explicar el principio de aprobación. La naturaleza, afirman, actúa aquí como en todos los casos, con la mayor economía, y produce una multitud de efectos a partir de una sola causa. Y esa causa basta: la simpatía, una facultad ampliamente reconocida y manifiestamente presente en la mente humana, es suficiente para explicar todos los efectos atribuidos a ese supuesto sentido moral.

1. El Dr. Hutcheson[24] se esforzó intensamente por demostrar que el principio de aprobación no se funda en el amor propio. También había probado que no podía surgir de ninguna operación de la razón. No le quedaba, pensó, otra alternativa que suponer una facultad de naturaleza peculiar, que la naturaleza había concedido a la mente humana con el fin de producir este efecto particular y relevante. Una vez excluidos el amor propio y la razón, no se le ocurrió que existiese otra facultad conocida de la mente que pudiera desempeñar dicho papel.

A esta nueva facultad perceptiva la llamó sentido moral, y la consideró análoga a los sentidos externos. Así como los cuerpos que nos rodean, al afectar

---

[24] Inquiry concerning Virtue

301

ciertos sentidos, nos parecen poseer cualidades como sonido, sabor, olor o color, los afectos de la mente humana, al tocar esta facultad particular de cierto modo, nos parecen poseer las cualidades de lo amable o lo odioso, de lo virtuoso o lo vicioso, de lo correcto o lo incorrecto.

Las distintas facultades perceptivas[25], de las cuales la mente humana obtiene sus ideas simples, eran, según este sistema, de dos clases: sentidos directos o antecedentes, y sentidos reflejos o consecuentes. Los sentidos directos son aquellos que producen percepciones sin requerir ninguna percepción anterior. Así, sonidos y colores son objetos de los sentidos directos: ver un color o escuchar un sonido no presupone haber percibido nada más antes.

En cambio, los sentidos reflejos nos hacen percibir cosas que requieren haber percibido algo previamente. Así, la armonía de un sonido o la belleza de un color requieren haber escuchado ese sonido o visto ese color. El sentido moral era considerado una facultad de este tipo. La facultad a la que Locke llama reflexión, y de la que derivan las ideas simples de las pasiones y emociones humanas, era, según Hutcheson, un sentido interno directo. La facultad mediante la cual percibimos la belleza o fealdad, virtud o vicio de esas pasiones, era un sentido interno reflejo.

Hutcheson procuró aún fortalecer esta doctrina mostrando que era coherente con la analogía de la naturaleza, pues la mente, afirmaba, está dotada de varios otros sentidos reflejos similares al sentido moral: como el sentido de lo bello y lo feo en los objetos externos, un sentido público, por el cual simpatizamos con la felicidad o desdicha de nuestros semejantes, un sentido del honor y la vergüenza, y un sentido del ridículo.

Pero, a pesar de todo el esfuerzo de este ingenioso filósofo por demostrar que el principio de aprobación se basa en una facultad perceptiva peculiar análoga a los sentidos externos, hay algunas consecuencias que él mismo reconoce como derivadas de su doctrina y que muchos considerarán suficientes para refutarla. Él admite[26], por ejemplo, que las cualidades que atribuimos a los objetos de un sentido no pueden, sin caer en la mayor de las absurdidades, ser atribuidas al sentido mismo. Nadie, dice, pensaría en llamar blanco o negro al sentido de la vista, dulce o amargo al del gusto, o alto o bajo al del oído. De modo similar, sería absurdo llamar virtuosas o viciosas a nuestras facultades morales. Estas cualidades pertenecen a los objetos de dichas facultades, no a las facultades en sí mismas.

Si alguien, por tanto, estuviera tan deformado moralmente como para aplaudir la crueldad y la injusticia como si fueran virtudes sublimes, y despreciar la equidad y la humanidad como si fueran vicios despreciables, su

---

[25] Treatise of the Passions
[26] *Illustrations upon the Moral Sense, sec. I p. 237, et seq.; 3rd edition*

carácter podría parecernos extraño, inconveniente o antinatural, pero —según esta doctrina— no podríamos calificarlo de vicioso o moralmente malo sin caer en una absurda contradicción.

Y, sin embargo, si viéramos a un hombre aplaudir con entusiasmo una ejecución bárbara e inmerecida, ordenada por un tirano insolente, ¿acaso no sentiríamos que esa conducta es profundamente viciosa y moralmente maligna? Nuestra alma, por un instante, olvidaría su simpatía por la víctima y sentiría únicamente horror y repugnancia hacia un espectador tan abominable. Lo detestaríamos incluso más que al propio tirano, que podría estar motivado por pasiones intensas como los celos, el miedo o la ira, y, por ende, ser más excusable. Pero los sentimientos del espectador parecerían enteramente sin causa ni justificación, y, por lo tanto, completamente detestables. No hay perversión moral que nuestro corazón rechace con más repulsión que esta. Así pues, lejos de ser solo extraña o inconveniente, tal disposición de ánimo nos parece la manifestación extrema de la corrupción moral.

Por el contrario, los sentimientos morales correctos nos parecen en sí mismos laudables y buenos. Aquel que elogia o censura con delicadeza y precisión, en perfecta sintonía con el mérito o demérito del objeto, nos inspira admiración. Nos guía en nuestros propios juicios, y por la sorprendente justicia de su criterio, despierta incluso nuestro aplauso. Es cierto que no siempre podemos estar seguros de que su conducta esté a la altura de su juicio moral, pues la virtud requiere tanto hábito y resolución de carácter como delicadeza de sentimiento. Sin embargo, tal disposición mental es incompatible con lo abiertamente criminal y constituye la mejor base sobre la cual edificar una virtud perfecta.

Se podría decir que, aunque el principio de aprobación no repose sobre una percepción análoga a los sentidos externos, podría basarse en un sentimiento peculiar destinado únicamente a este fin. Así como llamamos al resentimiento un "sentido de las ofensas", o a la gratitud un "sentido de los beneficios", se podría llamar a estos sentimientos un sentido de lo correcto y lo incorrecto, o simplemente un sentido moral.

Pero esta explicación, aunque evita algunas objeciones de la anterior, enfrenta otras igualmente insalvables:

Primero, toda emoción específica conserva rasgos generales inconfundibles. La ira, por ejemplo, siempre se reconoce como tal, aunque varíe según su objeto: hombre, mujer o niño. Sus variaciones requieren observación atenta, pero su esencia es fácilmente reconocible. Si la aprobación y desaprobación fueran emociones de este tipo —como la gratitud o el resentimiento—, entonces deberían conservar siempre una expresión característica y reconocible. Pero no es así: lo que sentimos al aprobar una acción compasiva es completamente distinto de lo que sentimos al aprobar una acción heroica. Ambas nos parecen loables, pero una nos enternece y otra nos

303

eleva, y no hay similitud alguna entre estas emociones. Esto solo se explica si la aprobación proviene de la simpatía con emociones que, en sí mismas, son distintas, como lo propone el sistema que aquí se defiende. Si la aprobación fuese un sentimiento fijo y singular, no podría cambiar tanto de una ocasión a otra.

Segundo, como ya se ha señalado, no solo aprobamos o desaprobamos pasiones y afectos, sino también la corrección o incorrección de las aprobaciones ajenas. ¿Cómo explica este sistema que aprobemos o desaprobemos la aprobación de otro? Solo cabe una respuesta razonable: cuando la aprobación de nuestro prójimo coincide con la nuestra, la aprobamos; cuando no, la desaprobamos. Es decir, que la coincidencia o discrepancia de sentimientos constituye en este caso la aprobación o desaprobación moral. Si esto es válido aquí, ¿por qué no en todos los demás casos? ¿Para qué postular entonces una nueva facultad perceptiva para explicar lo que puede explicarse por simpatía?

Contra toda teoría que pretenda explicar el principio de aprobación moral como dependiente de un sentimiento peculiar, distinto de todos los demás, cabría objetar que resulta extraño que tal sentimiento—que la Providencia, sin duda, habría destinado a ser el principio rector de la naturaleza humana—haya sido hasta ahora tan poco notado, al punto de no haber recibido un nombre específico en ninguna lengua. La expresión "sentido moral" es de muy reciente invención, y no puede considerarse aún como parte del idioma inglés. La palabra "aprobación" ha sido aplicada solo en años recientes para designar algo de esta índole. En el uso ordinario del lenguaje, aprobamos cualquier cosa que nos resulta enteramente satisfactoria: la forma de un edificio, el ingenio de una máquina, el sabor de un platillo. La palabra "conciencia" tampoco denota directamente ninguna facultad moral mediante la cual aprobemos o desaprobemos. La conciencia presupone, en efecto, la existencia de alguna facultad de ese tipo, y significa propiamente nuestra conciencia de haber actuado conforme o en desacuerdo con sus dictados. Cuando pasiones como el amor, el odio, la alegría, la tristeza, la gratitud o el resentimiento—todas ellas consideradas como objeto de ese principio moral—han sido lo bastante notables como para merecer un nombre propio, ¿no resulta sorprendente que el soberano de todas ellas haya sido tan poco advertido, que, salvo unos pocos filósofos, nadie se haya tomado la molestia de darle un nombre?

Cuando aprobamos un carácter o una acción, los sentimientos que experimentamos proceden, según el sistema anteriormente expuesto, de cuatro fuentes que en ciertos aspectos difieren entre sí. Primero, simpatizamos con los motivos del agente; segundo, compartimos la gratitud de quienes reciben el beneficio de sus acciones; tercero, observamos que su conducta concuerda con las reglas generales conforme a las cuales actúan habitualmente esas dos simpatías; y por último, cuando consideramos tales acciones como parte de un sistema de comportamiento que tiende a promover la felicidad del individuo o de la sociedad, percibimos en ellas una belleza derivada de esa utilidad, no muy distinta de la que atribuimos a una máquina bien diseñada. Una vez deducido, en cualquier caso, particular, todo aquello que debe reconocerse como proveniente de alguna de estas cuatro fuentes, desearía saber qué resta. Y con gusto permitiré que este remanente se atribuya a un sentido moral o a cualquier otra facultad particular, con tal de que alguien pueda precisar en qué consiste exactamente ese excedente. Cabe esperar, tal vez, que, si existiera un principio tan peculiar como el que se supone en la noción de sentido moral, deberíamos poder experimentarlo, en ciertos casos, separado y desligado de todo lo demás, del mismo modo que sentimos la alegría, la tristeza, la esperanza o el temor, puras y sin mezcla con ninguna otra emoción. Sin embargo, no creo que se pueda alegar ni siquiera un solo caso en que este principio se manifieste por sí solo, sin estar acompañado de simpatía o antipatía, gratitud o resentimiento, percepción de conformidad o disconformidad con una regla establecida, o, en última instancia, de ese gusto general por la belleza y el orden que se despierta tanto ante objetos animados como inanimados.

2. Existe, además, otro sistema que intenta explicar el origen de nuestros sentimientos morales a partir de la simpatía, y que es distinto del que yo he procurado establecer. Se trata de aquel que ubica la virtud en la utilidad, y que explica el placer con que el espectador contempla la utilidad de una cualidad a través de la simpatía con la felicidad de quienes se ven afectados por ella. Esta simpatía no es la misma que nos lleva a compartir los motivos del agente, ni aquella por la cual participamos de la gratitud de las personas beneficiadas por sus acciones. Es el mismo principio que nos lleva a aprobar una máquina bien diseñada. Pero ninguna máquina puede ser objeto de las dos simpatías anteriormente mencionadas. Ya he ofrecido, en la cuarta parte de este tratado, un esbozo de esta doctrina.

SECCIÓN IV: DEL MODO EN QUE DIFERENTES AUTORES HAN TRATADO LAS REGLAS PRÁCTICAS DE LA MORALIDAD

Fue observado en la tercera parte de este discurso que las reglas de la justicia son las únicas reglas de la moralidad que son precisas y exactas; que las de todas las demás virtudes son laxas, vagas e indeterminadas; que las primeras pueden compararse con las reglas de la gramática, y las otras con aquellas que los críticos establecen para alcanzar lo sublime y elegante en la composición, y que nos presentan más bien una idea general de la perfección a la que debemos aspirar, que instrucciones ciertas e infalibles para alcanzarla.

Dado que las diferentes reglas de la moralidad admiten grados tan diversos de precisión, los autores que han intentado recopilarlas y organizarlas en sistemas lo han hecho de dos maneras distintas. Un grupo ha seguido en toda su obra ese método general y laxo al que naturalmente se vieron dirigidos por la consideración de un tipo particular de virtudes; mientras que otro ha procurado de forma igualmente universal introducir en sus preceptos ese tipo de precisión de la que solo algunas reglas son susceptibles. Los primeros han escrito como críticos; los segundos, como gramáticos.

I. Los primeros, entre quienes podemos contar a todos los moralistas antiguos, se han contentado con describir de manera general los distintos vicios y virtudes, señalando tanto la deformidad y miseria de una disposición como la propiedad y felicidad de la otra, sin pretender establecer muchas reglas precisas que deban valer sin excepción en todos los casos particulares. Solo han procurado determinar, en la medida en que el lenguaje lo permite, en primer lugar, en qué consiste el sentimiento del corazón sobre el que se funda cada virtud particular; qué tipo de sentimiento interno o emoción constituye la esencia de la amistad, de la humanidad, de la generosidad, de la justicia, de la magnanimidad y de todas las demás virtudes, así como de los vicios opuestos a ellas; y, en segundo lugar, cuál es la forma general de actuar, el tono habitual de conducta al que cada uno de esos sentimientos nos dirigiría; o cómo actuaría, en circunstancias ordinarias, un hombre amistoso, generoso, valiente, justo y humano.

Caracterizar el sentimiento del corazón sobre el que se funda cada virtud particular, aunque requiere un trazo delicado y preciso, es sin embargo una tarea que puede ejecutarse con cierto grado de exactitud. Es imposible, en verdad, expresar todas las variaciones que cada sentimiento puede o debe experimentar según las circunstancias. Son infinitas, y el lenguaje carece de nombres para designarlas. El sentimiento de amistad, por ejemplo, que sentimos por un anciano es distinto del que sentimos por un joven; el que sentimos hacia un hombre austero es distinto del que sentimos por uno de modales más suaves y gentiles, y distinto también del que sentimos por alguien alegre y vivaz. La amistad que concebimos por un hombre es diferente de la que nos inspira una mujer, incluso cuando no hay mezcla de una pasión más intensa. ¿Qué autor podría enumerar y definir estas y todas las demás variedades infinitas de las que este sentimiento es capaz? No obstante, el sentimiento general de amistad y apego familiar, común a todos ellos, puede definirse con suficiente precisión. El retrato que se trace de él, aunque siempre será en muchos aspectos incompleto, puede, sin embargo, tener tal semejanza que nos permita reconocer el original cuando lo encontremos, e incluso distinguirlo de otros sentimientos con los que guarda una considerable afinidad, como la buena voluntad, el respeto, la estima o la admiración.

Describir, de manera general, cuál es el modo habitual de actuar al que cada virtud nos impulsaría, es aún más sencillo. En realidad, es casi imposible describir el sentimiento o emoción internos sobre los que se fundamenta, sin hacer algo de este tipo. No se puede expresar por medio del lenguaje, si se me permite decirlo así, las características invisibles de las distintas modificaciones de la pasión tal como se manifiestan internamente. No hay otra forma de señalarlas y distinguirlas unas de otras que describiendo los efectos que producen, ya sean las alteraciones que provocan en el semblante, en el porte y el comportamiento exterior, las resoluciones que sugieren o las acciones que inspiran. Es así como Cicerón, en el primer libro de sus Oficios, intenta orientarnos en la práctica de las cuatro virtudes cardinales; y así también Aristóteles, en las partes prácticas de su Ética, nos señala los distintos hábitos con los cuales deberíamos regular nuestra conducta, como la liberalidad, la magnificencia, la magnanimidad, e incluso la jovialidad y el buen humor—cualidades que ese filósofo indulgente consideró dignas de figurar en el catálogo de las virtudes, aunque la ligereza de la aprobación natural que les concedemos no parezca hacerlas merecedoras de un nombre tan venerable.

Tales obras nos presentan retratos animados y agradables de costumbres. Por la vivacidad de sus descripciones, avivan nuestro amor natural por la virtud y aumentan nuestra aversión al vicio; por la justicia y delicadeza de sus observaciones, pueden muchas veces ayudar a corregir y precisar nuestros sentimientos naturales respecto a la propiedad de la conducta, y, al sugerirnos muchas atenciones finas y delicadas, formarnos en una mayor exactitud en el comportamiento de la que seríamos capaces sin esa instrucción. Tratar las reglas de la moralidad de este modo constituye la ciencia que se llama propiamente Ética, una ciencia que, aunque como la crítica no admite la más rigurosa precisión, es sin embargo sumamente útil y agradable. Es, de todas, la más susceptible de los embellecimientos de la elocuencia y, mediante ellos, de conferir, si cabe, una nueva importancia a las más pequeñas reglas del deber. Sus preceptos, revestidos y adornados de este modo, son capaces de producir en la flexibilidad de la juventud las más nobles e indelebles impresiones; y, como armonizan con la natural magnanimidad de esa edad generosa, pueden inspirar, al menos por un tiempo, las resoluciones más heroicas, y así contribuir a establecer y consolidar los hábitos más útiles y elevados de que la mente humana es capaz. Todo lo que el consejo y la exhortación pueden hacer para animarnos a la práctica de la virtud, lo hace esta ciencia tratada de este modo.

II. El segundo grupo de moralistas, entre quienes podemos contar a todos los casuistas de los siglos medio y posterior de la Iglesia cristiana, así como a todos aquellos que, en este y en el siglo anterior, han tratado de lo que se llama jurisprudencia natural, no se conforman con caracterizar de modo general el comportamiento que recomiendan, sino que procuran establecer reglas exactas y precisas para guiar cada aspecto de nuestra conducta. Como la justicia es la única virtud respecto a la cual pueden darse reglas tan exactas, es esta virtud la que ha sido principalmente objeto de consideración para ambos grupos de escritores. Sin embargo, la tratan de manera muy distinta.

Quienes escriben sobre principios de jurisprudencia consideran únicamente lo que la persona a quien se debe una obligación puede considerar que tiene derecho a exigir por la fuerza; lo que todo espectador imparcial aprobaría que exigiera, o lo que un juez o árbitro, ante quien hubiera sometido su causa y que se comprometiera a hacerle justicia, debería obligar al otro a sufrir o realizar. Los casuistas, por el contrario, no examinan tanto lo que puede exigirse propiamente por la fuerza, como lo que la persona obligada debería considerar que está moralmente obligada a cumplir, por el respeto más sagrado y escrupuloso a las reglas generales de la justicia, y por el temor más consciente de perjudicar a su prójimo o de mancillar la integridad de su propio carácter. El propósito de la jurisprudencia es prescribir reglas para las decisiones de jueces y árbitros. El de la casuística, es prescribir reglas para la conducta de un hombre virtuoso. Al observar todas las reglas de la jurisprudencia, por perfectas que fueran, no mereceríamos más que estar libres de castigo externo. Al observar las de la casuística, suponiendo que fueran lo que deberían ser, seríamos dignos de considerable elogio, por la delicadeza escrupulosa y exacta de nuestro comportamiento.

Puede ocurrir con frecuencia que un hombre virtuoso deba considerarse obligado, por un respeto sagrado y consciente hacia las reglas generales de la justicia, a cumplir muchas cosas que sería sumamente injusto exigirle por la fuerza, o que ningún juez o árbitro debería imponerle coactivamente. Tomemos un ejemplo conocido: un salteador de caminos, bajo la amenaza de muerte, obliga a un viajero a prometerle cierta suma de dinero. Si tal promesa, extorsionada de ese modo por una fuerza injusta, debe considerarse obligatoria, es una cuestión que ha sido muy debatida.

Si la consideramos meramente como una cuestión de jurisprudencia, la decisión no admite duda. Sería absurdo suponer que el salteador de caminos puede tener derecho a usar la fuerza para obligar al otro a cumplir. Extorsionar la promesa fue un crimen que merece el mayor castigo, y forzar su cumplimiento sería solo añadir un nuevo crimen al anterior. No puede quejarse de ningún daño quien ha sido simplemente engañado por quien legítimamente podría haberle dado muerte. Suponer que un juez debe hacer cumplir tal promesa, o que el magistrado debe permitir que se sostenga en juicio, sería el colmo del absurdo. Si consideramos esta cuestión, por tanto, como una cuestión de jurisprudencia, no podemos tener dudas sobre su resolución.

Pero si la consideramos como una cuestión de casuística, no será tan fácil de determinar. Si un hombre virtuoso, por respeto a esa regla de justicia sumamente sagrada que ordena el cumplimiento de todas las promesas serias, no debería sentirse obligado a cumplirla, es al menos mucho más dudoso. Que no se debe ningún respeto a la frustración del infeliz que lo ha puesto en esa situación, que no se comete ninguna injusticia contra el ladrón y, por consiguiente, que nada puede serle arrebatado por la fuerza, no admite discusión. Pero si no se debe cierto respeto, en este caso, a la propia dignidad y honor, a la inviolable sacralidad de esa parte del carácter que hace reverenciar la ley de la verdad y aborrecer todo lo que se acerque a la traición y la falsedad, puede razonablemente considerarse como una cuestión. Los casuistas, en consecuencia, están muy divididos al respecto. Un grupo, entre quienes podemos contar a Cicerón, entre los antiguos; a Puffendorf, a su comentarista Barbeyrac y, sobre todo, al difunto Dr. Hutcheson, quien, en la mayoría de los casos, no era en absoluto un casuista indulgente, sostiene sin vacilación que no se debe ningún tipo de respeto a esa promesa, y que pensar lo contrario es simple debilidad y superstición. Otro grupo, entre los cuales podemos contar a algunos de los antiguos padres de la Iglesia, así como a algunos modernos casuistas de gran renombre, ha opinado lo contrario, y ha juzgado que todas esas promesas son obligatorias.

Si consideramos el asunto según los sentimientos comunes de la humanidad, hallaremos que se piensa que alguna consideración se debe incluso a una promesa de esta clase; pero que es imposible determinar cuánto exactamente, por una regla general que se aplique a todos los casos sin excepción. El hombre que hiciera promesas de este tipo con demasiada ligereza y las rompiera con igual despreocupación, no lo escogeríamos como amigo o compañero. Un caballero que prometiera cinco libras a un salteador y no las entregara, incurriría en cierto grado de reproche. Sin embargo, si la suma prometida fuera muy grande, sería más dudoso qué sería lo apropiado. Si fuera tan considerable como para arruinar completamente a la familia del que promete; si fuese lo bastante para promover los más nobles fines, parecería, en cierta medida, criminal—al menos extremadamente impropio—entregarla a manos tan viles por mero escrúpulo. Aquel que arruinara su fortuna, o que renunciara a cien mil libras, aunque pudiera permitirse tan vasta suma, con tal de cumplir su palabra dada a un ladrón, parecería, según el sentido común, ridículamente extravagante. Tal derroche parecería incompatible con su deber, con lo que debe a sí mismo y a los demás, y no podría ser justificado por ninguna promesa obtenida de ese modo. Sin embargo, fijar con una regla precisa cuánta consideración se debe a tal promesa, o cuál podría ser la mayor suma exigible debido a ella, es evidentemente imposible. Eso variaría según el carácter de las personas, sus circunstancias, la solemnidad de la promesa e incluso según los detalles del encuentro; y si el promisor hubiera sido tratado con un grado elevado de esa especie de galantería que a veces se encuentra en personas de los más depravados caracteres, se consideraría que debe más que en otras ocasiones. Puede afirmarse, en general, que la propiedad exacta requiere el cumplimiento de todas esas promesas, siempre que no sea incompatible con otros deberes más sagrados, como el interés público, el agradecimiento, la afectividad natural o las leyes de la beneficencia debida. Pero, como ya se ha señalado antes, no tenemos reglas precisas para determinar qué acciones externas son debidas debido a estos motivos, ni, por consiguiente, cuándo tales virtudes son incompatibles con la observancia de tales promesas.

Cabe observar, sin embargo, que siempre que se violan tales promesas, aunque sea por razones muy necesarias, ello implica algún grado de deshonra para quien las hizo. Después de hechas, puede uno convencerse de la impropiedad de cumplirlas; pero sigue habiendo cierta falta en haberlas hecho. Es, al menos, un alejamiento de los más altos y nobles principios de magnanimidad y honor. Un hombre valiente debería morir antes que hacer una promesa que no pueda cumplir sin necedad ni violar sin ignominia. Pues cierto grado de ignominia siempre acompaña una situación de este tipo. La traición y la falsedad son vicios tan peligrosos, tan terribles, y al mismo tiempo tan fácilmente, y en muchas ocasiones tan impunemente, indulgentes, que somos más recelosos de ellos que de casi cualquier otro. Nuestra imaginación, por tanto, asocia la idea de vergüenza con toda violación de la fe, en toda circunstancia y en toda situación. Se asemejan en esto a las violaciones de la castidad en las mujeres, virtud respecto a la cual somos igualmente celosos; y nuestros sentimientos no son más delicados con respecto a una que con respecto a la otra. Una falta de castidad deshonra de forma irreparable. Ninguna circunstancia, ninguna súplica, puede excusarla; ningún pesar, ningún arrepentimiento, puede redimirla. Somos tan exigentes en este aspecto que incluso una violación deshonra, y la inocencia de ánimo no puede, en nuestra imaginación, limpiar la corrupción del cuerpo. Lo mismo sucede con la violación de la palabra empeñada, incluso cuando se ha dado al más despreciable de los hombres. La fidelidad es una virtud tan necesaria, que la consideramos debida incluso a aquellos a quienes no se debe nada más, y a quienes consideramos lícito matar y destruir. De nada sirve que quien la ha violado alegue que prometió para salvar la vida y que rompió su promesa por deber hacia otras obligaciones respetables. Estas circunstancias pueden atenuar, pero no borrar completamente su deshonra. Aparece como culpable de una acción a la que, en la imaginación de los hombres, va unida inseparablemente cierta vergüenza. Ha roto una promesa que había asegurado solemnemente cumplir; y su carácter, si no ha quedado irremediablemente manchado y corrompido, al menos ha quedado con un tinte de ridículo muy difícil de borrar por completo; y no creo que ningún hombre que haya pasado por una experiencia así desee relatarla alegremente.

Este ejemplo puede servir para mostrar en qué consiste la diferencia entre la casuística y la jurisprudencia, incluso cuando ambas consideran las obligaciones derivadas de las reglas generales de la justicia.

Pero, aunque esta diferencia sea real y esencial, aunque ambas ciencias persigan fines completamente distintos, la identidad del objeto ha generado tal similitud entre ellas que la mayoría de los autores que han pretendido tratar de jurisprudencia han resuelto las distintas cuestiones que examinan, a veces según los principios de esa ciencia y otras según los de la casuística, sin distinguir, y quizás sin ser ellos mismos conscientes de cuándo hacían una u otra cosa.

La doctrina de los casuistas, sin embargo, no se limita a considerar lo que exige un respeto consciente hacia las reglas generales de la justicia. Abarca muchas otras partes del deber cristiano y moral. Lo que parece haber dado origen principal al cultivo de esta rama del saber fue la costumbre de la confesión auricular, introducida por la superstición católica romana en tiempos de barbarie e ignorancia. Por esa institución, todas las acciones más secretas, e incluso los pensamientos que pudieran sospecharse de apartarse mínimamente de las reglas de la pureza cristiana, debían ser revelados al confesor. El confesor informaba a sus penitentes si, y en qué medida, habían transgredido su deber, y qué penitencia debían cumplir antes de poder ser absueltos en nombre de la divinidad ofendida.

La conciencia, o incluso la sospecha, de haber hecho mal, es una carga para toda mente, y va acompañada de ansiedad y temor en todos aquellos que no han sido endurecidos por el hábito prolongado de la iniquidad. Los hombres, en este como en otros sufrimientos, buscan naturalmente aliviar la opresión que sienten en su ánimo abriéndose con alguien en quien puedan confiar por su discreción y reserva. La vergüenza que sienten al reconocer sus faltas se ve plenamente compensada por el alivio que les proporciona la simpatía de su confidente. Les reconforta comprobar que no son totalmente indignos de estima, y que, aunque su conducta pasada pueda ser censurada, su disposición presente al menos se aprueba y quizás baste para compensarla, o al menos para mantener cierto grado de respeto en su amigo. Un clero numeroso y astuto, en aquellos tiempos de superstición, había logrado insinuarse en la confianza de casi todas las familias. Poseían todo el poco saber que la época podía ofrecer, y sus modales, aunque rudos y desordenados en muchos aspectos, eran más pulidos y regulares que los de su tiempo. Eran considerados, por tanto, no solo como los grandes directores de todos los deberes religiosos, sino también de los morales. Su familiaridad daba prestigio a quien la poseyera; y cualquier señal de su desaprobación marcaba con la más profunda ignominia a quien tuviera la desgracia de merecerla. Considerados como los grandes jueces del bien y del mal, eran consultados naturalmente en todas las dudas de conciencia; y era bien visto que alguien hiciera a esos hombres santos confidentes de tales secretos y no diera un paso importante o delicado sin su consejo y aprobación. No fue difícil, por tanto, para el clero lograr que se estableciera como norma general que debían ser depositarios de lo que ya se había vuelto costumbre confiarles, y de lo que probablemente se les habría confiado, aunque no se hubiese fijado regla alguna. Capacitarse como confesores se convirtió así en una parte necesaria del estudio de los clérigos y teólogos, y esto los llevó a recopilar lo que se denominan *casos de conciencia*, situaciones sutiles y delicadas en las que es difícil determinar cuál es la conducta correcta. Tales obras, imaginaron, podían ser útiles tanto para los directores espirituales como para quienes se sometían a su dirección. Y de allí el origen de los libros de casuística.

Los deberes morales que fueron objeto de consideración por parte de los casuistas eran principalmente aquellos que pueden, al menos en cierta medida, circunscribirse dentro de reglas generales, y cuya violación suele ir acompañada de cierto grado de remordimiento y de temor al castigo. La finalidad de la institución que dio origen a sus obras era calmar los terrores de conciencia que acompañan la transgresión de tales deberes. Pero no toda virtud cuya omisión conlleva un reproche interno se acompaña de una severa contrición; nadie acude a su confesor para obtener la absolución por no haber realizado la acción más generosa, más amistosa o magnánima que, dadas sus circunstancias, le hubiese sido posible realizar. En este tipo de faltas, la norma infringida suele ser poco precisa y, en general, de tal naturaleza que, aunque su cumplimiento pueda merecer honra y recompensa, su incumplimiento no parece merecer culpa, censura o castigo alguno. El ejercicio de tales virtudes parecía, para los casuistas, una especie de obra de supererogación, que no podía ser estrictamente exigida y sobre la cual, por tanto, no consideraban necesario tratar.

Las transgresiones del deber moral que llegaban al tribunal del confesor, y que, por tanto, caían bajo la competencia de los casuistas, eran principalmente de tres tipos distintos.

Primero y principalmente, las violaciones a las reglas de la justicia. Estas reglas son expresas y positivas; y su transgresión va acompañada, de manera natural, de la conciencia de merecer castigo, así como del temor de sufrirlo, tanto por parte de Dios como de los hombres.

Segundo, las violaciones a las reglas de la castidad. En sus formas más graves, constituyen verdaderas transgresiones a las reglas de la justicia, y nadie puede incurrir en ellas sin ocasionar un daño imperdonable a otro. En casos menores, cuando se trata apenas de una infracción a los decoros que deben observarse en la conversación entre los sexos, no pueden, en justicia, considerarse como violaciones a la justicia. Sin embargo, suelen constituir una transgresión clara a una norma evidente y, al menos en uno de los sexos, tienden a acarrear ignominia a quien incurre en ellas, provocando así cierto grado de vergüenza y contrición en los más escrupulosos.

Tercero, las violaciones a las reglas de la veracidad. La transgresión de la verdad no siempre constituye una falta de justicia, aunque sí lo es en muchas ocasiones y, por tanto, no siempre da lugar a castigo externo. La mentira común, aunque sea una bajeza miserable, puede no causar daño a nadie; y, en tal caso, no da pie a reclamo alguno de reparación ni venganza. Pero, aunque no siempre sea una falta de justicia, la mentira es siempre una infracción a una norma clara, y tiende naturalmente a cubrir de vergüenza al culpable.

Los niños pequeños parecen tener una disposición instintiva a creer todo lo que se les dice. La naturaleza parece haber juzgado necesario, para su preservación, que por algún tiempo al menos depositen una confianza implícita en aquellos a quienes se encomienda su crianza y su educación más temprana. Por tanto, su credulidad es excesiva; y se requiere de mucha experiencia ante el engaño humano para reducirlos a un grado razonable de desconfianza. En los adultos, el grado de credulidad varía, sin duda. Los más sabios y experimentados suelen ser los menos crédulos. Pero difícilmente existe alguien que no sea más crédulo de lo que debería, y que no dé crédito, en más de una ocasión, a relatos que no solo resultan ser falsos, sino que con un mínimo de reflexión podrían haberse advertido como inverosímiles. La disposición natural es siempre a creer. Es la experiencia adquirida la que nos enseña a desconfiar, y raramente lo hace en grado suficiente. Incluso los más sabios y cautelosos conceden crédito a relatos que luego los avergüenzan y sorprenden por haberlos creído posibles.

Quien logra que le creamos se convierte necesariamente, en lo relativo a aquello que le creemos, en nuestro guía y director, y lo contemplamos con cierta estima y respeto. Pero, así como al admirar a otros aprendemos a desear ser admirados, así también, al ser guiados y dirigidos, aprendemos a desear ser nosotros los guías. Y así como no nos basta con ser admirados si no creemos merecerlo, tampoco nos satisface ser creídos si no sentimos que somos dignos de fe. Así como el deseo de alabanza y el de merecerla son distintos, aunque emparentados, también lo son el deseo de ser creído y el de ser digno de ello.

El deseo de ser creído, de persuadir, de guiar y dirigir a otros, parece ser uno de los más fuertes de nuestra naturaleza. Quizás sea el instinto del cual nace el lenguaje, facultad característica de la especie humana. Ningún otro animal la posee, ni muestra el menor deseo de guiar o dirigir el juicio y la conducta de sus semejantes. La gran ambición, el deseo de verdadera superioridad, de liderazgo, parece exclusivo del ser humano; y el lenguaje es su gran instrumento.

No ser creído siempre resulta mortificante, y lo es doblemente cuando sospechamos que es porque se nos considera indignos de fe y capaces de engañar deliberadamente. Llamar mentiroso a alguien es, entre todos los insultos, el más grave. Y quien engaña con deliberación sabe que merece tal insulto, que ha perdido todo derecho a esa clase de crédito que es fuente de alivio, consuelo y satisfacción en la convivencia con sus semejantes. Quien llegara a creer que nadie cree una sola palabra suya, se sentiría un paria, temería presentarse ante la sociedad, y no podría evitar, creo yo, morir de desesperación. Sin embargo, probablemente ningún hombre haya tenido razones fundadas para pensar algo así. Incluso el mentiroso más notorio dice la verdad al menos veinte veces por cada mentira deliberada; y así como el más cauteloso tiende más a creer que a dudar, en quienes menos aprecian la verdad, la inclinación a decirla suele prevalecer sobre la de engañar.

Nos sentimos mortificados cuando engañamos a otros, aunque sea sin querer, por haber sido nosotros mismos engañados. Aunque esta falsedad involuntaria no indique falta de veracidad ni de amor por la verdad, revela, sin embargo, cierta falta de juicio, de memoria, de credulidad imprudente, de precipitación. Siempre disminuye nuestra autoridad para persuadir, y genera cierta desconfianza sobre nuestra idoneidad para guiar. Pero quien se equivoca sin querer dista mucho de quien engaña deliberadamente. Al primero se le puede confiar mucho; al segundo, casi nunca.

La franqueza y la apertura inspiran confianza. Confiamos en quien parece confiar en nosotros. Vemos con claridad el rumbo que quiere mostrarnos, y nos entregamos con gusto a su guía. La reserva, en cambio, despierta desconfianza. Tememos seguir a quien va hacia un destino desconocido. El gran placer de la conversación y la compañía nace, además, de una correspondencia de opiniones y sentimientos, de una armonía de mentes, como la de instrumentos musicales que tocan al unísono. Pero esta armonía no puede lograrse sin una libre comunicación de pensamientos. Todos deseamos conocer los verdaderos sentimientos de los demás, penetrar en su interior, observar las emociones que realmente habitan allí. Quien nos permite esto, quien nos abre su corazón, ejerce una hospitalidad más grata que ninguna otra. Nadie, con buen talante, deja de agradar si expresa con sinceridad lo que realmente siente. Esa sinceridad es lo que hace grata incluso la charla de un niño. Por torpes que sean sus ideas, nos complace compartirlas, adaptar nuestro pensamiento al suyo, y ver el mundo como él lo ve. Este deseo de conocer los sentimientos ajenos es tan fuerte que a menudo degenera en una curiosidad impertinente, deseosa de descubrir lo que nuestros vecinos con razón prefieren callar; y se necesita prudencia y sentido del decoro para gobernar esta pasión y mantenerla dentro de los límites que un espectador imparcial pueda aprobar. Pero frustrar esta curiosidad inocente, cuando no hay razones para ocultar nada, resulta igualmente desagradable. Quien evita nuestras preguntas más inocentes, quien se envuelve en un misterio impenetrable, parece levantar un muro a su alrededor. Corremos hacia él con la ansiedad de una curiosidad inofensiva, y de pronto somos rechazados con violencia.

El hombre reservado y esquivo, aunque rara vez inspira afecto, tampoco es despreciado. Parece sentir frialdad hacia nosotros, y nosotros hacia él. No es muy alabado ni muy querido, pero tampoco odiado ni censurado. Rara vez se arrepiente de su cautela, y suele considerarse prudente por ella. Aunque su conducta haya sido defectuosa o incluso perjudicial, difícilmente pensará que deba consultar a un casuista o que necesite su absolución.

En cambio, quien ha engañado sin querer, por información falsa, descuido o precipitación, suele sentirse profundamente afectado. Aunque se trate de una trivialidad, como contar una noticia errónea, si ama la verdad, se avergüenza y se apresura a corregirse. Si el asunto es más grave, su contrición es mayor; y si su error ha causado daño, apenas puede perdonarse. Aunque no sea culpable, se siente profundamente avergonzad, como decían los antiguos, y busca toda forma posible de reparación. Este es el tipo de persona que suele acudir a los casuistas, quienes, en general, han sido indulgentes con él. Aunque a veces lo hayan condenado por imprudente, lo han eximido de la ignominia del engaño.

Pero quien más a menudo acudía a ellos era el equívoco, el del doble sentido, el que con deliberación quería engañar, pero al mismo tiempo deseaba convencerse de que había dicho la verdad. Con él los casuistas han sido variables. Cuando aprobaban mucho los motivos de su engaño, a veces lo absolvieron, aunque, para hacerles justicia, lo más frecuente fue que lo condenaran.

Los temas principales de las obras de los casuistas fueron, por tanto, el respeto a las normas de justicia; la consideración que debemos tener por la vida y la propiedad ajenas; el deber de restitución; las leyes de la castidad y el pudor, y lo que ellos llamaban los pecados de concupiscencia; las reglas de veracidad, y la obligación de los juramentos, promesas y contratos de toda clase.

Se puede decir en general que las obras de los casuistas intentaron, sin éxito, dirigir con reglas precisas aquello que sólo puede juzgarse por el sentimiento. ¿Cómo es posible determinar con normas el punto exacto en que una sensibilidad delicada se convierte en una escrupulosidad débil y frívola? ¿Cuándo la reserva se transforma en disimulo? ¿Hasta dónde puede llegar una ironía sin tornarse mentira? ¿Cuál es el límite entre la soltura elegante y la negligencia impropia? En todas estas cuestiones, lo que vale para un caso rara vez vale para otro, y la corrección del comportamiento varía con los más mínimos cambios de contexto. Los libros de casuística, por tanto, son generalmente inútiles y tediosos. Podrían servir poco, aun si sus conclusiones fueran correctas, porque, pese al número de casos que contienen, es difícil que uno se aplique exactamente al caso en cuestión. Quien está realmente preocupado por hacer lo correcto no debería necesitar de ellos; y quien es negligente, difícilmente se verá motivado por su estilo. Ninguno anima a la generosidad ni a la ternura. Muchos, por el contrario, enseñan a engañar a la propia conciencia y, mediante sutilezas vanas, autorizan evasiones respecto a los deberes más esenciales. La precisión trivial que intentaron introducir en asuntos que no la admiten los llevó casi necesariamente a graves errores y convirtió sus obras en textos áridos y desagradables, llenos de distinciones abstractas y metafísicas, pero incapaces de despertar en el corazón las emociones que los libros de moralidad deberían suscitar.

Las dos ramas útiles de la filosofía moral, por tanto, son la Ética y la Jurisprudencia. La Casuística debe ser rechazada por completo; y los antiguos moralistas parecen haber juzgado mucho mejor al tratar estos temas sin pretensiones de exactitud minuciosa, conformándose con describir, en términos generales, el sentimiento en el que se fundan la justicia, la modestia y la veracidad, y el modo habitual de obrar que estas virtudes suelen inspirar.

Algo, en efecto, no muy distinto de la doctrina de los casuistas parece haber sido intentado por varios filósofos. Hay algo de este tipo en el tercer libro de *Los deberes* de Cicerón, donde procura, como un casuista, establecer reglas para nuestra conducta en muchos casos delicados, en los que es difícil determinar dónde se encuentra exactamente el punto de la rectitud. Además, por varios pasajes del mismo libro, se deduce que otros filósofos habían intentado algo similar antes que él. Ni él ni ellos, sin embargo, parecen haber aspirado a presentar un sistema completo de este tipo, sino únicamente mostrar cómo pueden darse situaciones en las que resulta dudoso si la más alta corrección de conducta consiste en respetar o en apartarse de lo que, en circunstancias ordinarias, constituyen las reglas del deber.

Todo sistema de derecho positivo puede considerarse como un intento más o menos imperfecto de construir un sistema de jurisprudencia natural, o una enumeración de las reglas particulares de la justicia. Como la violación de la justicia es algo que los hombres jamás se resignan a soportar de sus semejantes, el magistrado público se ve obligado a emplear el poder del Estado para hacer cumplir esta virtud. Sin esa precaución, la sociedad civil se convertiría en un escenario de violencia y caos, donde cada cual se vengaría por su cuenta cada vez que creyera haber sido perjudicado. Para prevenir la confusión que resultaría que cada individuo se hiciera justicia por su propia mano, el magistrado, en todos los gobiernos que han adquirido alguna autoridad, se compromete a hacer justicia para todos, y promete atender y remediar todo reclamo por agravios sufridos. En todos los Estados bien gobernados, además, no sólo se designan jueces para resolver los conflictos entre particulares, sino que también se prescriben reglas para regular las decisiones de esos jueces; y estas reglas suelen estar destinadas a coincidir con las de la justicia natural. No siempre sucede, sin embargo, que lo logren en todos los casos. A veces, lo que se denomina la constitución del Estado —es decir, el interés del gobierno— o bien el interés de ciertos grupos que dominan al gobierno, distorsiona las leyes positivas del país respecto de lo que la justicia natural prescribiría. En algunos países, la rudeza y la barbarie de sus pueblos impiden que los sentimientos naturales de justicia alcancen el grado de precisión y exactitud al que llegan de forma natural en sociedades más civilizadas. Sus leyes, como sus costumbres, son groseras, rústicas y sin distinciones finas. En otros países, la defectuosa organización de sus tribunales impide que llegue a establecerse entre ellos un sistema regular de jurisprudencia, aun cuando sus costumbres estén lo bastante refinadas como para admitir uno de gran precisión. En ningún país las decisiones del derecho positivo coinciden de forma exacta, en todos los casos, con las reglas que dictaría el sentido natural de la justicia. Los sistemas de derecho positivo, por tanto, aunque merecen la mayor autoridad como registros de los sentimientos de la humanidad en distintas épocas y naciones, nunca pueden considerarse como sistemas precisos de las reglas de la justicia natural.

Cabría haber esperado que los razonamientos de los juristas, respecto a las imperfecciones y mejoras de las leyes de distintos países, dieran lugar a una investigación sobre cuáles son las reglas naturales de justicia, independientes de toda institución positiva. También podría haberse esperado que tales razonamientos los condujeran a intentar establecer un sistema de lo que propiamente podría llamarse jurisprudencia natural, o una teoría de los principios generales que deberían inspirar y fundamentar las leyes de todas las naciones. Y aunque los razonamientos de los juristas sí produjeron algo en ese sentido, y aunque ningún autor ha tratado sistemáticamente las leyes de un país sin incluir en su obra muchas observaciones de este tipo, no fue sino hasta tiempos muy posteriores que se pensó en un sistema general así, o que la filosofía del derecho fue tratada de forma independiente, sin referirse a las instituciones particulares de nación alguna. En ninguno de los moralistas antiguos encontramos intento alguno de enumerar en detalle las reglas de la justicia. Cicerón, en *Los deberes*, y Aristóteles, en su *Ética*, tratan la justicia del mismo modo general en que abordan las demás virtudes. En las leyes de Cicerón y de Platón, donde cabría esperar un intento de enumerar aquellas reglas de equidad natural que deberían ser impuestas por las leyes positivas de todo país, tampoco hay nada de eso. Sus leyes son leyes de policía, no de justicia. Grocio parece haber sido el primero en intentar ofrecer al mundo algo parecido a un sistema de aquellos principios que deberían estar presentes en todas las leyes de todas las naciones; y su tratado *Del derecho de la guerra y la paz*, con todas sus imperfecciones, es quizá todavía hoy la obra más completa que se ha dado sobre este asunto. En otro discurso intentaré exponer los principios generales del derecho y del gobierno, así como las distintas transformaciones que han experimentado en las diversas edades y períodos de la sociedad, no sólo en lo que respecta a la justicia, sino también en lo relativo a la administración pública, los ingresos del Estado, la defensa nacional y todo aquello que es objeto del derecho. No entraré, por tanto, en más detalles sobre la historia de la jurisprudencia por el momento.